国家级小学教育一流本科建设专业与师范教育创新工程系列教材

小学语文统编本教材
教学设计

沈玲蓉 ——— 著

华东师范大学出版社
上海

图书在版编目（CIP）数据

小学语文统编本教材教学设计/沈玲蓉著.—上海：
华东师范大学出版社，2021
国家级小学教育一流本科建设专业与师范教育创新工程系列教材
ISBN 978-7-5760-1535-5

Ⅰ.①小… Ⅱ.①沈… Ⅲ.①小学语文课—教学设计—师范大学—教材 Ⅳ.①G623.202

中国版本图书馆CIP数据核字(2021)第073004号

国家级小学教育一流本科建设专业与师范教育创新工程系列教材
小学语文统编本教材教学设计

编　　著	沈玲蓉
责任编辑	彭呈军
特约审读	郝　琳
责任校对	王　琳　时东明
装帧设计	刘怡霖

出版发行	华东师范大学出版社
社　　址	上海市中山北路3663号　邮编 200062
网　　址	www.ecnupress.com.cn
电　　话	021-60821666　行政传真 021-62572105
客服电话	021-62865537　门市（邮购）电话 021-62869887
地　　址	上海市中山北路3663号华东师范大学校内先锋路口
网　　店	http://hdsdcbs.tmall.com/

印 刷 者	上海展强印刷有限公司
开　　本	787×1092　16开
印　　张	21
字　　数	384千字
版　　次	2021年7月第1版
印　　次	2021年7月第1次
书　　号	ISBN 978-7-5760-1535-5
定　　价	68.00元

出版人　王　焰

（如发现本版图书有印订质量问题，请寄回本社客服中心调换或电话021-62865537联系）

《国家级小学教育一流本科建设专业与师范教育创新工程系列教材》编写委员会

主　编　周　勇

委　员　冯铁山　邵光华　徐晓雄
　　　　陈柏华　张光陆　沈玲蓉
　　　　黄荣良　汪明帅　姚佩英
　　　　李慧仙　周国平　李元厂

总 序

为全面振兴我国本科教育,建设一流本科专业人才培养体系,教育部于2018年6月召开了新时代第一次高等学校本科教育工作会议,先后出台了《关于加快建设高水平本科教育全面提高人才培养能力的意见》(教高〔2018〕2号)和《关于一流本科课程建设的实施意见》(教高〔2019〕8号),把实施一流专业建设"双万计划"和一流课程建设"双万计划",作为新时代高水平本科人才培养体系建设的重要任务和重点举措。2019年4月,教育部办公厅发布了《关于实施一流本科专业建设"双万计划"的通知》(教高厅函〔2019〕18号),并于同年12月公布了首批国家级和省级一流本科专业建设点名单(教高厅函〔2019〕46号)。其中,宁波大学小学教育专业、法学专业、通讯工程专业等十个本科专业成功入选我国首批国家级一流专业建设点。至2020年底,宁波大学已有24个专业获批国家一流本科专业建设点,全校60%以上的专业入选国家和浙江省专业建设"双万计划"。宁波大学是2017年入选的国家"双一流"建设高校。根据教育部对"双一流"高校要率先建成"一流专业"的要求,我校教务处于2020年初组织2019年获批的国家和省级一流本科专业建设点制定了《宁波大学国家级和省级一流本科专业建设点2020—2022年建设方案》,由此开启了宁波大学本科专业人才培养体系高质量内涵建设与发展的新征程。

宁波大学小学教育专业是首批入选国家级一流本科专业建设点的专业之一。经过这些年不懈建设与努力,该专业内涵不断丰富,办学质量持续提升,陆续成为浙江省重点建设专业、浙江省教师教育基地、浙江省"十二五""十三五"优势和特色建设专业,并于2019年成功入选国家级一流专业建设点和浙江省一流专业建设点。该专业国家一流专业建设点负责人、宁波大学教师教育学院院长贺国庆教授主持制定了《小学教育国家级一流本科专业建设点2020—2022年建设规划方案》,把一流课程与教材建设项目作为推进国家一流专业建设、建设高水平小学教育人才培养体系的核心内容与重要抓手。根据建设规划方案的要求,宁波大学基础教育系主任、小学教育专业负责人周勇教授牵头成立了小学教育专业一流教材建设专家组与教材编写委员会,组织制定了《国家级小学教育一流本科建设专业与师范教育创新工程系列教材》建设规划,并且联系教育出版全国领先的华东师范大学出版社承担这套教材的出版事宜。呈现在大家面前的这套十卷本小学教育系列教材,就是宁波大学小学教育专业辛勤奉献的课程教材建设成果,同时也是该专业在建设国家一流专业的征程中迈出的坚实步伐。

作为宁波大学小学教育国家级一流专业建设成果,这套小学教育专业系列教材具有如下几个鲜明特色。

本套教材的第一个鲜明特色是:教材编写队伍荟萃了宁波大学教师教育团队的优势力量,教材编写过程实现了"领军型"教师团队建设与一流学科建设、一流专业建设、一流课程建设的一体化,为本套教材的整体编写质量奠定了坚实基础。"领军型"教师团队既决定着一流学科的建设质量,同时也决定着一流专业、一流课程与教材的建设质量。本套教材的每一位教材主编,既是在教师教育研究领域有所建树的研究专家与领军人物,又是本专业执教相应教师教育课程多年、具有丰富大学教学经验、同时又谙熟基础教育实践的骨干教师。本套教材的编写过程,既是各位主编教师带领自己的团队,根据专业人才培养目标与课程建设的需要,把最新教师教育研究成果转化为课程教学内容的过程,也是各位主编教师带领自己的团队,围绕一流课程教材建设,开展教学研讨、实现教师教学发展、凝练高水平教学团队的过程,实现了教师教育学科建设、专业建设、课程建设、团队建设的一体化。因此,本套教材的编写队伍与编写过程,为确保教材整体质量奠定了坚实基础。在此,对本套教材每本教材名称及主编基本情况简介如下(最终书名可能会有变动):

◇《诗意语文案例教程》,编著者冯铁山博士、教授,语文教育研究专家。

◇《小学数学实践与科学实验》,主编邵光华博士、教授,数学教育研究专家。

◇《小学科学教学论》,著者周勇博士、教授,科学教育研究专家。

◇《小学英语教师专业发展》,主编张光陆博士、教授,英语教育研究专家。

◇《小学英语课程与教材分析》,主编陈柏华博士、教授,英语教育研究专家。

◇《小学信息化教学技能实务》,主编徐晓雄博士、教授,教育技术研究专家。

◇《小学班主任与班级管理》,主编汪明帅博士、副教授,教师教育研究专家。

◇《小学语文统编本教材教学设计》,著者沈玲蓉副教授,语文教育研究专家。

◇《小学数学算理基础》，主编黄荣良副教授，小学数学算理研究专家。
◇《小学教育实习指导》，主编姚佩英老师，教育实践课程研究专家。

本套教材的第二个鲜明特色是：整套教材在编写思路上注重落实一流专业人才培养目标、教师专业属性和专业发展机制对人才培养的要求，具有鲜明的专业性、实践性、案例性、反思性特征。本质上，教材是课程效能的价值载体和课程实施的基本媒体，是指导师生展开教学活动、建构学习经验、实现专业人才培养目标的重要教学资源。为此，教师教育教材的编写既要落实教师专业培养目标对课程目标和课程内容的要求，同时又要落实教师专业属性和专业发展机制对教学活动和教学过程的内在要求，才能保障教师教育教材承载相应的课程效能并发挥人才培养成效。宁波大学小学教育专业作为国家一流建设专业，将人才培养目标定位于：主动适应国家基础教育改革、浙江义务教育优质均衡发展和率先实现教育现代化对教师专业素质的要求，培养师德修养高尚与教育情怀浓厚，综合素养全面与实践技能扎实，具有一定教学专长能力与持续发展潜力的高素质、专业化小学教师。由此观照本套教材中每一本教材，无论是《诗意语文案例教程》、《小学数学实践与科学实验》、《小学科学教学论》、《小学英语教师专业发展》等面向教师教学内容素养的教材，还是《小学信息化教学技能实务》、《小学班主任与班级管理》、《小学教育实习指导》等面向教师一般教学技能素养的教材，都是针对高度支撑小学教育专业培养目标的课程，并且按照相应课程效能、课程目标、课程内容而开发出来的，从根本上保障了教材所承担的课程效能与人才培养成效，表现出非常强的"专业性"。其次，国家教育部颁布的《教师教育课程标准（试行）》指出，教师是反思性实践者，他们是在研究反思自身实践经验和改进教育教学行为过程中实现专业发展的。教师专业的这种反思实践性及其反思实践发展机制，已经为专家与新手教师比较研究的结果所证实，并已成为当前世界教师教育领域的共识，极大地影响了世界各国教师教育模式与课程教材开发策略。为了落实这种专业属性与专业发展机制的要求，本套教材注重把小学教育教学情境中的真实性、实践性问题，先导性地植入教材创设的学习情境之中，从而激发师范生以教师主体角色身份，展开对这些实践性问题的思考与探究，有意识地培养师范生对教师专业身份认同与教育实践智慧。这就是本套教材所具有的"实践性"。为了培养学生像教育专家那样解决这些实践问题，本套教材皆注重从优秀教师教学案例或专家指导下的联合教研案例中选择实践问题解决案例，并通过案例分析展示专家解决这些问题的思维过程，从而培养师范生的专家思维与教学专长能力。这就是本套教材所具有的"案例性"。为了引导学生在解决实践问题时超越自身经验,本套教材注重把多种先进理论成果引入问题解决过程,让学生作为反思的多种视角或方法,透视实践情境的复杂性并据此重构问题及其解决过程,培养师范生的实践反思能力。这就是本套教材所具有的"反思性"。从某种意义上说,专业性、实践性、案例性、反思性,正是一流教师教育教材所应具有的基本特征。

本套教材的第三个鲜明特色是:整套教材在编写内容与编写方式上致力于体现我国新时代国家一流本科专业建设与一流本科课程(即"金课")建设对教材内容与呈现方式的要求,具有较强的高阶性、创新性与挑战性。首先,整套教材在编写内容上体现国家一流建设专业培养目标对课程内容的要求,注重引导师范生运用新的理论观点对教育实践问题展开深层次探究学习,并融入当前热点与难点问题的探讨,强调学习内容的深度与广度,培养师范生解决复杂问题的专家思维与教学专长能力。在教材呈现方式上,本套教材注重创新教材呈现方式与话语体系,从奠定师范生综合素养、形成实践智慧、培养教学专长能力与持续发展潜力所需要的教学与学习条件出发,把先进学术研究成果的"学术化"表征方式与话语体系,转化为适合学生学与教师教的"教学化"的表征方式与话语体系,既保障教材内容的前沿性、科学性与深广度,又增强教材形式与功能的针对性与实效性,从而落实高阶性、创新性、挑战性的"金课"建设要求。另外,本套教材注重配合国家级与省级线下、线上一流课程资源的建设,努力构建出融合线上视频、多媒体课件、线下教学资源于一体的新形态教材体系。

总之,这套十卷本小学教师教育教材,向我们展示了宁波大学小学教育专业在建设国家一流专业征程中所迈出的坚实步伐与所取得的标志性成果。希望该专业以这次系列教材建设为契机,进一步加强一流课程教材建设、一流教师团队建设,进一步完善人才培养方案,加强教学改革与研究,全面提升专业内涵深度,开启全面建设国家级一流小学教育专业的新局面,为把小学教育专业尽早建成国家一流专业取得更多、更高水平的专业建设成果。

宁波大学副校长　国家二级教授　博士生导师

2021 年 5 月

前　言

《小学语文统编本教材教学设计》是基于 2019 年全国小学统一使用温儒敏主编的小学语文课本后，基于教材的新变化，根据《义务教育语文课程标准》（2011 版）着手编写的，是宁波大学国家一流专业"小学教育"的配套教材，可作为高等师范院校培养小学语文教师的配套教材，也可作为在职语文教师继续教育培训的配套教材。

本书内容由"单元＋模块"构成，纵向是以语文课程标准规定的五大教学内容作为单元，分别是识字写字教学设计单元、阅读教学设计单元、口语交际教学设计单元、习作教学设计单元和综合性学习教学设计单元；横向上每个单元内部以学习模块形式展开，分别是模块一课例研讨、模块二学理阐述、模块三设计实践、模块四资料链接。模块一课例研讨是呈现这个单元相关内容的成功课例或有争议课例，意在激发兴趣，引起思考。模块二学理阐述是在课例研讨的基础上进行学理分析，这个模块主要研习学科理论知识和设计理念等。模块三设计实践是在学理学习基础上的实践操作，旨在学以致用。模块四资料链接是链接该章节国内最新的最具代表性的设计理念和设计实践的相关资料，旨在拓宽学生的学术视野，培养独立判断能力和思考精神，培养实践研究并举的研究型教师。

本书编写团队由高校教师、一线小学语文教师组成，学理扎实、实践丰富，该团队编写的教材曾获宁波大学教学成果一等奖，广受读者好评。基于教材变化及学习观的更新，本教材的编写突显以下特点，供使用者参考：

（一）问题导入，以生为本

本教材每个单元的模块一都是针对这单元相关内容的一则案例进行问题研讨，以激发学生对学习内容的兴趣，从感性的体验认识到理性的学理探究，为下一模块的学习打下基础。在问题探讨的过程中,也了解了学情,以学定教,以生为本,在下面模块学习中可根据学情有所侧重。

(二) 紧扣教材,与时俱进。

本教材紧扣当下使用的统编小学语文课本进行教学设计。统编小学语文课本是2019年全国小学全面推行使用的,教材新、变化大、影响广。本教材小学语文教学设计案例全部以统编教材为例,理念新、案例多、类型全,可给予一线语文教师和语文专业师范生及时的参考和借鉴。

(三) 理论学习,实践跟上

本教材是高等学校师范类学生专业教材,教材注重理论学习,在模块二中对于各个板块的教学设计要素(目标、内容、过程、方法等)作了详细的理论阐述,让高校师范类学生掌握一定理论知识,提升理论修养;本教材又是教学设计类教材,教学设计能力是一种教学实践能力,本教材中有机地穿插了许多实践案例和案例设计练习,做到理论学习和实践设计相结合,学以致用。

目　录

绪论 　1

第一单元　识字写字教学设计 　10
　　第一节　汉语拼音教学设计 　10
　　第二节　识字写字教学设计 　29

第二单元　阅读教学设计 　59
　　第一节　阅读教学设计概述 　59
　　第二节　阅读教学课文课型的分类 　74
　　第三节　不同学段阅读教学重点 　75
　　第四节　叙事性文章阅读教学设计 　82
　　第五节　诗歌文言文类阅读教学设计 　156
　　第六节　说明性文本阅读教学设计 　189
　　第七节　单元整体设计和阅读策略单元设计 　205
　　第八节　群文阅读教学和整本书阅读教学设计 　236

第三单元　习作教学设计 　261
第四单元　口语交际教学设计 　280
第五单元　综合性学习教学设计 　298
参考文献 　318
后记 　322

案例目录

第一单元	识字写字教学设计	10
案例1-1	a,o,e 拼音教学	10
案例1-2	"d t n l"(第1课时)教学片段	19
案例1-3	《拍手歌》(二年级上册)	29
案例1-4	一年级上册《口耳目》教案	41
案例1-5	《花牛歌》教学设计	48
第二单元	阅读教学设计	59
案例2-1	《在牛肚子里旅行》第一课时教学设计(三年级上册)	59
案例2-2	《爬山虎的脚》教学目标(四年级上册)	66
案例2-3	《为中华之崛起而读书》教学设计(四年级上册)	82
案例2-4	《那一定会很好》教学设计(三年级上册)	97
案例2-5	《女娲补天》教案设计(四年级上册)	110
案例2-6	《亡羊补牢》第一课时教学设计(二年级下册)	122
案例2-7	《桥》教学设计(六年级上册)	131
案例2-8	《梅花魂》教学设计(五年级上册)	142
案例2-9	《长相思》教学实录	156
案例2-10	《司马光》第一课时(三年级上册)	176
案例2-11	蟋蟀的住宅(四年级上册)	189
案例2-12	二年级下册第二单元整体设计	205
案例2-13	江北直播课三年级语文《猜测与观察的乐趣》第二课	224

| 案例2-14 《诗词里的杯酒情怀》群文阅读教学设计 | 236 |
| 案例2-15 《狼王梦》和《青铜葵花》 | 249 |

第三单元 习作教学设计 261
案例3-1 《小小"动物园"》教学设计（四年级上册） 261

第四单元 口语交际教学设计 280
案例4-1 制定班级公约（五年级上册） 280

第五单元 综合性学习教学设计 298
案例5-1 轻叩诗歌的大门 298

绪　论

一、小学语文教学设计概述

(一) 教学设计内涵

教学设计是20世纪50年代以后逐渐发展成熟的一门综合性学科,具有很强的实践性和实用性。它综合了教育学、心理学、系统论、方法论、控制论、信息论等理论知识,并以系统论、方法论为核心,着重创设科学有效的教与学的系统,以达到优化教学,促进学习者的学习,提高教学效率的目的。

关于教学设计的内涵,国外学者加涅认为:以有关人类学习的条件知识为理论基础,系统安排教学以实现学习,包括陈述目标、选择或开发教学干预措施,运用来自学习者的反馈改进教学。[1] 史密斯认为:教学设计,指的是把学习与教学原理转化成对于教学材料、活动、信息资源和评价的规划这一系统的、反思性的过程。即依据教学和学习的原理设计方案,确定解决教学问题的程序步骤,并以此来引导设计决策的系统过程。[2] 国内学者乌美娜认为,教学设计是运用系统方法分析教学问题和确定教学目标,建立解决教学问题的策略方案,实行解决问题方案、评价试行结果和对方案进行修改的过程。它以优化教学效果为目的,以学习理论、教学理论和教育传播学为基础。[3] 盛群力认为,教学设计实质上是对教师课堂教学行为的一种事先筹划,是对学生达成教学目标、表现出学业进步的条件和情境做的精心安排。教学设计的根本特征在于如何创设一个有效的教学系统。[4]

---

[1] [美] R.M.加涅等.教学设计原理[M].王小明,等,译.上海:华东师范大学出版社,2007:13.
[2] [美] P.L.史密斯.教学设计(第三版)[M].庞维国,等,译.上海:华东师范大学出版社,2008:4.
[3] 乌美娜.教学设计[M].北京:高等教育出版社,1994:11.
[4] 盛群力.教学设计[M].北京:高等教育出版社,2005:4.

综合国内外专家对教学设计的概念界定,我们发现几个共同因素:教学设计是一项系统工程,设计要素有教学目标、教学内容、教学效果等。因此,教学设计就是为了达到一定的教学目标,对教什么(课程、内容等)和怎么教(组织、方法、传媒的使用等)进行设计的过程。它是一种系统设计教学、实施教学和评价教学的方法。

(二)小学语文教学设计

小学语文教学设计就是语文教师根据正确的教育思想、语文教育原理和语文课程标准,按照一定的教学目的和要求,针对具体的教学对象和教学内容,运用系统方法对语文教学的整个程序做出预期的、行之有效的策划。它是教学设计中的一个重要类别。

二、小学语文教学设计依据

(一)小学语文课程标准

2011年版《义务教育语文课程标准》是我国教育部制定的目前最新的课程文件,是教学设计的重要依据,正确理解课程标准的内涵,有助于设计出符合课程理念的教学方案,最终达成课程标准。比如,语文课程标准把语文学习划分为三个阶段,1—2年级为第一学段,3—4年级为第二学段,5—6年级为第三学段,分别制订了学段目标与内容,体现了语文课程的整体性和阶段性。在教学设计时,应有明确的学段概念,设计不同学段的课堂教学目标。又如,课程标准明确了课程性质:语文课程是一门学习语言文字运用的综合性、实践性课程。所谓综合是指语文学习听说读写的综合、语文学习与其他学科学习的综合、语文学习与社会生活的综合,所谓实践性,正像课程标准所言:语文课程是实践性课程,应着重培养学生的语文实践能力,而培养这种能力的主要途径也应是语文实践。因此,教学设计中要突出言语实践活动,语文课堂教学应多开展言语实践活动,在言语实践中提高学生的语文能力。课程标准还对教学实施、教学评价和课外阅读等提出了相关建议。正确理解语文课程标准表述的内涵,是教学设计的前提,由此才能把课程标准精神落实到教学设计中去。

(二)统编版小学语文教材

教材是国家课程标准文件的重要载体,也是教师指导学生进行教学的重要凭借。我国历来重视教材的编写工作,本次统编教材就是一个明证。2012年3月8日教育部正式启动教材编写,语文编写组主要由三部分人组成:一是学科专家,包括一些作家、诗人;二是优秀的教研员和教师;三是以人教社中语室和小语室为主的编辑。前后参加编写组的有六十多人，另外还有外围的各学科的咨询专家、学者，人数就更多了。在2016年6月底的中央宣传思想工作小组会上得以通过，并被批准投入使用。当时称这套教材为"部编小学语文教材"，简称"部编本"。2019年9月全国小学统一使用该套教材，"部编本"改称为"统编本"或"统编语文教材"。

统编小学语文教材编排新特点。一是识字在前，拼音在后。老人教版教材识字编排都是先拼音后识字。本次统编本教材采用先学汉字再学拼音。比如一开始是集中识字：第一课"天地人"。第二课"一二三四五"，然后再开始学习拼音。二是采用"双线组织单元结构"。每个单元有两条线，分别是人文要素和语文要素。采用这两条线串起教材。落实在单元导读、思考题、拓展题和语文园地中。三是阅读实施"三位一体"。阅读课文分别是精读、略读和课外阅读。三种课型、三种阅读方式、三位一体，共同促进阅读教学，一年级开始就开设"快乐读书吧""和大人一起读书"等，强调课外阅读，"多读书，读好书。"四是增加了阅读策略单元和习作单元。这两个单元是本次统编教材的新增单元。阅读策略单元是针对阅读学习过程当中的相关策略学习，比如预测，提问等。习作单元是以习作作为导向来编排的单元结构。有两篇精读课文、习作例文等构成。

（三）学情

学生情况是我们教学设计的起点，小学语文教学设计的最终目标是提高小学生的语言文字运用能力和确立小学生正确的情感态度价值观，学生语言文字运用能力的起点和对生活的认知是我们设计中需要考虑的。具体而言，可分为两个方面，学生语文经验上的学情和生活经验上的学情。语文经验上的学情指学生在语文学习之前的语文基础。如复述，不同阶段学生学习复述的目标不同，第一学段的学生只做概要复述练习，第三学段则定位在详细复述，第二学段可定位在简单复述与详细复述中间，依教材特点、学生第一学段概要复述掌握程度而定。学生生活经验上的学情指学生在相关语文学习之前对该课涉及的社会生活的认知。如《桂花雨》课文内容对于南方学生来说，他们对桂花树桂花香是熟悉的，而对北方孩子来说，对桂花树桂花香是陌生的，教学设计中就要给北方孩子补充桂花树的图片知识等。

三、小学语文教学设计要素
（一）教学目标及表述

教学目标是课程目标的具体化，是语文教学的出发点和归宿，是教与学双边通过一系列的语文实践活动应达到的目的，是检查、评定教学效果的参照物。教学目标是对学生在课堂教学后学习预期结果的描述,是选择教学内容、确定教学环节、运用教学方法、设计板书的重要依据,对学生的学习起着导向和激励作用。

教学目标"通常是策略性的,是可观察的、可明确界说、可测量、可评价的,而且还有时间、情景等条件限制"①因此,教学目标的陈述由行为主体、行为条件、行为动词和表现程度四个要素构成。

1. 行为主体即学习者,学习者是学生,而不是老师。因为教学目标是对学生学习预期结果的陈述,所以陈述对象或主体是学生。"培养学生…""提高学生…"等等的陈述都是不恰当的,因为这样就把教学目标的行为主体变成教师了。

2. 行为条件:写上产生目标指向的结果行为的条件。行为条件指影响学生产生学习结果的特定的限制或范围。如"通过收集资料""通过观看影片……"

3. 行为动词尽量是可观察、可测量、可明确界说、可评价的动词。比如知识类目标,知识包括概念、原理、规律、方法、过程、科学事实等。目标分为了解、理解、掌握三个层次。可用行为动词如:说出、写出、背诵、辨认、识别、认识、知道等表述"了解"程度。可用行为动词如:解释、描述、说明、整理、比较等表述"理解"程度。可用行为动词如:完成、模仿、操作、熟练操作、初步学会、学会、应用、灵活应用、测量、计算等表述"掌握"程度。对于一些情感态度价值观等不易测量的目标,可用"体验性"语言来描述。体验性动词分为三个不同的水平层次:(1) 经历:体验、感受、尝试、参与等;(2) 反应:认同、体会、关注、遵守、赞赏等;(3) 领悟:初步形成、养成、树立、保持、发展、增强等。

4. 要有具体的表现程度。表现程度指学生对目标所达到的最低表现水准,用以评量学习表现或学习结果所达到的程度。如"两分钟内背诵这首五言绝句"中的"背诵这首绝句"就是表现程度。

示例:

《在牛肚子里旅行》第一课时

教学目标:

1. 认识"咱、偷"等15个生字,会写"旅、咱"等13个生字,认识多音字"答、应、骨、几"。

2. 分角色朗读课文,体会青头和红头对话时的心情,读出相应的语气。

---

① 施良方,崔允漷.教学理论:课堂教学的原理、策略与研究[M].上海:华东师范大学出版社,2003.

3. 尝试画出红头的旅行路线图,初步了解"反刍"等科学知识。

在这个目标设计中,有认识、会写、朗读等行为动词和行为条件,有画出、读出等行为结果。

(二) 教学内容的取舍

教学内容是教学目标的具体化,语文课的教学内容可以很多,如阅读教学,可以选择生字词、文本理解、情感体验、朗读、复述、读写结合等等作为教学内容,那么在众多的语文教学内容中如何选择合宜的教学内容呢?按照教学设计系统论的角度,首先,根据教学目标选择教学内容。目标起着导向作用,教学内容的确定应围绕教学目标展开。其次,教学内容要少而精。语文教学要"一课一得,得得相连",教学目标教学内容一定要精简,凸显体现这堂语文课独特的语文学习价值的内容。

在《要下雨了》这篇课文教学内容的选择上,根据"理解课文内容,了解下雨前小燕子低飞,小鱼游出水面的异常表现。"的教学目标,进行了分角色朗读,在小燕子低飞部分设置了"小白兔看到了什么""小燕子怎么飞行的""燕子是怎么回答的""空气怎么样呢"等问题;在"小鱼游出水面"部分设置了"小白兔又看到什么?听到什么?""小鱼游到水面上来的原因是什么?"这两个问题。教学内容的选择紧紧围绕着目标进行展开,问题十分精简。

(三) 教学过程的安排

李秉德认为:"教学过程是学生在教师的指导下,对人类已有知识经验的认识活动和改造主观世界,形成和发展个性的实践活动的统一过程"[①]按照系统论的观点,教师、学生、教材、教学目标、教学过程等是一个系统,应系统考虑、合理安排。语文教学过程设计就是在教学目标的引导下,有目的有计划开展的师生教学活动。为了达成教学目标,常见的有以下两种教学流程:纵向层层推进环环相扣的教学流程和横向板块并举共同推进的教学流程。

(四) 教学方法的选择

教学方法是教学手段、路径、策略、办法层面的概念。黄甫全认为教学方法,"是为了达到一定的教学目标,教师组织引导学生进行专门内容的学习活动所采用的方式、手段和程序的总和"。[②] 并把教学方法分为三个层次:原理性、技术性、操作性。原理

---

① 李秉德.教学论[M].北京:人民教育出版社,1991:24.
② 黄甫全,王本陆.现代教学论学程[M].北京:教育科学出版社,2003:300.

性具有抽象性特点,适用于各种内容和形式,如启发式、发现式等。技术性具有抽象与具体相融特点,如讲授法、谈话法等。技术性具有具体性、内容的特定性等特点,如语文课程的分散识字法等。① 李敏,王树华认为一般教学方法有教育指导思想、基本教学方法、具体教学方法、教学方式四个层面组成。② 本书探讨的教学方法更侧重于语文教学的具体教学方法,如朗读、批注等。

教学方法是教学设计中的一部分,因此设计时应注意:

首先,从教学设计的内在因素看,教学方法要体现匹配性。教学设计就是教学系统,教学方法作为教学设计的一部分,必须与教学目标、教学内容、学情、文本相匹配。施良方认为,"先把宽泛的目的一步步地分解为具体的目标,然后根据详细界说的目标,选择、组织教学内容,选择合适的教学行为,设计教学组织形式,形成详细的教学设计"。③ 王荣生认为教学方法"是否合理、是否合适,只有与具体的教学内容相联系,只有与具体的教学目标相联系,只有与具体的学情相联系,我们才能够加以判断。"④可见,没有抽象的概括化的教学方法,语文教学方法必须跟教学目标、教学内容、文本特点、学生学情相适合、相匹配。

其次,从教学设计的动态发展看,教学方法的继承与创新。如现代语文教学对"朗读法""批注法"的继承。又在继承基础上,根据新理念新内容进行大胆创新,如浙江蒋军晶老师的"群文阅读法"、江苏岳乃红的"整本书阅读法"等。

(五) 板书与多媒体的配合

板书,既是一个动词,指在黑板上或白板上书写重要教学信息以帮助学生学习的教学行为,又是一个名词,指教师在课堂教学过程中书写的文字、符号、图表等。板书具有突出教学重难点,促进课堂理解;呈现直观形象,利于记忆巩固;书写规范美观,提升审美涵养等功能。

板书的形式有很多,按照不同分类标准而多种多样。"从所反映的教学内容来分,有综合式板书、分课时板书、重点段落板书等;从语言的运用来分,有提纲式、词语式、归纳式板书等;从表现形式上分,有文字式、图标式板书等;从结构方式上分,有总分式、对比式、并

---

① 黄甫全,王本陆.现代教学论课程[M].北京:教育科学出版社,2003:255.
② 李敏,王树华.教师教学基本功(下册)[M].北京:中国人事出版社,1998:142.
③ 施良方,崔允漷,主编.教学理论:课堂教学的原理、策略与研究[M].上海:华东师范大学出版社,1999:138.
④ 王荣生讲座:教学流程就是"学的活动"的充分展开.

列式板书等"①我们也可以把板书分成两大类：正板书和副板书。正板书,指课堂教学的重难点部分,一般放黑板正中位置。副板书一般指一些难写的字词等,放在黑板不显要位置。板书的内容要突出文路学路教路的重难点。板书的形式可根据文本、学情多样丰富。

板书设计的基本要求。首先,板书要突出重点,简洁明白。其次,板书要正确、清晰、美观。板书设计中有"六忌"：忌错别字、忌笔画不规范、忌笔顺颠倒、忌写繁体字和不规范的简化字、忌字迹潦草、忌板书设计不合理。最后,根据小学生特点,可以字画相结合,增加趣味性。

板书示例：

1. 形式上：

(1) 纵式板书：

(2) 横式板书：

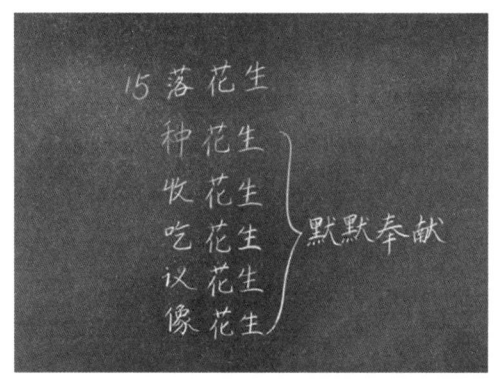

图 0-1

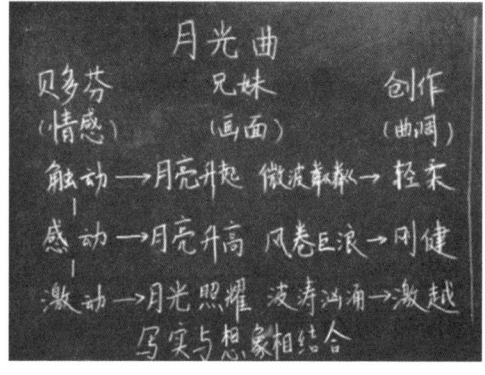

图 0-2

(3) 纵横式板书：

(4) 图文式板书：

图 0-3

图 0-4

---

① 周小蓬.语文课堂教学技能训练教程[M].北京：北京大学出版社,2010：96.

2. 内容上：

(1) 内容概括式

山 行
（唐）杜牧

```
寒山   石径   斜  ┐
                  ├ 景色优美 ┐
白云   生处   人家 ┘          │
                              ├ 诵秋
停车   坐                     │
                              │
霜叶   二月花    喜爱枫叶     ┘
```

图 0-5

(2) 内容突显教学重难点

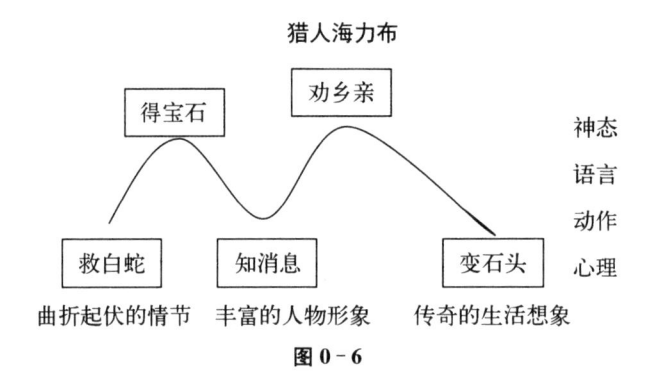

猎人海力布

```
         得宝石      劝乡亲
           ╱╲        ╱╲         神态
          ╱  ╲      ╱  ╲        语言
         ╱    ╲    ╱    ╲       动作
   ─────      ╲──╱      ─────   心理
   救白蛇    知消息     变石头
  曲折起伏的情节  丰富的人物形象  传奇的生活想象
```

图 0-6

多媒体：多媒体课件（主要指 PPT）是根据课程标准的要求，根据教学需要而设计的课程软件。它可以通过网络演示许多知识、图像、音频、视频等资料，弥补纸质课文的局限。合理使用 PPT 可使课堂教学更形象、直观、丰富，不足之处在于不利于课堂生成。因为 PPT 课件是老师课前制作、课中播放的，而课堂教学内容是教学过程中即时动态生成的，往往会出现课堂鲜活生成的内容与事先制作的课件有出入，导致教师不知所措，缺乏应变能力。

因此，在使用多媒体课件时要求：第一，明确 PPT 的教学辅助功能。多媒体课件是为语文教学服务的，切不可本末倒置。在使用过程中，切忌用多媒体课件来代替学生对课文的语言品味、文本体验。有老师在教学朱自清的《梅雨潭的绿》课文时，不让学生充分地阅读文本、品味语言，通过文字体验作者笔下的梅雨潭的绿，而是用大量的 PPT 展示梅雨潭的图片，以图片代替文字，课件的使用妨碍了学生的想象、体验、拼读，妨碍了语文学习。第二，课件数量少而精。因为课件只是起到辅助功能，小学阶段

40分钟或45分钟的课堂教学PPT数量不宜过多,数量多,课堂停留时间不长,学生不好消化,不利于记忆和理解。有老师在教学古诗,一堂课中拓展了十几首相关的古诗,虽然拓宽了学习的知识面,但每首诗都一闪而过,学生有否真正理解是值得怀疑的。第三,PPT字体不宜小且数量多。有的老师把PPT的字体写得太小且一张PPT中字数太多,都不利于小学生观看并记忆。

　　板书和多媒体应该配合使用。板书具有生成性便于师生互动、时间长利于学生记忆等优势,多媒体可以凭借声光色影丰富教学内容,语文教学时,要充分利用板书和多媒体的各自优势,取长补短,配合使用,共同促进课堂教学。

第一单元　识字写字教学设计

第一节　汉语拼音教学设计

模块一　课例研讨

案例1-1　a,o,e拼音教学[①]

教学目标：

1. 知道学习汉语拼音能帮助识字和阅读，学习普通话，学好汉语拼音。
2. 学会 a,o,e 3个单韵母，认清形，读准音。
3. 认识声调符号，在教师提示下正确认读带调的3个单韵母。
4. 会在四线格内抄写 a,o,e 3个单韵母。

课时安排：2课时

第一课时

教学目标：

看图，学习单韵母 a,o,e 的发音及书写。

教学过程：

一、启发谈话。

从今天起我们要学习汉语拼音了，汉语拼音的用处可大啦！能帮助你识字、读书、学说普通话。

学念儿歌：

学习拼音用处大，读书识字学文化，

[①] 材料来自：http://fanwen.jianlimoban.net/683618/.

用它学好普通话,看谁学得顶呱呱!

二、看图说话,引出 a。

1. 图上画着谁?他们在干什么?

说图意:"小朋友学唱歌,a—a—a—。"板书:a

2. 教学 a 的音和形。

(1) 发音要领:嘴要张大,舌位下降,气从嘴中自然出来,发音时要声音响亮,可把音拖长些。

(2) 教师示范发音,学生模仿。

(3) 启发学生看图记字形。

a 像一个小姑娘圆圆的脸蛋,头上还扎着一根小辫子。

用儿歌帮助记字形,如:"圆脸小姑娘,小辫右边扎。要问她是谁,就是 a—a—a—。""我们唱歌 a a a。"

三、看图说话,引出 o。

1. 图上画着什么?它在干什么?

说图意:"一只大公鸡,清早喔喔啼。"板书:o

2. 教学 o 的音和形。

(1) 发音要领:发音时嘴张得比 a 小些,上下嘴唇收拢成圆形,舌头向后缩,舌根向上抬起,气从嘴里自然流出。

(2) 教师示范发音,学生模仿。

(3) 启发学生看图记字形。

用顺口溜帮助记忆:"圆圆太阳 o o o。""小嘴圆圆 o o o。"

四、看图说话,引出 e。

1. 图上画着什么?它在干什么?

说图意:"一只大白鹅在水里游来游去。"板书:e

2. 教学 e 的音和形。

(1) 发音要领:发音时嘴角向两边咧开,嘴成扁平形,舌头的位置和发 o 音时一样,让气从嘴里自然流出。

(2) 师示范发音,学生模仿。

(3) 启发学生看图记字形。

用顺口溜帮助记忆:"白鹅水里游,e e e。""白鹅倒影 e e e。"

五、复习巩固。

1. 卡片认读。

2. 发音练习。教师发音,指名找出卡片,领着全班同学读。

六、小结。

这节课我们学会了 a,o,e 的发音,它们都叫单韵母。单韵母的发音,声音响亮,嘴巴的形状是不变的。

七、书写指导。

1. 看老师范写,注意笔顺。(都是一笔完成)

2. 认识四线格,三个字母在四线格中的位置。

3. 在课堂作业本上临写。

问题讨论:这堂拼音课教师教了什么?怎么教?谈谈你对这堂拼音教学课的看法,发表你的观点并阐明理由。

模块二 学理阐释

一、汉语拼音教学目标设计

(一)设计依据

1. 课程标准中关于汉语拼音教学目标的规定

课程标准汉语拼音教学目标规定:学会汉语拼音。能读准声母、韵母、声调和整体认读音节。能准确地拼读音节,正确书写声母、韵母和音节。认识大写字母,熟记《汉语拼音字母表》。

课程标准关于拼音学习评价建议:汉语拼音学习的评价,重在考察学生认读和拼读的能力,以及借助汉语拼音认读汉字、说普通话、纠正地方音的情况。

2. 统编教材汉语拼音编排特点

(1) 识字在前,拼音在后。拼音是识字的工具,学习拼音的目的就是为了识字,语文学习的主要目的是提高汉语言文字的表达和运用能力。对于从小在汉字环境长大的幼小儿童,对汉字有了一定的认知,刚入学的儿童接触他们熟悉的汉字可减少语文学习的恐惧感,激发学习的兴趣,树立学习的信心,从而融入到小学生活中。如统编本教材一上目录(图 1-1):

(2) 插图编排,情境故事。

统编教材拼音部分插图编排与以往教材不同,以往教材是单个拼音单幅插图的编

识字

1. 天地人 …………… 6
2. 金木水火土 …………… 7
3. 口耳目 …………… 9
4. 日月水火 …………… 11
5. 对韵歌 …………… 13
   口语交际：我说你做 …………… 14
   语文园地一 …………… 15
   快乐读书吧 …………… 19

汉语拼音

1. a o e …………… 20
2. i u ü y w …………… 22
3. b p m f …………… 24
4. d t n l …………… 26
5. g k h …………… 28
6. j q x …………… 30
7. z c s …………… 32
8. zh ch sh r …………… 34
   ○ 语文园地二 …………… 36

图1-1 统编本教材一上目录

排，统编教材插图是情境创设式，完整故事的编排。老版教材的zcs是分别配了三张插图，而统编教材zcs是把zcs置于一幅情境图中，构成了完整的故事情节图，利于教师创设情境进行拼音教学，增强童趣。

如图1-2中，老版人教版zcs插图是割裂的，自成三幅图；而统编版zcs，插图连起来是一幅情境图，小朋友们对图画有兴趣，可先让学生观察图画，编一个有趣的童话故事，激发学生学习拼音的兴趣，然后顺着情境图展开教学。

（3）书写笔顺的提示

统编教材对于汉语拼音的字母书写在教材中有明确的书写笔顺的提示，利于教师的教和学生的书写。如图1-3：

图 1-2 z c s 插图

图 1-3 d t n l 书写笔顺

(二) 拼音教学目标的确定及表述

拼音教学在结合拼音课程目标、教材特点和学情基础上制定拼音课堂教学目标，结合具体案例，探讨拼音教学目标的确立与表述。

教学目标确定步骤。以一上第七课"ｚｃｓ"为例。

第一步，课标关于拼音教学要求分析。略。（前面已阐述）

第二步，教材分析。

"ｚｃｓ"是统编版一年级上册语文汉语拼音第七节内容，本单元是第一个拼音单元,通过汉语拼音,奠定学生学习语文的基础。

"ｚｃｓ"的第一课时有两部分内容。第一部分是3个声母和3个整体认读音节并且配有森林学校的情境图。身穿紫色衣服的狗熊老师、刺猬和吐丝的蚕分别提示声母ｚｃｓ的声、形。第二部分是本课时要求学会书写的字母ｚｃｓ的笔顺以及在四线格中的位置。

第三步,学情分析。

同时,为了获得更好的学习效果,我对学生的情况做了如下分析:我所面对的是入学将近一个月的一年级学生,他们对汉语拼音的学习已经不再陌生。但这是学生首次学习平舌音,落实发音方法和发音部位,把ｚｃｓ读得准确轻短,整体认读音节 zi,ci,si 读得较长响亮、了解整体认读音节的特点、掌握 s 的书写,这都是具有一定难度的。

一年级的学生活泼好动,注意力时间较短,无意注意占主导地位且尚未养成良好的学习习惯。此外,以ｚｃｓ声母的汉字在生活中比较常见,学生已经具备一定的生活经验。因此教师要积极合理地运用各种教学手段,设计有趣的教学环节,让一年级学生在富有童趣的情境中学习。

第四步,目标确定及表述

示例:

ｚｃｓ教学目标 1:

1. 学会3个声母ｚｃｓ,读准音、认清形,能正确书写字母ｚｃｓ。

2. 学会 zi,ci,si 3个整体认读音节,会读它们的四声。

3. 激发学生学习汉语拼音的兴趣,逐步养成认真观察、自主合作的学习习惯。

教学重难点:ｚｃｓ的发音及熟练记忆、掌握整体认读音节。

ｚｃｓ教学目标 2:

1. 能读准ｚｃｓ的音,知道这是平舌音,认清形并能在四线格中正确书写。

2. 借助插图,读准整体认读音节 zi,ci,si 的四个声调。

3. 正确拼读ｚｃｓ和单韵母组成的两拼音节。

4. 通过从插图中找字母,培养学生观察能力,激发学生学习汉语拼音的兴趣。

ｚｃｓ教学目标 3:

1. 正确认读声母ｚｃｓ读准音,认清形,能正确书写声母ｚｃｓ。

2. 正确认读整体认读音节 zi,ci,si,掌握带调读法。

3. 培养学生仔细观察、清晰表达的能力,培养合作精神,鼓励学生大胆表现自己。

问题讨论：针对这三份 z c s 教学目标设计进行研讨：目标定位合理与否？表述规范吗？

二、汉语拼音教学内容设计

(一) 课标及教材规定的教学内容

课标：学会汉语拼音。能读准声母、韵母、声调和整体认读音节。能准确拼读音节，正确书写声母、韵母和音节。认识大写字母，熟记《汉语拼音字母表》。

1. 声母、韵母、声调和整体认读音节

（1）声母：b, p, m, f, d, t, n, l, g, k, h, j, q, x, z, c, s, zh, ch, sh, r, y, w

声母中，z, c, s 与 zh, ch, sh; n-l; r-l; f-h 容易相混。

（2）韵母：a, o, e, i, u, ü, ai, ei, ui, ao, ou, iu, ie, ur, er, an, en, in, un, vn, ang, eng, ing, ong

韵母难点：前后鼻韵母容易相混、复韵母的发音变化不明显。

（3）声调：第一声，第二声，第三声，第四声

声调中：第二声与第三声很多方言区区分不大。

（4）整体认读音节：yi, wu, yu, zhi, chi, shi, ri, zi, ci, si, ye, yue, yin, yun, yuan, ying

注意点：整体认读音节教读不是声韵相拼，而应作为整体来教。

2. 拼读音节

拼读音节就是把音节中声母韵母声调拼读出来，有两拼法或三拼法两种。如 j+i——ji，就是两个音节直接相拼。如 j+i+ao——jiao，就是三拼法。拼读还有些简单口诀，如"前音轻短后音重，两音相连猛一碰"等。

3. 正确书写声母、韵母和音节

声韵母书写正确填入四线格，分清上格、中格、下格，并注意正确笔顺。如 a 的书写，先在四线格中的中格写半个圆，然后写竖点。如图 1-4：

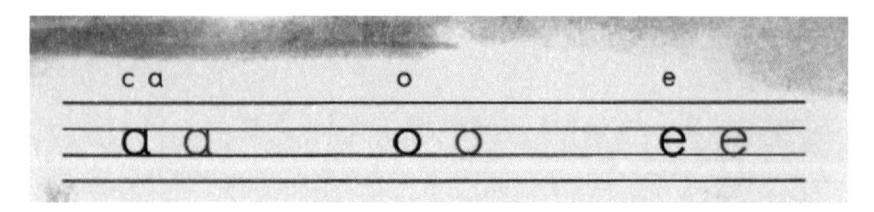

图 1-4 a o e 书写

在指导拼音书写时,教师要使用正确的拼音字母笔画名称。如图1-5:

笔画	名称	举例	笔画	名称	举例
c	左半圆	a e d q g c	ɔ	右半圆	b p
l	长竖	l b p d q h k	ı	短竖	i m n r u
-	短横	e f t	·	圆点	i ü j
ʃ	右弯竖	f	ʅ	左弯竖	n m
J	竖左弯	g	ʝ	竖左弯	j
ʅ	竖右弯	t	ʅ	竖左弯	u ü
ι	竖弯	a	⌐	右弯	r
<	斜左斜右	k	v	斜下斜上	v w
\	左斜	x	/	右斜	x y
/	左长斜	y	s	弯左弯右	s

图1-5 汉语拼音字母笔画名称

音节书写注意标调符号的正确标写。标调符号标在主要元音上,轻声不标调。

4. 认识大写字母,熟记《汉语拼音字母表》

Aa,Bb,Cc,Dd,Ee,Ff,Gg,Hh,Ii,Jj,Kk,Ll,Mm,Nn
Oo,Pp,Qq,Rr,Ss,Tt,Uu,Vv,Ww,Xx,Yy,Zz

(二)教学内容取舍原则

教学内容是教学目标的细化,教学内容的取舍要指向教学目标,符合拼音学习规律又要适合学情。如根据案例1-1的拼音教学目标细化的教学内容有:

1. 学会 a 的读音、形状、书写。

2. 学会 o 的读音、形状、书写。

3. 学会 e 的读音、形状、书写。

4. 认识普通话四个声调,并带调拼读 a o e。

5. 第一次认识四线格,指导学生正确书写。

6. 了解学习拼音的好处,激发学习兴趣,培养良好的书写习惯,第一次书写拼音,讲一些书写规则。

从对以上教学内容的分析中,显然教学内容多而杂,教学目标偏多,教学内容就杂乱。案例1-1把它整合为两个课时。其中第一课时内容为:1. 学会 a 的读音、形状、书写。2. 学会 o 的读音、形状、书写。3. 学会 e 的读音、形状、书写。4. 第一次认识四线格,指导学生正确书写。5.了解学习拼音的好处,激发学习兴趣,培养良好的书写习惯。

三、汉语拼音教学方法设计

课程标准在拼音教学建议中要尽可能趣味性,多采用活动和游戏的方法。根据课标建议和拼音学习特点,从拼音教学的三大内容来阐述相关教学方法:

(一)发音教学方法

1. 示范模仿法

老师先示范发音,边讲发音要领边请小学生模仿。如发单韵母 a,教师可以边讲发音要领即张大嘴巴发 a,一边示范一边叫学生模仿。

2. 手势法

教师在示范发音时利用手势指导学生发音。如发 zh,ch,sh,r 这一组舌尖后音(俗称翘舌音)时,教师可以借助手指上翘动作指导学生发音。

3. 实物演示法

在区分"b"和"p"和"d"和"t"的发音是否送气时,可选用一张薄纸做为学具。把这张薄纸放在唇边,有意识地发出"b""p""d""t"各音,纸飘动表示送气,反之,不送气。

(二)辨形教学方法

常见的有儿歌法,强化字母的音和形。如:"一个伞柄ｔｔｔ,一根拐杖ｆｆｆ""小鼓一敲ｄｄｄ,小马快跑ｄｄｄ。伞柄在下ｔｔｔ,鱼儿跳舞ｔｔｔ"。

(三)拼读教学方法

1. 口诀法

拼音拼读需要一定规则,利用口诀让小学生熟记拼读规则。如两拼法"前音轻短后音重,两音相连猛一碰",三拼法"声轻节快韵母响,三音连读很顺当"等。

2. 游戏法

低幼儿童喜欢游戏,在游戏中学习,可以减少学习的单调枯燥。

常见的游戏教学法有:

(1)开火车游戏。老师一边出示拼音卡片,一边做火车开动状,口里喊道:火车火车哪里开?火车火车这里开。然后老师停下来指定一组开火车读声母或韵母或拼读。一旦发现读错了则"咔嚓咔嚓停下来",可以教师示范拼读也可以叫学生帮助纠错,然后继续开下去。

(2)摘苹果游戏。师:小朋友们,你们看,拼音王国里的苹果成熟了,我们一起去摘苹果吧!师:今天我们的难度要升级,你们想不想挑战?师:今天我们不仅要把树上的苹果摘下来,还要把苹果放在属于他们的篮子里,一共有几个篮子呀?通过摘苹果游戏练习读音、拼读等。

3. 故事引入法

利用故事教学整体认读音节"yi,wu,yu"。有一天 i,u,ü 三个孩子要到公园去玩,可是他们三个年纪太小,又不认识路,怎么办呢?他们就请大 y 大 w 带路。大 y 带着小 i 一块儿走了,就成了音节 yi(领读)。大 w 带着小 u 一块儿去了,就成了音节 wu(领读),小 ü 没人带,他急哭了,两滴眼泪直往外流。怎么办呢?大 y 听到哭声转过身来,见小 ü 哭得很伤心,就来到他身边,摸摸他的头说:"好吧,我再带一个。可是你得把眼泪擦干净,记住不许有眼泪。"小 ü 高兴地把泪水擦得干干净净(老师随手擦去 ü 上两点),就跟大 y 去了,成了音节 yu(领读)。学生在轻松愉悦的故事中掌握了这三个整体认读音节,还能使学生对 ü 跟大 y 后面去掉两点引起注意。

(四)拼音教学方法示例

案例 1-2 "d t n l"(第1课时)教学片段

宁波大学 2016级小学教育专业 朱丹瑶

读前思考一下:该课在认读、辨形、拼读分别用了什么教学方法?

一、复习导入

师:小朋友们,你们看,拼音王国里的苹果成熟了,我们一起去摘苹果吧!

师:今天我们的难度要升级,你们想不想挑战?

师:今天我们不仅要把树上的苹果摘下来,还要把苹果放在属于它们的篮子里,一共有几个篮子呀?

预设:三个。

师:一起读一读。

预设:韵母、声母、整体认读音节。

师:接下来我们开小火车。小眼睛盯紧了,看到老师点哪个苹果,就大声读出它的名字,读对了大家一起再读一遍,再告诉老师应该放到哪个篮子里。

师:准备好了吗?坐端正示意老师。

(开小火车并分类)

二、新授环节

1. 引出课题

师：今天真是个丰收的好日子,为庆祝丰收,小朋友们还举办了艺术节。(PPT出示图片)

师：瞧,调皮的声母宝宝躲进了学校的艺术节里,你能把它找出来吗？指名找,师呈现,并初读。

师：今天我们就来认识 d t n l 这四位声母宝宝。

2. 学习声母"d"

师：第一位声母宝宝在这里,让我们大声把它叫出来。(PPT出示队鼓和鼓槌图以及动画)

师：跟老师一起读——d。(师示范发音：舌尖先顶住上牙的背面,发音时舌尖突然离开,让气流冲出来)

开小火车读一读,师随机正音。

师：小鼓敲响,d d d。

师：同学们"d"还有两个好朋友,(出示"b""p"),你有什么发现？

师：你们的火眼金睛能区分它们吗？

师：(呈现儿歌)左下半圆 d d d,(用上右手拇指来帮忙)右下半圆 b b b,右上半圆 p p p。(教 p b 时,用上左手拇指,拇指朝上 b b b,拇指朝下 p p p)

(抽卡读)

师：声母总喜欢与韵母宝宝们交朋友,还记得声母和韵母组成什么吗？

预设：音节。

师：(出示"da")这时候声调帽子要戴在哪里？

预设：单韵母"a"上。

师：我们该怎么拼它们,还记得拼读的口诀吗？

预设：前音轻短后音重,两音相连猛一碰。

师：(范读)d-a-da,生跟读。

师：戴上声调帽你还能拼出来吗？(出示四声及短语)

师：那跟"e""i""u"这三个单韵母宝宝组成的音节又该怎么拼呢？谁来试试。(出示另外三个音节及声调)

师：我们开小火车试一试。(打乱音节)

师：平时看书写字的时候我们经常会遇到不认识的字，这下好了，有音节来帮助我们读准字音。（PPT呈现词语：答、的、底、读、大地、打滴、打赌、大度）

3. 学习声母"t"

师：这张图片里有没有声母宝宝？猜一猜它的名字叫什么？（指名回答）

师：跟着老师一起读——t。（嘴里的气流较强）

开小火车读。

师：跟我读，一把小伞 t t t。

师：刚刚我们学习了声母d和t，它们有什么区别呢？

师：（师读 d, t）小眼睛仔细看老师的嘴型，你有什么发现？

预设：一样的/嘴型不变。

师：那它们的区别到底在哪里呢？老师请了一个好帮手。（师拿纸巾，分别读d, t）

师：（读d, t）小朋友们要注意，读"t"的时候气流要出来。读"d"的时候要轻一些。我们把小手放在最前，读"d"有没有感到气流？（没有）再读"t"，感到气流了吗？（有）

师：一起读（分组读）——"t"。再抽卡读"d""t"。

师：（呈现"f"）同学们，声母"t"与"f"也是一对好兄弟，你能用自己喜欢的方法区分它们吗？

预设：一个伞柄 t t t，一根拐杖 f f f。

（抽卡读）

师：声母"t"也很喜欢交朋友，有四个单韵母宝宝就是它的好朋友，他们组成了——？

预设：音节。

师：你能来拼一拼吗？（出示四个音节）

师：这么多音节宝宝，谁来挑战。

师：我们借助音节再来读一读生字和词语。（PPT呈现词语：他、体、特、图、答题、读题、独特、得体、地图、土地）

4. 课中操

小鼓一敲 d d d，小马快跑 d d d，伞柄在下 t t t，鱼儿跳舞 t t t。

（师先领读，在拍手读）

5. 学写声母"d""t"

师：接下来，我们要把这两个声母宝宝送回家。还记得它们的家在哪里吗？

预设：四线三格。

师：(呈现四线三格)观察这两个声母宝宝的位置。

预设：都在上格和中格。

师：我们先来看声母"d"，一共有几笔？

预设：两笔。

师：第一笔写左半圆(占满中格)，第二笔写竖，要注意竖不能碰到第一线。(到第三线收笔)

师：拿出你们的小手指，跟着老师一起来写一写。

师：翻到书本第27页，在四线三格中描一遍写两遍。注意写字的姿势。

(时间充裕可利用投影仪进行点评，让先写好的小朋友观察声母"t")

师：我们再来看一看声母"t"，一共有几笔？

预设：两笔。

师：写"t"的时候笔顺是怎样的？

预设：竖右弯，横

师：写"t"的时候你觉得还有什么要提醒其他小朋友的？

预设：横要短；横写在比第二线略低一点点的位置；竖右弯没有小勾子，不能翘起来。

师：拿出你们的小手指，跟着老师一起来写一写。

师：翻到书本第27页，在四线三格中描一遍写两遍。注意写字的姿势。

(时间充裕可利用投影仪进行点评)

问题讨论：案例中的拼音教学方法合宜吗？为什么？

四、汉语拼音教学过程设计

课程标准中的教学建议：汉语拼音教学要尽可能有趣味性，宜多采用活动和游戏的形式，应与学说普通话、识字教学相结合，注意汉语拼音在现实语言生活中的运用。

(一)汉语拼音教学根据课标要求、教材编排，一般有以下教学流程：

1. 利用插图，激发兴趣。
2. 学习字母读音。
3. 辨析字母形状。
4. 学习拼读。

5. 在词语、语境中练说读音。

6. 指导书写字母。

（二）汉语拼音教学过程：

拼音教学要求掌握拼音的读音、拼读和书写，考虑到学情，教学方法要有趣生动，教学过程要围绕教学要求展开设计。

示例：

一上"z c s"（第一课时）

第一环节：创设情境，复习导入；

第二环节：探究情境，学习声母；

1. 看图说话，自学音形　2. 举一反三，学习声母 z c s　3. 创编口诀，帮助记忆

第三环节：比较教学，学习整体认读音节；

1. 巧用对比，整体掌握　2. 游戏巩固，四声指导；

最后一个环节：指导书写，总结课堂。

点评：教学过程抓住 z c s,的读音、形状、巩固、书写展开，穿插合适的教学方法。

五、汉语拼音教学作业设计

很多地方教育局规定小学第一学段不布置书面作业，考虑到小学一二年级是幼小过渡期，先不布置书面作业，降低学习强度和难度，利于幼小衔接。因此，小学一年级的拼音作业设计常见类型有：

1. 口头作业

拼音学习需要多听多读多练，针对一年级小学生可设计一些练读声母、韵母、拼读等口头作业，也可布置一些听儿歌、听拼读、录拼音的听录作业。

2. 手工作业

针对一年级小学生喜欢动手、喜欢游戏的特点，可布置一些拼音的手工作业，如让他们画一些苹果、草莓等图案，并把拼音填进去，活泼有趣又简单易行的作业。

模块三　设计实践

1. 案例反思

同学们，针对模块一的"ɑ o e"教学设计案例，经过了模块二的学习，你能再次进行案例点评，这次要求增加学理阐述。

2. 动手实践

请对统编小学语文教材一年级上册汉语拼音第3课"ｂｐｍｆ"第一课时进行教学设计,要求写出教学目标、教学重难点、教学过程、板书设计。

实践建议:

第一步,厘清课标对拼音教学的要求。

第二步,分析"ｂｐｍｆ"课文所处教材地位及教材编排特点。

第三步,分析学情,思考适合学情的教学目标、内容及方法。

第四步,小组讨论,确定教学目标。

第五步,设计教学过程时,考虑与目标的匹配性及教学过程本身的逻辑性。

第六步,设计一个合于目标学情的板书。

第七步,赶紧行动吧!

模块四　资料链接

一、推荐阅读

1. 叶雪冰,施茂枝.当下汉语拼音教学的问题与破解[J].语文建设,2018(12):48-52.

认为拼音教学主要体现在读准拼读书写。当前汉语拼音最为突出的问题是拼读问题。问题产生的原因跟两方面有关,一是声韵调的快速认读,二是韵与调的整体认读。常见的教学失误有一是教学重心偏离,没有把力气放在刀刃上,没有把教学经历放在要害处关键处。二是整体认读不足。三是手段不为目标,就是课堂上用了很多的游戏方法,但是只是热闹非凡精彩无比,学生没有获得什么。四是教材编排的漏洞,认为统编版教材三拼法太多。问题症结的破解在于实现韵母的整体认读,提高注视拼音的强度,夯实拼读实践活动。

2. 汪明华.部编小学语文一年级上册汉语拼音教材解读与教学建议[J].教育视界,2017(9):7-10.

首先介绍了部编汉语拼音的教材特点:识字在先,拼音在后,遵循认知规律;多重元素,加强整合,强化实践运用;聚焦重点,突破难点,提高学习实效。其次提出了汉语拼音的教学建议:第一,精准定位目标,让拼音学习在序列中稳步习得。第二,妙用情境图画,让拼音学习在发现中自主建构。第三,促进板块融合,让拼音学习在复现中强化巩固。第四,巧设游戏情境,让拼音学习在活动中反复运用。第五,改进评价方式,让拼音学习在赏识中快乐提升。

3. 李娟.在大游戏情境中发现汉语拼音学习的乐趣——统编本教材一年级拼音教学中的大单元设计与思考[J].语文建设,2019(08):22-25.

《普通高中语文课程标准(2017年版)》中"学习任务群"概念的提出,这给汉语拼音教学带来了启发:即通过一个个大的游戏情境,对汉语拼音进行大单元整体教学。引导学生在这样的大单元、大情境中进行自主学习、自主建构,学生也会发现汉语拼音学习更多的乐趣。主要包括三方面:大游戏情境,让学生发现拼音就在真实生活中;大任务组织,帮助学生发现拼音与识读的关系;大单元测评,引导学生在真实生活中发现拼音的作用。

4. 黄先政,郭俊奇.小学低段汉语拼音教学难点的化解[J].教学与管理,2017(29):38-39.

认为当前小学汉语拼音教学存在教材版本多样、学生特点特殊、教师水平差异明显及教学难点较多等问题,特别是低段学生学习时存在数量多难掌握、音形义难匹配、特殊音难区分和声调近难读清等难点。根据母语习得规律,汉语拼音的掌握是在模仿、强化、重复、形成四个阶段后达到的,教学就应立足于拼读训练而少讲语言规则,使之会认、会读、会用即可。因此针对低段学生在汉语拼音学习时的特点还要注意两点:一是训练要由易到难,层层递进。二是训练要简单易行,形式新颖。

二、推荐案例

"bpmf"教学设计[①]

教学目标:

1. 正确认读 b、p、m、f,引导正确的发音方法,能正确书写。

2. 正确拼读 b、p、m、f 和单韵母 a、o、i、u 组成的音节;借助图画,练习拼读,初步掌握两拼音节的拼读方法。

3. 借助图片拼读识字,认识生字"爸、妈",正确认读词语"爸爸、妈妈",并说话练习。

教学过程:

课前一起阅读绘本《克里克塔》:今天老师带给你们的课前故事是《克里克塔》。

[①] 倪彬丽."bpmf"教学设计[J].小学语文教学,2018(22):53-55.

第一课时

一、创设情境,游戏巩固

1. 巩固 a、o、e、i、u 的四声练习:同学们,单韵母朋友和我们玩起了捉迷藏的游戏,藏在一些同学的书桌里,开始找一找吧!找到的同学举起来,一起大声和它打招呼。

2. 出示小火车1:轰隆隆,轰隆隆,你们看,单韵母专列来了,欢迎我们的单韵母朋友,齐读单韵母 a、o、e、i、u、ü。

出示小火车2:第二列声母专列也来了,欢迎我们的声母朋友,齐读声母 y、w。

二、看图说话,引入新知

1. 声母专列今天还有新的旅客,它们藏在这幅画里。

看图引入新课。(出示教材插图)仔细观察,说说你看到了什么。提供句式:图上画着什么? 在干什么?(自由说)图上画着什么他们在干什么?

2. 字母大侦探——找找我们今天学的声母。(出示:b p m)

引入儿歌:爸爸带我爬山坡 p p p,爬上山坡看大佛 f f f,大喇叭里正广播 b b b,爱护大佛不要摸 m m m。让我们一起来认识这四位新朋友。

3. 学习新朋友 b。

(1) 出示卡片 b,一起来听广播。(师范读"b",声音短又轻)

(2) 同学来广播:读 b;出示顺口溜:听广播,b b b。

(3) 你能像老师一样编个顺口溜记住这个新朋友吗?(学生编顺口溜:像个6字 b b b;右下半圆 b b b;左手棒棒 b b b)

(4) 把 b 请进声母列车里,坐进四线三格的位置上,占据中格和上格。(师板书 b)

4. 小组共同学习声母 p。

(1) b 还有一个双胞胎兄弟,它就是 p。小组共同学习声母 p,小组长拿起卡片让组员轮流读,想出顺口溜:爬山坡,p p p。

(2) 把 p 请进声母列车里,占据四线三格的中格和下格。(师板书 p)

(3) b 和 p 的辨音。

b 和 p 是一对双胞胎,我们做个小实验,来分清它们的发音。拿出一张白纸放在嘴前,先读 b,白纸有什么变化吗?(没有动)再读 p,白纸有什么变化?(白纸被吹出去了)观察得真仔细,这个小实验告诉我们:读 b 时白纸不动,是不送气的,读 p 时气流吹动白纸,是送气的。

(4)利用《克里克塔》的故事情境,分辨b和p:b和p这对双胞胎,不但读音相近,样子也相似。我们用什么办法来分清楚呢?大家都喜欢聪明、勇敢的克里克塔。今天,老师送给每个小朋友一根扭扭棒,像克里克塔那样来学习b和p。

通过实践得出结论:b像6,竖在前,指向天;p反9,竖在前,指向地。

三、引导探究,自主拼读

1. 拼读ba:老朋友a和新朋友b碰到了一起,一起来读一读。(课件出示:b-a-ba)仔细听老师读,你听出了什么?引出儿歌:前音轻短,后音重。两音相拼,猛一碰。

2. 出示情境卡片,练读ba的四声,出示,指名读,开小火车读。

bā,猪八戒的bā;bá,拔萝卜的bá;bǎ,打靶的bǎ;bà,大坝的bà。

3. 巩固b四声练习。

同学们真厉害,前音轻短,后音重,两音相拼,猛一碰。接着我们来挑战,爸爸的"爸"是这节课要认识的新字,上下结构,上面一个"父亲"的"父",下面是"尾巴"的"巴",组成了"爸",你能用"ba"的四声分别说一句话吗?

4. 练读。

课件出示音节bo、bi、bu、pi、po、pu,同桌练读,开小火车读,齐读。

5. 快乐游戏,巩固练习。

(1)听音取卡片。老师读一个声母,学生取出卡片。(师:b、b,在哪里?生:b、b,在这里。)

(2)这些声母朋友太孤单了,它们想找朋友做游戏,我们来玩"找朋友,拼一拼"游戏吧。

准备:字母卡片b、p及带调单韵母卡片a、o、i、u。

方法:教师请一名学生上台配合。师:我是p。生:我是a。师生(齐):合在一起,p-a-pa。

同桌合作开展游戏,一个学生拿声母,一个学生拿单韵母,相互找朋友,合在一起拼一拼。

最后请各小组派代表上台表演。"我是p。""我是a。""合在一起,p-a-pa。""p-a-pa。"全班齐读两遍。

6. 书写b和p:b和p已经和我们玩了那么久了,该乘着列车回家休息了,让我们一起把它们送回家吧。指导书写。

(1)(点击课件,显示b,p在四线三格里的位置)b、p分别住在哪几层?(生观察

回答)

(2)师范写,生描一个,写一个。

第二课时

一、复习巩固

出示声母列车,复习 y、w、b、p,强调声母要读得又轻又短。

二、教学 m 和 f

小组共同学习 m 和 f 的发音:今天声母列车里还有两位乘客,它们是 m 和 f,你们能和它们大声打招呼吗?

小组共同学习完成:

1. 记住 m 的形。

m 像什么? m 像两个门洞;m 像石拱桥。

教师领着学生书空并领说:两个门洞是个 m。

2. 记住 f 的形。

问:f 像什么?像倒挂的伞把或像拐棍。(拿实物让学生观察、理解)

教师领读顺口溜,边说边书空:伞把倒挂 f f f。(或一根拐棍 f f f)

三、自主研读,学习拼读

1. 拼读 ma,课件出示课文插图,教学"妈":"女"加上"马"就是"妈","妈妈"和"爸爸"一样,第二个音要读轻声,用"妈妈"说一句话,引出儿歌并朗读。

2. 指名读 f-a-fa,并说说呼读方法。

教师指导:前音轻短后音重,两音相连猛一碰,上齿接触下唇,摩擦后发音滑向 a,张大嘴巴。可边讲边示范,并领读。

má 麻花的 má,mǎ 一匹马的 mǎ,mà 叫骂的 mà。

fá 竹筏的 fá,fǎ 办法的 fǎ,fà 头发的 fà。

开小火车拼读:ma mo mi mu fa fo fu

3. 带调练读。

4. 写一写。

师:(点击课件,显示 m、f 在四线三格的拼音房子里)我们一起送新朋友上列车吧。

(1)师:上次我们是怎样把"b、p"送上列车的?(引导学生回忆学习步骤,生说。)

(2)写一写。出示两位学生的作业,全班评一评。(书写"m"时,两个门洞要一样大,而"f"的横比较短,写在比第二线略低的位置)

四、巩固练习,挑战你我他

最后我们来挑战一下。(出示,指名读,开火车读,齐读)

第二节　识字写字教学设计

模块一　课例研讨

案例1-3　《拍手歌》(二年级上册)

宁波大学附属学校　王璐

教学目标:

1. 会认"世、界、雀、锦、雄、鹰、雁、灵、休"通过编记顺口溜、形声字字形猜字义等方法,重点识记"猫、猛"这两字,会写"歌""深""猫"三个生字。

2. 掌握归类识字的方法,了解"隹、鸟"这两个表义部件演变以及造字规律的知识。

3. 理解"雁群会写字""唱不休"等词语的意思,感受动物生活的自由、快乐。

4. 能正确、流利地朗读儿歌,读出儿歌的节奏,体验儿歌带来的快乐。

教学过程:

一、激趣导入,学写"歌"字

小朋友们,今天这节课我们要去有趣的动物王国走一走,来学习一首《拍手歌》。(课前黑板上画好山、树,营造动物王国的氛围)

识写"歌"。"歌"是一个形声字,左边的"哥"是声旁,右边的"欠"是形旁,表示字义。小朋友们,你们看(出示古字"欠"),你们觉得"欠"像什么?(生:像一个人张嘴,气息从嘴里出来的样子)。是啊,"欠"下面是一个人,上面部分表示上升的气息。人张嘴呵气就是"欠",唱歌要张嘴呵气出声,所以"歌"是欠字旁。我们也可以用顺口溜来记住它:"看似哥哥打哈欠,其实哥哥把歌练。"现在,请你跟着老师一起来补充课题(板贴补充课题)。"哥字向左靠,长横变短横。欠字紧紧靠,撇捺要舒展。"请你也在语文书上描一个写一个。交流评议。

你瞧,一个歌字多有意思呀,今天我们学习的就是一首识字歌谣——《拍手歌》(齐读课题)。

二、认识动物,随文识字

1. 初读课文。

(1)请小朋友们自由读课文,认真读准每一个字。

(2)给诗歌标上小节号。

2.认读动物名字。

儿歌中有哪些动物,请你再读课文,把它们圈出来。

(1)你找到了哪些小动物?(生汇报)真是一个细心的孩子。

(2)现在,让我们跟小动物们热情地打打招呼吧。(带拼音读)请小老师领读。小动物们脱去了拼音帽,你还能叫出他们的名字吗?(同桌互读)(开小火车读)

(3)小朋友们真厉害,你瞧,森林之王狮子出来迎接大家了。森林王国里有一条小河,(板书画河)河的两岸住着不同的动物居民,请你给黑板上的这些动物分分类:哪些动物可以住在河的这边,哪些动物可以住在河的那边?(板贴词卡)

3.偏旁识字

(1)请观察兽类这一边"猫"和"猛"两个字,你发现了什么?(都有反犬旁)把"犭"倒过来像什么?(生:像一只正在行走的动物)"犭"的本义就是狗,后来"犭"引申指四脚爬行的动物。生活中"犭"的字还有很多。(出示词卡)(狗、狐、狸、猪)

(2)再来看看这些鸟类名字,他们的名字里藏着秘密呢!谁能说说这两组加点的字有什么不同?(PPT出示)(生:第二行都有鸟字,第一行都有隹字)

A.鸟。

"鸟"字旁的字都与鸟有关,哪些字有鸟?(鸭、鸡、鹅、鸣、鸽……)是啊,"鸟"字古字画中就是一只长尾巴鸟的意思。

B.隹。

"隹"也是鸟的象形,但从这鸟的样子来看,它的尾巴较短,所以"隹"本义是一种短尾鸟。我们来看一段视频。后来,"隹"字作为部件和"鸟"一起都表示鸟,对尾巴的长短也就没有那么严格的区分了。一起来读读这几个词。(孔雀、雁群、老鹰)

小朋友们,词语难不倒大家,课文能读好吗?这是一首可以让我们一边拍手一边诵读的儿歌,谁来读读第一节?(指名读)世是翘舌音(指名读)(齐读),你能用什么方法记住这个字?回读"世界"。(随文识记"世界",理解"新奇")

三、学习儿歌,感悟语言

在这个新奇的动物世界里,有几对好朋友,请你读课文,帮动物找找它们的好朋友,用"____"画出相关语句。

1.教学"孔雀锦鸡是伙伴"。(出示图片)你见过锦鸡吗?我们根据"锦"的字形,推想一下"锦"的字义,就知道为什么叫锦鸡了。(生1:锦是金字旁,是不是与金子、金属有关?)锦这个字很有意思,它也是一个形声字,左边作为声旁表示读音,右边部分读"帛",表示一种色彩艳丽的丝织品。像这种羽毛颜色非常漂亮的鸟,我们就叫——锦鸡。那如果像这样色彩特别鲜艳的鲤鱼我们可以说它是——锦鲤。锦鲤会为你带来好运哦。

你发现这两种动物有什么特点吗?(都是鸟类,羽毛颜色都非常漂亮)两种那么漂亮的鸟儿在一起,课文中就说它们是——伙伴(引读)你能读好这一节吗?(指名读、齐读)

2. 教学"黄鹂百灵唱不休"。还有哪些小鸟也是好朋友?(黄鹂、百灵)说说你的理由。你从哪里看出它们很擅长唱歌?(唱不休)观察"休"字图片,理解意思。

3. 教学"雄鹰飞翔彩云间,天空雁群会写字"。你们看,蓝天上飞来一只雄鹰,飞得多高呀!谁来读读这一句?谁能边做动作边读这一句?蓝天上还有谁?(一群大雁)一只大雁能叫一群吗?是呀,许多大雁,才能叫"雁群"。天空雁群会什么?——天空雁群会写字。(引读)你能看出他们写了什么吗?句式练习:"一群大雁往南飞,一会儿_____,一会儿_____"难怪人们说——天空雁群会写字。是呀,原来"雄鹰"和"雁群"都很善于飞行,也能成为好朋友呢!

4. 小朋友们,动物世界里,小鸟们各有特点,多么新奇呀!难怪作者说——(出示第一小节)。

5. 多种形式读儿歌。(师生合作、同桌合作)

四、书写指导

1. 观察"深""猫"

一看结构(左右结构)

二看宽窄(左宽右窄)

三看关键笔画。"深"注意右边中间短撇和点的位置。"猫"要注意反犬旁弯钩的幅度。

2. 教师范写。

3. 学生练写。

4. 展示评价。

五、尝试背诵,结束课堂

1. 动物是我们的朋友,让我们再读《拍手歌》,来跟里面的动物朋友打打招呼吧!

(拍手读)

2. 这些动物朋友都藏起来啦,你还能和它们做朋友吗?(隐去动物名称)

3. 动物们最喜欢和小朋友一起玩拍手游戏啦,你们能不看课文,和你的同桌一起一边拍手一边背诵吗?

4. 小朋友们,今天我们学习了有趣的《拍手歌》,回家以后也和你的爸爸妈妈一起玩玩吧。

问题讨论:以上识字案例中运用了哪些教学方法?教学目标与教学过程的关系?

模块二　学理阐释

一、识字写字教学目标设计学理分析

(一)目标设计依据

1. 课程标准关于识字写字目标要求规定

第一学段:

(1) 喜欢学习汉字,有主动识字、写字的愿望。

(2) 认识常用汉字1 600个左右,其中800个左右会写。

(3) 努力养成良好的写字习惯,写字姿势正确,书写规范、端正、整洁。

(4) 学习独立识字。能借助汉语拼音认读汉字,学会用音序检字法和部首检字法查字典。

第二学段:

(1) 对学习汉字有浓厚的兴趣,养成主动识字的习惯。

(2) 累计认识常用汉字2 500个左右,其中1 600个左右会写。

(3) 有初步的独立识字能力,会运用音序检字法和部首检字法查字典、词典。

(4) 写字姿势正确,有良好的书写习惯。(新增)

第三学段:

(1) 有较强的独立识字能力,累计认识常用汉字3 000个左右,其中2 500个会写。

(2) 硬笔书写楷书,行款整齐,力求美观,有一定的速度。

(3) 写字姿势正确,有良好的书写习惯。(新增)

相比旧课标,2011版课标目标规定呈现如下特点:

(1) 会认会写的数量要求各自减少了200左右,降低了难度,有利于减负。

(2) 强调书写姿势以及书写习惯。在第二学段、第三学段增加了"写字姿势正确,

有良好的书写习惯。"

（3）注重培养学生兴趣和独立识字能力。

2. 统编教材识字写字编排特点

首先，识字编排顺序是先识字后拼音。统编本识字编排最大的创新点是先识字后学拼音，与以往教材先学拼音再识字不同。

其次，识字编排方式：集中识字和随文识字。第一个集中识字单元，文化内涵丰富，传统意味浓郁。以"天地人，你我他"作为第一课，渗透中华传统文化天人合一的思想，蕴含着人与自然、人与人之间和谐相处的理念。在学习了拼音单元后，编排以随文识字为主。

再次，识字形式丰富。《金木水火土》运用了韵文识字法，读起来朗朗上口；《口耳目》运用了看图识字方法，通过图文对照识字加强印象；《日月水火》运用了象形字识字；《对韵歌》运用了蒙学识字等方法；语文园地一识字加油站《雪花》运用了谜语识字方法；快乐读书吧运用了阅读识字，提高识字兴趣；《画》运用了谜语识字；《大小多少》童谣识字，朗朗上口；《小书包》看图识字，爱护文具；《日月明》字理识字，了解汉字中会意字的构字特点，激发识字兴趣；《升国旗》韵语歌识字；语文园地五识字加油站用了偏旁识字，认识木字旁和草字头；《春夏秋冬》运用了看图识字，激发兴趣；《姓氏歌》用韵文识字，通过姓氏改变的韵语识字将识字与生活紧密结合，激发儿童对中国文化的热爱。

最后，继续贯彻会认与会写分开。统编教材识字写字后面有两栏，上面一排生字要求会认，下面在田字格中的生字要求会写会用。如下图1-6：

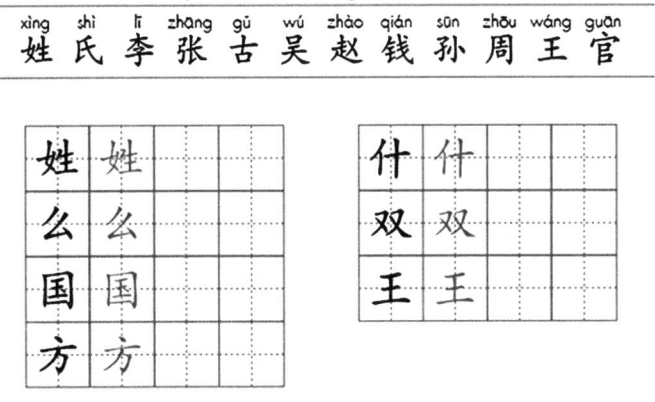

图1-6 一年级下册第2课《姓氏歌》

（二）识字写字教学目标表述示例

示例1：

识字单元《大小多少》教学目标

一、课标识字部分要求（略）

二、教材分析

《大小多少》是统编版小学语文一年级上册第五单元的第二篇课文。第五单元也是小学生上学以来接触的第二个识字单元。本单元意在通过丰富多彩的编排形式，激发学生的识字热情，让学生在大声朗读古诗、儿歌的同时，提高识字效率，巩固识字成果。

《大小多少》一课由三部分组成。第一部分是诗歌内容，由4小节组成，每小节有两行，第一行从"大小"或"多少"的角度进行比较，第二行通过具体事物，感受"大小"或"多少"。每一节都以韵文与图片相结合的方式呈现，形象地展示了事物间"大小"或"多少"的关系，让学生能够看图识字。第二部分是要求掌握的12个生字和要求书写的5个独体字。第三部分是课后要求，一是朗读和背诵，二是通过读和记，积累课文中比较典型的几个量词搭配的练习。教学这篇课文计划安排2课时。

三、学情分析

同时，为了获得更好的学习效果，我从生活经验和学习经验出发，对学生的情况做了如下分析：

1. 生活经验

一年级的学生活泼好动，思维活跃，但注意力容易分散，无意注意占主导地位，学习内容的直观性对他们学习有较大影响。因此教师要积极合理地运用各种手段，开展形式多样的学习活动，激发学生的学习兴趣，让一年级学生能够积极参与课堂学习。

2. 学习经验

学生在学习了《画》这篇课文后，对简单的反义词有了一定的了解，因此对课文中出现的关于"大小""多少"的比较，学生能通过插图对比大致明白意思。教材中出示了4幅插图具体体现了诗歌中所比较的内容，且学生在语文园地四中初步接触过数量词，因此对于量词，学生大致会说，但不太能理解。

识字方面，学生经过一段时间的学习，已经初步掌握了一些简单的识字方法，如加一加、换一换、编口诀等，在课堂上识字环节可以继续鼓励他们尝试运用，而且本课的生字大部分都是形象的动物，可以引导他们借助图片识记。

第一课时教学目标：

1. 通过归类识记、图文对照、联系生活经验等多种方式认识"多""少"等十二个生字和"反犬旁""鸟字旁"两个偏旁,会写"小"和"少"这两个字。

2. 能正确流利地朗读课文,尝试当堂背诵课文1、2小节。

3. 掌握"大小""多少"两组反义词,结合插图了解"大小""多少"的对比关系。初步了解"头""只"等量词的正确用法。

4. 能借助图片简单仿照课文编创儿歌,通过拓展说话,学会在生活中比较大小和多少。

示例2:

《美丽的小兴安岭》的识字写字目标

教学目标:

1. 通过随文识字,认识"葱、淙"等生字;会写"挡、实、线、严、视"五个生字。联系上下文和生活实际理解"抽出、淙淙、葱葱茏茏、密密层层、封、浸"等词语的意思,体会作者描写景物时用词的准确、生动。

2. 掌握拟人句和"有的…有的…"句式,并能熟练运用。

3. 通过多种方式有感情地朗读课文,背诵自己喜欢的部分。

4. 了解小兴安岭一年四季美丽的景色、丰富的物产,激发学生热爱祖国大好河山的思想感情。

问题讨论: 两类课文的识字目标表述有何不同?

识字单元中的识字是主要目标、重点目标。教学围绕识字展开。阅读课文中的识字教学目标是基础目标,是阅读课文教学目标之一,是为理解课文内容服务的。

二、识字写字教学内容设计

根据语文课程标准识字写字部分的要求,识字写字教学内容包含字音、字形、字义、识字能力、写字习惯、汉字文化。

(一) 字音

1. 方言区难读的读音

学习了汉语拼音后,学生对照拼音认读生字,已没有难度。但是要正确发到位,特别是对于方言区的难点,需要老师适时抽读一下。比如江浙一带的平翘舌音和前后鼻韵母等。

2. 多音字

多音字在不同语境中有不同读音,教师在教生字词读音时,要让学生明白这篇课文这句话中的读音,并拓展其他语境中的读音,拓展不同语境不同读音的不同含义。

3. 轻声字、儿化音及"一""不"的变调

普通话语音在动态的语流中,如朗读与说话时,音节与音节间会发生影响,产生一些变化,如音节声调的脱落(轻声)或产生变调(如第三声、一、不的变调)等等,这种现象称为语流音变。在指导学生读音时,要关注这些现象,轻声和一、不的变调在朗读时应指出来加以练习。儿化音对于南方方言区的师生,都是难点。教师首先要正确认识儿化音并能正确发音。普通话中"儿"跟在其他音节后面时,经过长期的极其流利的连读,与前面的一个音节融合成了一个音节,"儿"失去了独立性,只保留一个卷舌动作与音色,这就是儿化现象,被儿化的韵母就叫儿化韵。如"花儿"发成儿化韵"huar",就应发成一个音节,在前一个音节的主要韵母"ua"后面带上一个卷舌动作,切忌发成两个音节"花""儿"。

(二) 字形

认清一个字的形状,要注意它的笔画、笔顺、偏旁部首、间架结构及运笔要求。

1. 笔画

笔画是汉字的最小构成单位。按楷书的书写要求,从运笔到抬笔叫"一笔"或"一画"。在分析独体字字形时,着重分析它的笔画。汉字的基本笔画有"点、横、竖、撇、捺、提"等,具体如下表 1-1:

表 1-1 笔画

笔画	名　称	例字	笔画	名　称	例字
丶	点	六	乚	卧钩	心
一	横	十	ㄣ	竖弯	四
丨	竖	中	ㄥ	竖弯钩	儿
丿	撇	八	ㄥ	横折提	话
丶	捺	人	ㄥ	横折弯	船
一	提	虫	乚	竖提	民
亅	竖钩	小	一	横钩	农
亅	弯钩	子	┐	横折	口
乚	斜钩	我	刁	横折钩	月
フ	横撇	水	ㄣ	竖折折钩	马
乙	撇折	去	ㄋ	横折折撇	边
ㄑ	撇点	好	ㄋ	横撇弯钩	那
ㄣ	横折弯钩	九	ㄋ	横折折折钩	奶
ㄴ	竖折	山	ㄣ	竖折撇	专

2. 笔顺

笔顺指书写时的笔画顺序。正确的笔顺最显著的作用是便捷书写，笔顺不对，往往书写速度偏慢、写出来的字大小不一，甚至有些字如果不按照笔顺书写会导致字形不准。

《现代汉语通用字笔顺规范》中规定了笔顺的基本规则："从上到下，从左到右，先横后竖，先撇后捺，先外后内，先进后关，先中间后两边"等。

3. 偏旁部首

偏旁和部首是两个不同概念。偏旁一般在分析合体字时运用，如"样"是"木"偏旁等。部首则是查字典时运用的概念。常见偏旁如表1-2。

表1-2 常见偏旁

偏旁	名称	例字
冫	两点水	冲 决 冻 净 凉 减 次 冷
冖	秃宝盖	罕 写 军 冠
讠	言字旁	订 请 讨 让 记 讲 设 认
艹	草字头	花 苗 菜 草 艾 荟 茴
广	广字旁	庄 应 床 席 度 底 库 府
寸	寸字边	耐 封 射 对
辶	走之底	这 边 道 过 还
彳	双立人	行 往 很
犭	反犬旁	猫 狗 独

4. 间架结构

间架结构是指笔画搭配、排列、组合成字的形式和规律。汉字由独体字与合体字构成。独体字不能分割，如"日、上、大"等，合体字则可以分解为若干部分，如"清、吴"等，清可以分为"氵"和"青"左右结构，吴可以分为口与天上下结构。分析独体字的笔画搭配、合体字偏旁的组合有助于熟记字形，了解字义。小学阶段，常见的间架结构有左右并列结构、上下结构、包围结构。

指导学生写字间架结构布局时要注意"左让右谦、上紧下松"等原则，还要注意一些独体字变成偏旁后笔画的变化，如"人"变偏旁为"亻"，"心"变偏旁写成

"心"等。

5. 构字方式

主要的有四种构字方式：象形会意形声指事。

象形：日

会意：日　月　明

形声：请　清　情　晴

指事：上　下

(三) 字义

字义的教学内容，包括字的本义、引申义、比喻义等。字义教学有两种途径：集中识字中的字义理解和课文识字中的字义理解。集中识字中的字义教学内容一般为字的本义，如"口、耳、手"等。随文识字中的字义教学内容包括字的本义和语境义，如六上《我的伯父鲁迅先生》中的"四周黑洞洞的，还不容易碰壁吗"中的"黑洞洞""碰壁"词义教学，我们不仅要知道它的本义，还要知道它的比喻义。

(四) 识字能力

课标规定：能主动识字。能借助汉语拼音认读汉字，学会用音序检字法和部首检字法查字典。能结合上下文理解词义。因此，在教学中要有意识地培养学生能借助拼音、字典词典、上下文、生活识字等各种识字能力。

(五) 写字习惯

正确的写字习惯包括握笔、坐姿、站姿三方面。

1. 握笔

图 1-7　握笔姿势

2. 坐姿

图 1-8 坐姿

3. 站姿

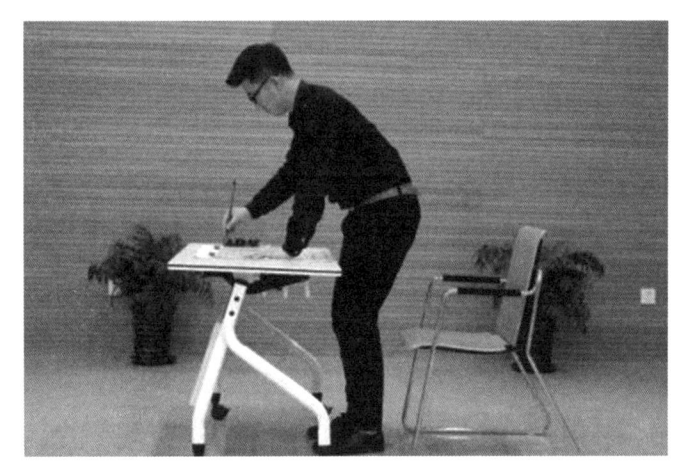

图 1-9 站姿

（六）汉字文化

汉字包括音形义三部分，汉字文化也包括字音文化、字形文化和字义文化。

1. 字音文化：汉字音节以单音节为主，四声标调，读音上有平仄押韵琅琅上口的美感，体现了汉语独有的字音文化。

2. 字形、字义文化：汉字是一种表义文字，字形结构与其所表示的词义有着某种联系。因此，字形通常为人们认识它所表达的意义提供标识、给予暗示。

示例:

二年级下册《贝的故事》一文中"财、赚、赔、购、贫"的教学①

(1) 出示:财、赚、赔、购、贫,要求读准字音。

(2) 给每个生字组组词(财产、赚钱、赔偿、购买、贫穷),从而发现这些词语跟钱财有关。再仔细观察这5个生字,进一步发现5个生字都有"贝"字,财、赚、赔、购是贝字旁,贫是贝字底。

(3) 引导学生质疑,为什么带有"贝"的字都跟钱有关?并带着这个疑问观看微视频——"货币的起源与发展"。

(4) 交流:从视频中获得什么信息?

生1:最早的货币是贝壳。"贝"作为钱一直沿用到春秋时期。因此,汉字中和财富、价值有关的字大多与"贝"字有关。

生2:海贝、骨贝、石贝、玉贝是自然生成的叫自然货币,铜币是我们的祖先人工铸造的叫人工货币,"铜"属于金属,于是"钱"是金字旁,从这里我知道,"钱"字的出现一定在"贝"字之后。

三、识字写字教学过程设计

(一) 课标关于识字、写字教学建议

识字、写字是阅读和写作的基础,是第一学段的教学重点,也是贯穿整个义务教育阶段的重要教学内容。低年级阶段学生"会认"与"会写"的字量要求有所不同。在教学过程中要"多认少写",要求学生会认的字不一定同时要求会写。本标准附有"识字、写字教学基本字表",建议先认先写"字表"中的300个字,逐步发展识字写字能力。

识字教学要注意儿童特点,将学生熟识的语言因素作为主要材料,结合学生的生活经验,引导他们利用各种机会主动识字,力求识用结合。要运用多种识字教学方法和形象直观的教学手段,创设丰富多彩的教学情境,提高识字教学效率。

按照规范要求认真写好汉字是教学的基本要求,练字的过程也是学生性情、态度、审美趣味养成的过程。每个学段都要指导学生写好汉字。要求学生写字姿势正确,指导学生掌握基本的书写技能,养成良好的书写习惯,提高书写质量。第一、第二、第三学段,要在每天的语文课中安排10分钟,在教师指导下随堂练习,做到天天练。要在

---

① 叶希希.统编本语文教材识字教学须由"点"到"面"[J].教学与管理,2018,No.738(17):36-38.

日常书写中增强练字意识,讲究练字效果。

(二)识字写字教学设计

1. 识字课文教学设计注意点:

(1) 教师引导学生发现识字规律,培养识字兴趣。识字课文是统编教材集中识字的课文,编排的生字大多数在音形义上有一定规律。如一上识字三《口耳目》、识字四《日月水火》等,通过图文对照,大致可发现这些字的字形上的演变发展,体现象形字特点。一上识字九《日月明》通过"日月明、田力男、小大尖、小土尘、二人从、三人众、双木林、三木森"的解释、理解、想象,初步发现会意字的特点。一下识字三"青清晴睛情"的朗读理解,发现形声字的奥妙,激发儿童识字兴趣,培养儿童识字能力。

(2) 采用多种生动有趣互动的形式,练习巩固识字。识字课文是依照汉字特点和识字规律编排的识字教材,一般都放在一年级或二年级,识字是教学的重点,教学设计应围绕识字展开,采用适合一年级小学生特点的多样化情境化的游戏活动,反复识字达到巩固识字效果。

(3) 识字同时适当渗透人文教育。识字课文以识字为主,在课文阅读和感悟方面从简,但不能完全忽视语文的人文要素。一上识字《天地人》,围绕"天地人"识字,过程中结合插图,适当渗透中国"天人合一"的传统文化。如一下识字三《小青蛙》。教学重点是通过"青清晴睛情"的辨认,发现形声字的造字规律,并采取多种形式反复引用识字。但也可以适当渗透,"小朋友们要爱护小青蛙,因为小青蛙是人类的好朋友,专吃害虫"等等这样的人文素养。

2. 识字课文识字教学一般流程:

(1) 情境导入,揭示课题。利用课文插图或联系学生生活创设情境,引出要学习的生字词相关内容。

(2) 认读生字词。教学生字词的读音、字形、字义。

(3) 巩固生字词。组词练习,生字词运用。

(4) 书写生字词。指导学生在田字格中正确书写,注意笔画、笔顺和坐姿。

案例1-4 一年级上册《口耳目》教案

宁波大学2016级小学教育专业 郑朵颐

第一课时

1. 游戏导入

师:小朋友们今天我们一起来做一个"摸五官"的游戏,比如老师说摸鼻子,你们就用手摸自己的鼻子,看谁摸的又快又准确。听明白规则了吗?我们现在开始。

2. 揭题

师:刚才老师让你们摸的器官就是我们的五官,今天我们要学写的汉字宝宝就跟我们的五官有关系。(PPT)这几个字你都认识吗?第3课《口耳目》,一起齐读课题。

3. 看图认字

"口"

师:小朋友们一起来看这张图片,它是什么?(嘴巴)你们想知道古人是什么字来表示嘴巴的吗?看PPT,他们是这样写的。时代变化,这个字又演变成了这样(口),这个字怎么读?(开火车读)

师:像这样字与形很像,用图形作文字使用的汉字宝宝,我们叫它们象形字。(读)所以你们知道"口"是什么意思吗?(嘴)我们的"口"都能做哪些事呢?

师:是呀,"口"的作用这么多,我们一定要使用好它。上课的时候,我们要遵守课堂纪律,老师不让说话的时候不能动"口",老师让小朋友们发言的时候,要积极动"口"。

师:我看看哪些小朋友正确用"口"了。你们能用"口"组几个词语吗?

师:我们一起来读一读词卡上的词语,老师读一遍,你们跟读一遍。

师:我们认识了"口",还了解到它这么多的作用,小朋友们想不想学写这个汉字宝宝呢?在写字之前,老师想考考你们对田字格还记得多少。

预设:横中线,竖中线。

预设:汉字宝宝写在田字格中间,不顶格,不贴边。

师:表扬自己。

师:小朋友我们之前学过了两个笔画,分别是?(横、竖)今天我们要学写的"口"字又有一个新笔画是?(横折)看老师写一写,横折是一笔写成的,起笔的时候要顿笔,是我们之前学过横的写法,到折这个地方的时候,笔不能拿开,而是顿笔按照竖的写法,继续往下写,要略微的朝左边斜。

师:仔细观察"口"字,它在田字格的什么位置上?(中间)除此之外你们还有什么发现吗?

预设:横的位置/竖的位置/上宽下窄。

师:是呀,有这么多的注意点,小朋友们等会儿写的时候可要注意呀。小眼睛,看老师。先看老师在黑板上写一写。伸出你们右手的手指,和老师一起书空,竖、横折、横,一共有3笔。

师：现在请小朋友们翻开语文课本第 10 页，找到"口"这个字，描两遍，写一遍。现在开始，注意写字的姿势。

（相机指导，投影评价）

师：把语文书合上放旁边。

"耳"

师：（字卡）这个字怎么读？（开火车读）"耳"的意思是？（耳朵）一起来看图，这是我们的耳朵，古人是这样写耳的，我们现在用"耳"字来表示耳朵。它也是个象形字。

师：谁来说一说我们的"耳"又有什么作用呢？我们在上课时候应该怎样用好我们的"耳"呢？

预设：小耳朵，认真听。听清楚老师的指令。

师：谁能给"耳"组几个词语？我们一起来读一读词卡上的词语。

师："耳"是由横、竖这两个笔画构成的，仔细观察在田字格中的"耳"字，你们有什么发现呢？

预设：中间两短横，左右不要相连。

师：老师示范写一遍，小朋友们的眼睛仔细看。（范写）伸出你们右手的手指，和老师一起书空。一共有 6 笔。

师：打开语文书第 10 页，找到"耳"，描两遍写一遍。刚才我们说的注意点别忘记了。

（相机指导，投影评价）

师：刚刚我们学写了"耳"这个字，老师想看一看哪些小朋友真的会用耳朵来听老师的口令了。下面听清楚我的口令，请小朋友们把铅笔放回铅笔盒里，把语文书合起来放到桌角，最后把小手放好，小脚放平，小眼睛看老师。比一比，哪一组的孩子把耳朵用的最好。

"目"

师：（字卡）这个字怎么读？（开火车读）一起来看图，这是我们的眼睛，古人想表示眼睛的时候，就会画一只眼睛。但画眼睛比较麻烦，现在我们就用"目"字来表示（眼睛）。

师：眼睛是心灵的窗户，我们一定要保护好自己的眼睛。如果保护不好，可能就会像老师一样，戴上眼镜了。谁能说一说，"目"有什么作用呢？

师：我们也要把双目用好。上课的时候，我们应该不看跟课堂无关的内容，不看老师还没布置的任务。小眼睛，看老师。

师：我们再给"目"字组组词。(学生回答)一起读词卡。

师："目"这个字的笔画有横、竖,也有横折。还记得横折怎么写吗?谁来说一说。

师：小朋友们发现了没有,"目"和"口"有一点相似。"口"的中间添上两个短横就成了"目"。但是,"口"是(宽宽扁扁的),"目"是(长长瘦瘦的)。所以"目"的折要比"口"的折长一些。"目"中间的两个短横和"耳"一样,也不要左右相连。

师：谁还能说一说,"目"字其他笔画在田字格上的位置。

师：老师示范写一遍,小朋友们的眼睛仔细看。(范写)伸出你们右手的手指,和老师一起书空。一共有5笔。

师：打开语文书第10页,找到"目",描两遍写一遍。要尽量把字写漂亮。

(相机指导,投影评价)

师：老师带来了一首儿歌一起念一念。

4. 归纳总结

师：这节课我们学写了3个汉字宝宝,分别是:"口耳目"。小朋友们都认识它们了吗? 老师来考考大家。(字卡竞猜游戏)

第二课时

1. 回顾导入

师：小朋友们谁还记得上节课我们学写了哪些汉字宝宝? (口耳目)你们还记得它们吗? 老师来考考你们,做好准备。(字卡竞猜游戏)

师：小朋友们对这3个汉字宝宝掌握的都非常好。口耳目都是我们身体上的器官,这节课我们还要学习两个字,也是身体上重要的器官。

2. 看图识字

师：跟着老师一起读,"手""足"。开火车读,注意平翘舌音。

师：伸出你们的小手给老师看一看。"手"也是个象形字,(PPT)这就是古人写的"手"。和自己的小手比一比像不像? 这个字就逐渐演变成今天我们写的"手"字。

师：谁能给"手"字找找朋友,给它组组词。(学生回答)跟着老师一起读词卡上的词语。

师：我们的日常生活离不开"手",那么我们的手能做哪些事呢?

师：在上课的时候,小朋友们的手应该?

师：小朋友们都认识了"手"字,我也能用手写"手"。"手"字又新增了两个新笔画,有小朋友知道吗?

预设:撇、弯钩。

师:撇这个笔画很特别,它是从右往左写的。看老师写一遍。写字的时候,在右边找到起笔的位置,从重到轻,向左下方撇过去。伸出你们的手指,一起来书空。"手"字的撇是个短撇,不要写的太长。

师:另一个新笔画,弯钩。看老师写一遍。起笔的时候要顿笔,按照竖的写法,略微向右弯曲一点点,不要太多,不然这个字就要摔倒了。弯出去也要记得弯回来,开始钩的地方也应该在竖中线上。钩的时候,像撇一样,轻轻地向左上方钩出去。伸出手指,我们一起来书空。

师:现在请小朋友们仔细观察田字格中的"手"字,你们有什么发现吗?横中线、竖中线上都有什么笔画呢?

师:老师示范写一遍,小朋友们的眼睛仔细看。(范写)伸出你们右手的手指,和老师一起书空。一共有4笔。

师:打开语文书第10页,找到"手",描两遍写一遍。要把字写端正、写准确。

(相机指导,投影评价)

师:学完了"手",我们再来看看"足"。有没有小朋友知道"足"是什么意思呢?

师:是呀,"足"有脚的意思。(图)

师:像足球,就是用脚踢的球。除了足球外,你们还能给"足"字组什么词语。(学生回答)一起来读一读词卡上的词语。

师:足是我们身上重要的器官之一,小朋友们我们都能用"足"做些什么呢?

师:"足"能跑能跳,但在课堂上的时候,我们的"足"应该?

师:学到这,我们一共学习了5个字,分别是"口耳目手足"。小朋友们都记住它们了吗?老师来考考大家。(PPT指哪说哪,并出示文字)

3. 看图说话

师:请小朋友们打开语文课本第9页,看看书本上的图画,想一想图画中的3个小朋友在做些什么或是说些什么呢?

预设:花开了,打招呼,一起玩。

预设:摘花,制止。

4. 课文学习

师:现在请小朋友们把课本翻到第10页,这里有两句民谣。你们会读吗?谁能把第一句读给大家听。

师:这一句中有两个我们要认识的汉字宝宝,一个是"站",一个是"坐"。一起读。

师:我们先来看"站","站"是什么意思?谁有好方法记住这个字。

预设:左边一个立,右边一个占。站就是立,立正就是站直。

师:谁能给大家表演"站"?

师:你是站着了,但是这样的站好看吗?是呀,民谣里告诉我们"站如松"就是我们要站得像(松树一样挺拔)。你再来"站"一次。小朋友们都记住"站"字了吗?

师:这个是"坐"字。小朋友们现在坐在哪?(椅子上)古时候,人们休息的时候没有椅子,它们只能坐在土地上休息,所以"坐"字就是两个(人),坐在(土)上。

师:老师发现有的小朋友上课或者读书的时候,喜欢趴着或者歪着坐,这样好吗?那我们应该怎么坐呢?

师:古时候没有钟表,有专门的人敲钟来报时。因为要让更多更远的人听见钟声,所以敲的钟一定要又大又重,很稳定,这样敲钟发出的声音才会响。(PPT钟图)看,这就是一口大钟,"坐如钟",小朋友们要坐得像钟一样稳。

师:第二句民谣谁会读,试一试。

师:"行"就是"走"的意思,我们常说"行走"。那么"行如风"是什么意思?

预设:走路的时候要像风吹过一样干脆利落,不能拖拖拉拉。

师:"卧如弓"的"卧"是什么意思?

预设:卧倒,睡觉。我们睡觉的地方叫做(卧室)。

师:谁能说出"卧如弓"的意思了。

预设:睡觉的时候要像箭弓一样,保持正确的睡觉姿势,才能充分放松。

师:看图片,第一个人的动作是(站如松),第二个人的动作是(坐如钟),第三个是(行如风),第四个是(卧如弓)。

师:请大家把这两句民谣连起来读一读。

【课后评议】

何老师:

1. 在揭示课题的时候,应注意纠正学生们的读音,如"口"的第三声,再请学生范读,齐读,达到效果。

2. 在一年级上课的过程中要随时注意学生动向,整顿纪律,将学生的注意力拉回来。同时在请学生回答问题时,要鼓励学生大声响亮地回答。

3. 在学习生字时,不要轻易让学生开火车组词,这样难度太高,学生参与度低。

4. 教写生字的环节是:笔画、笔顺、摆放位置、范写。环节不能前后更换。

5. 在示范学生的作品时,要先引导学生们发现其优点,再说他的不足。如"要是能……就更棒了。"

6. 在领读词语时,不必过于强调轻声或第几声,通过范读或动作展示读法、读音。

7. 整个上课过程节奏有点慢,可以适当加快速度。

沈老师:

1. 在解释"象形字"这个概念时,可以更加形象和通俗,帮助学生理解。也可以在教学过程中举一反三,适当拓展,如"口和嘴巴很像,这样的汉字叫做象形字,还有很多造字方法……"

2. 在课堂教学中,指令要清晰。现在做什么,什么该做,什么不该做,都要说清楚。如"写完的同学合上书坐端正(不能往下写)。"学生没按老师要求行动时,要及时指出并教育。

3. 开火车组词的难度比较大,教师可以采用启发式谈话法。先给学生示范组词,给他们做铺垫,打开思路。如"口"还可以和很多不同的字组词,会变成不同的意思,比如……

4. 评字时,如"口"字,在紧紧抓住字形特点,上宽下窄,抓住横折这个笔画。

问题讨论: 请你梳理一下"口"的识字写字教学主要步骤。

(三) 随文识字教学设计

随文识字教学,早在上世纪50年代斯霞老师就开始研究随文识字改革,取得了不错成绩,至此随文识字成为语文教学识字的重要形式。随文识字课文"识字教学设计"时需注意以下几点:

1. 随文识字要求随学段不同而不同

随文识字是识字教学的主流,学段不同识字要求也不同。一二年级识字是重点,在教学过程中要求多认少写,所以一二年级课文只是识字的载体,教学设计的重点是识字用字和写字。统编本一二年级教材中,每册共八个单元,其中四册教材共包含了6个集中识字单元,2个拼音识字单元和24个随文识字单元。因此,可以看出随文识字在第一学段识字教学中具有重要地位,随文识字成为了教学设计中常见的板块。如二年级下册第二课《找春天》中"春天像个害羞的小姑娘,遮遮掩掩,躲躲藏藏。"一句话中就有"羞、姑、遮、掩"四个生字,其中"姑"要求会写,其余三字要求会认读。中高年级识字不再是教学重点,识字要求方式也有所不同,更注重课外自主识字,课内教师对一些难读的字、难理解的字词进行适当的点拨。如六年级下册第八课《匆匆》中"那是谁,又藏在何处呢?"中的"藏"不再以认读为重点,而是要体会"藏"的意味。认读任务由学生课前自主完成,老师上课适当点拨即可。

2. 随文识字时间因课文不同而不同

很多人纠结于上课伊始集中识字还是课中随文教识字,又怕课中教识字打断了阅读教学的节奏,随文识字的识字应视课文具体情况而定。若课文生字较多,且很多生字是有规律可循,可在初读课文时先集中识字,重点是发现识字规律,培养识字能力,再在品读课文体会课文时理解字义。如统编本一年级下册第18课《小猴子下山》,要求会认"猴、结、掰、扛、满、扔、摘、捧、瓜、抱、蹦、追"12个汉字。有老师在进行识字教学时,先引导学生集中识字,重点要求学生观察汉字结构。学生在观察字形的过程中,发现只要是手部发出动作的生字都是提手旁,脚部发出动作的生字是足字旁,从而发现识字规律。最后,教师引导学生精读课文,在随文识字时强化字形记忆方法,提高识字效率,真正提高学生识字能力。若课文生字较少且无规律,可放在文中认读理解字音字形字义。如二年级上册第23课《纸船和风筝》中出现了"飘"和"漂"两个形近字,教师引导学生关注课文关键语句,找出松鼠和小熊互送祝福的方法。学生结合文本语境,理解了"飘"是随风飘扬,所以是风字旁,"漂"是随水流动,所以跟三点水。

3. 随文识字切忌识字与课文内容割裂

随文识字是以课文为载体的识字,识字教学要掌握字的音形义,特别是字义是课文语境中的字义,因此随文识字在教学识字时,字义教学一定要结合课文内容,理解文中的含义,有助于更深地理解文义。有老师在教学《孔子拜师》中"风雨兼程"这个成语。在讲读课文前,先进行识字教学,理解风雨兼程兼程的含义,即风里来,雨里去,日夜赶路,没有下文到此结束。该教师在讲到文中"风雨兼程"时,应回到课文语境中理解词义:文中孔子拜师途中风雨兼程是什么意思呢?可以让学生展开想象,设计言语实践活动,加深理解它的本义和比喻义。

案例1-5 《花牛歌》教学设计

宁波大学2016级小学教育专业 张怡文

教学目标:

1. 认识"眠、霸、占"三个生字,能够正确、流利、有节奏地朗读课文,感受诗歌的律。

2. 理解诗歌内容,把握"霸占、偷渡"等重点字词的含义,品味诗歌的语言美。

3. 在反复朗读的基础上,想象诗中景物构成的画面,体会诗人表达的情感。

教学重点:

理解诗歌内容,想象诗中的景物构成的画面,体会诗人表达的情感。

教学难点:

抓住重点字词"霸占,偷渡"品味诗歌的语言美,并由此展开想象,体会情感。

教学过程:

一、导入

1. 师:刚刚我们一起欣赏了关于秋天的美丽画卷。现在让我们走进徐志摩笔下的描写花牛的诗歌,看一看这幅生动有趣的画面。

师板书课题。

生齐读课题。

2. 师:这首诗歌的作者是徐志摩,谁愿意为大家来读一读小资料?

徐志摩(1897—1931年),现代诗人、散文家。原名章垿(xù),留学英国时改名志摩。徐志摩是新月派代表诗人,新月诗社成员。代表作品有《再别康桥》《翡冷翠的一夜》等。

二、整体感知

1. 师:请大家大声自由朗读课文,读的时候注意读准字音,读不通的句子多读几遍。

生自由朗读。

2. 师:同学们都读的很认真。请大家看PPT,这些字词认识吗?开小火车。

压扁　一穗　霸占　滴溜溜　偷渡　青峰

生齐读两遍词语。

全班齐读《花牛歌》。

3. 师:同学们,在读这首诗歌的时候,你们有发现他在表达上的特点吗?

预设:每一节均以文字相近的诗句开头,"花牛在草地里坐""花牛在草地里眠""花牛在草地里走""花牛在草地里做梦"。

师:这样有什么作用呢?

预设:显得诗歌结构匀称整齐,具有回环往复的韵律美,富有节奏感。

师:没错,我们在朗读的时候要读出这种节奏和韵律。请大家根据PPT上的节奏划分,边朗读课文边想象画面。(花牛/在草地里/坐,压扁了/一穗/剪秋罗。花牛/在草地里/眠,白云/霸占了/半个天。花牛/在草地里/走,小尾巴甩得/滴溜溜。花牛/在草地里/做梦,太阳偷渡了/西山的青峰。)

生分成四组朗读,师评价。

三、边读边想象画面

师:诗歌中描写了很多景物,用笔圈一圈,想一想这些景物构成了怎么样的画面?请同学来说一说。

1. 花牛在草地里坐,压扁了一穗剪秋罗。

预设画面:花牛在草地上休息,把一穗剪秋罗都压扁了。

师出示剪秋罗图片并介绍。

师:压扁了剪秋罗,可以看出花牛的什么特点?

预设:可以看出花牛的无拘无束。

师:带着这种无拘无束的感情一齐来读一读。

2. 花牛在草地里眠,白云霸占了半个天。

预设画面:花牛在草地上睡觉,身上的白色和白云融为一体。

师:从"霸占"这个词语中你看出了什么?

预设:花牛身上的白和天上的白云融合为一体,占据了大半个天空。

师指生读。

3. 花牛在草地里走,小尾巴甩得滴溜溜。

预设画面:花牛甩着尾巴走在在草地上。

师:从这个动作,你体会到什么?

预设:我感受到了花牛的自由自在和快乐。

师:带着快乐的心情来读一读。

4. 花牛在草地里做梦,太阳偷渡了西山的青峰。

预设画面:夕阳西下,沉到山下不见了踪影,花牛在草地间做着美梦。

师:这里"偷渡"给了你什么样的感受。

预设:太阳悄悄地落山了,说明时间过得很快。

师:那花牛会梦到什么呢?和你的同桌讨论讨论。

预设:青草真美味啊!明天我要逮只蛐蛐给我弹琴听。

师:带着这样的美梦读一读这一小节。

5. 师总结:这首小诗一共出现了四个画面。随着花牛的行动,草地、野花、天空、白云、悄悄移动的太阳、青翠的山峰都一一出现在我们面前。

6. 提问：这是一头_____的花牛。

预设：自由自在，无拘无束，憨态可掬，悠闲散漫……

师：让我们带着对花牛的喜爱之情，再读一读课文。

生自由朗读后男女生赛读。

7. 师：在这首小诗中，诗人徐志摩通过描写悠闲自在的花牛表达出自身对自由生活的喜爱，课后，大家可以找一找徐志摩的其他作品读一读。

拓展：《阔的海》

阔的海，

空的天，

我不需要，

我也不想放一只巨大的纸鹞，

上天去捉弄四面八方的风。

我只要一分钟，

我只要一点光，

我只要一条缝，

——像一个小孩爬伏在一间暗屋的窗前，

望着西天边不死的一条缝，

一点光，

一分钟。

【课后评议】

周老师：

1. 在教学诗歌表达上的特点时，学生很难理解你的问题是在问什么，可以明确出示诗歌每四节的第一句话让学生们反复开火车读，在读中找出节奏，感受韵味。

2. 让学生朗读时一定要有目标，可以是语气、节奏、韵味、感情等，这样在评价时才有落脚点。每一个朗读的背后要求和目标一定要清晰。

3. 当学生无法生成你的想要的答案时，你可以用总结的方式引出你原来的预设，在语言方面多做变化。

4. "偷渡"这个词给出了两个毫不相关的解释，可以先让学生根据组词的方法进行理解,再把词语带入上下文说说意思。

5. 在儿童诗的教学中,多用"忘我"的替代法让学生展开想象,感受心情,将自我融入在诗歌当中,而不是让他们处在一个旁观者的角度来问答问题。可以这样提问:如果你是这头花牛,你会做什么梦呢?你会有什么样的心情呢?(联系三下课文《荷花》)

6. 小学语文教材的诗歌不必过度解读,重要的还是让学生自主多读多感悟,在多种形式的朗读中体会情感。

沈老师:

1. 在学情的分析上,可以利用插图等手段让学生了解"花牛"是什么样子的,对花牛的形状、样子有充分了解之后,学生能更好地理解下文"白云霸占了半个天"。

2. 作者介绍要与文本建立联系,指向诗歌的内容与童趣,激发学生的学习兴趣,而不是作为独立割裂的存在。

3. 本课的目标是从景物中想象画面,但文学性文本是通过画面来表达作者情感的,教师可以引导学生在每一小节的想象后体会花牛的心情,由此把握诗歌画面背后作者传递的情感。

4. 诗歌中的一些字词需要进行重点教学,《花牛歌》中"霸占"一词体现了花牛很霸道自在,整个天地仿佛都是属于它的,要让学生充分感受这种夸张,体会花牛的得意张扬的心情。

问题讨论: 1.《花牛歌》的识字环节有哪些?

2.《花牛歌》的识字教学与《口耳目》的识字教学的异同?

四、识字写字教学方法设计

(一) 读准字音教学方法

主要抓住难读的字或多音字等字的读音。(拼音教学已讲,略)

(二) 认识字形教学方法

1. 独体字——笔画分析法

分析笔画是分析一个字或某一部分是由哪些笔画组成的,这些笔画是怎样搭配的。分析笔画,一般是按笔顺说出笔画名称。统编版第一册第一单元第二课就要求在田字格中学写"一、二、三、上"四字,这四字中包含了最简单最基本构词能力最强的笔画横"一"和竖"丨"的笔画,其中"一"可构词语达321个。独体字字形教学可采用书空方式边教笔画边记笔顺。

2. 合体字——结构分析法

结构分析法是指分析生字是按什么方式组合的,目的是认清字形结构,恰当地安排部件,准确地书写。分析结构,要指出结构方式,包括书写的顺序和各部分。

(1)用学生已有的基础知识,用"加""减""换"的方法进行的比例。

加一加:有的是熟字或熟的结构单位,如"山"下加"石"是"岩","石"是熟字。

减一减:熟字减一部分,如"吾"是"语"去掉"讠"。

换一换:熟字换一部分,如"般"是"船"右半部的"口"换成"又"。

(2)采用字谜口诀来教字形。

如教学"困"字可编成儿歌:一个公园四方方,一棵小树在中央。教学"春"字,可编成顺口溜:三人看日出。

(三)字义教学方法

1. 实字字义教学法

可用直观演示法教学字义。如动词"坐、走、跑"等可动作演示,名词"花、鸟、灯"等可图片或实物演示。

可用同义词、反义词比较法教学字义。如"白"可用"黑"、"远"可用"近"、"明亮"可用"黑暗"等反义词来比较理解字义。

2. 虚字字义教学法

联系语境教学法。虚词指没有实在意义的词,只有在上下语境中才能显示它的意义。因此,虚词词义教学要在联系上下语境中展开。如"却、也、的、啊"等连词、助词、叹词等的字义,要把他们放到具体语境中才能理解。

(四)写字教学方法

1. 观察法

指导学生写字时进行分类观察,对汉字的字形模式有一个大体的规划布局。因为儿童在初学写字时,往往把左右结构的字写得很松散,比如"谁",会被分割成互不联系的三个部件;上下结构的"想"字会被分割"木""目""心"三部分。教师在教学过程中要使学生在写字时对每个在田字格中占据什么位置要做到心中有数,才不至于出现空间拥挤的情况。

2. 归纳分类法

汉字中很多间架结构、运笔方式和主要笔画特征相同或相似的字可以归纳为一类,把同一类当中最具有代表性的字叫做基本形体字。掌握了基本形体字的写法,其他的字就会触类旁通。比如"口"字可以作为一个基本形体字,与其形体类似的字有国、回、目等。再如"尾"字作为一个基本形体字,与其形体类似的字有尺、君、泥等。这样分类可以让学生自己归纳,随着学生识字量的增加随时添加新的内容。[1]

五、识字写字教学作业设计

（一）课前预习作业

预习,有助于学生独立识字学习能力的培养,也有利于更快的进入课堂学习。第一学段的预习可设计为"圈""拼读""查","圈"即把不认识的生字词"圈出来","拼读"即根据拼音拼读,"查"即按照笔画或部首查字典了解读音字义。第二三学段预习可设计为"圈""查""抄"。

（二）课中识字写字作业

1. 听写：听写生字词。

2. 抄写：抄写田字格中的生字词。

（三）课后识字写字作业

可以布置抄写作业,抄写本节课会写的生字词。

模块三　设计实践

一、案例反思

同学们,经过模块二的学习,请你重新评价模块一中的案例,并加以学理说明。

二、动手实践：

任务一：请对一上识字 2《金木水火土》进行教学设计,内容包括教材分析、学情分析、教学目标、重难点、教学过程、板书设计。

实践建议：

第一步,分析《金木水火土》在教材中的位置、特点及其课后练习。

第二步,学情分析,学生理解的难点在哪里？

第三步,根据课文、课后练习及学情,设计教学目标及重难点。

---

[1] 张华.低年级写字教学的策略与方法[J].教学与管理,2013(02)：41-42.

第四步,思考识字的内容与方法。

第五步,小组讨论,制订方案。

任务二:请对二上课文《小蝌蚪找妈妈》进行教学设计,内容包括教材分析、学情分析、教学目标、重难点、教学过程、板书设计。

任务三:小组研讨识字课中的识字教学设计和课文中的识字教学设计的异同。

模块四　资料链接

一、推荐阅读

1. 黄亢美著.汉字学基础与字理教学法[M].南宁:广西教育出版社,2014.

本书从"汉字学基础""字理教学方略""字理教学案例"等方面入手,介绍汉字发展的历史状况、"六书"知识,对常见的偏旁部首进行形义析解,给出字教学教育的策略和方法,并提供70个字的"字理教学典型案例"。

2. 吕红.统编教材二年级识字课教学纵览与理解[J]小学教学,2018(10)上:15-17.

文章先是对二上二下的识字教材进行了分析。认为教材应遵循儿童心理特点、关注儿童真实生活、渗透民族传统文化。由此提出二年级识字课教学建议。一是鼓励发现。让学生去自主识字,培养学生独立识字的能力和识字兴趣,比如归类识字等。二是关注真实。引导学生在真实的生活情境中学语文用语文。并用"田家四季歌"课后例子,建议用插图认知、微课帮忙、卡片解字、字典释词、游戏巩固等方法让学生在真实的语境当中识字。

3. 李润生.汉字教学法体系及相关问题研究[J].语言教学与研究,2015(01):38-48.

认为汉字教学法分类有两种视角:特征分类和层次分类。文章从层次分类角度出发,建立起汉字教学法体系:汉字教学思想、汉字教学方法、汉字教学技巧。解决汉语教学中"识汉字"与"学汉语"矛盾而提出的汉字教学思路、主张;汉字教学方法指根据所选择的汉字教学思想,利用汉字构形规律或汉语语言规律,对汉字教学内容进行有序安排的总体设计;汉字教学技巧指针对具体的汉字教学任务,根据儿童的心理认知特点,采用灵活的教学形式、运用多种教具的技艺和策略。

4. 王玥.让随文识字之花在言语情境中绽放——以统编版语文教材低年段课文为例[J].小学教学研究,2020(09):58-60.

文章指出,应将识字教学放在具体的特定言语环境中,不仅要让学生在课文学习的情境中感受汉字渲染意境的精妙,更能在实际生活中体会汉字迁移运用的乐趣。文章从"汉字寻根,回到古人的造字情境现场""身临其境,回到课文描写的情景氛围"以及"联系实际,创设贴近生活的情境体验"三个模块,以教学案例为依托,阐明了随文识字的言语环境的创设思路。

二、推荐案例

《小蝌蚪找妈妈》教学设计[①]

教学目标:

1. 认识本课"塘、脑、袋"等15个生字,能正确、流利地朗读课文。
2. 了解小蝌蚪在长成青蛙的过程中身体发生的变化,产生对科学童话的兴趣。
3. 体会"披、鼓、露、甩"等动词描写的准确性,并练习说话。

教学重点、难点:

1. 体会"披、鼓、露、甩"等动词。
2. 描写的准确性,并练习说话。

教学过程:

一、谈话导入

1. 同学们,今天咱们来学一篇有趣的科学童话,可能很多同学小时候听妈妈讲过,故事的名字叫《小蝌蚪找妈妈》。

2. 读了课题,你知道了什么?你还想知道什么?

(设计意图:本环节旨在让学生了解科普类文章就是将大自然中的一些知识蕴含在一个生动的小故事里,通过质疑课题,培养学生的提问能力,激发学生的阅读和解疑兴趣。)

二、初读感知

1. 学生根据要求自读课文。

(1) 借助拼音读通句子。

(2) 想一想课文讲了一个什么故事。

2. 检查读文:每人朗读一个自然段,并及时正音。

[①] 甄艳.精读引领课《小蝌蚪找妈妈》教学设计[J].小学语文教学,2019(18):47-48.

3.交流课文主要内容。能用以下句式说一说。

课文讲了池塘里的一群_____在_____和_____的帮助下终于找到了妈妈。

随文识字：阿姨、乌龟。

(设计意图：本环节旨在让学生通过朗读对课文进行整体把握和感知。低段教学要以生字词为主，而且要注重随文识字。以填空的形式对课文进行概括，不仅让学生更好地了解故事内容，而且降低了概括的难度，符合低年级学生的特点。)

三、读中求悟

1.(出示小蝌蚪图片)了解小蝌蚪可爱的样子。

引导学生用自己的话描述它的样子。

自读第1自然段，用"_____"画出描写小蝌蚪样子的词句。

引导学生了解描写顺序并随文识记"池塘""脑袋"。

通过做"甩"的动作，体会"甩"字用词的准确性，并练习用"甩"造句。

指导朗读，感受小蝌蚪的可爱和快活。

小结学习方法：看图说样子—找句子—抓动词。(板书)

2.(出示青蛙图片)用刚才学习小蝌蚪的方法自学青蛙的样子。

汇报交流：

(1)学生朗读文中描写青蛙样子的词句。随文识字："皮，有水是波浪，用石能打破。"

(2)借助表演体会动词的准确性，并练习用"披、露、鼓"说句子。

(3)朗读句子，感受大青蛙的漂亮和神气。

(设计意图：在语境中识字，遵循语文学习的规律，即字不离词，词不离句，句不离篇，以"披"为原点字进行拓展识字，从而提高识字兴趣，增强识字效果。通过表演感受动词用词的准确，激发学生喜爱小蝌蚪和青蛙的感情。通过总结学习小蝌蚪的方法，把这种方法迁移运用到学习青蛙中去，教给学生方法，引导学生自学。)

3.引导学生用"_____"标出小蝌蚪在找妈妈的过程中遇到了谁，它们是怎样帮助小蝌蚪的。学生交流汇报。

4.小蝌蚪是怎样一步一步地变成青蛙的？学生自读第2~6自然段，用波浪线画出小蝌蚪变化的句子。指名读句子，并相继板书。

5.出示小蝌蚪变化的图片，学生根据"小蝌蚪先……又……接着……最后……"的句式说一说小蝌蚪的变化过程。

6. 分角色朗读课文。引导学生根据提示语和课文插图读出合适的语气。

7. 你想对小青蛙说什么?

(设计意图:"小蝌蚪是怎样长成青蛙的"是教学的重点,引导学生通读课文,找到小蝌蚪变化的句子,结合插图加深了解。低年级阅读教学要重视识字和词语的教学,这是学生思维与语言发展的需要,更是学生情感发展的需要。)

四、拓展主题丛书《小蝌蚪》

1. 自读要求:

(1) 自由朗读,读准字音,读通句子。

(2) 找出诗歌中表示动作的词,并用喜欢的符号标记出来。

2. 交流。

通过表演动作体会动词的准确性,并练习用"脱"和"换"说句子。

(设计意图:弱水三千,只取一瓢饮。整节课做到抓住一个目标:体会动词表达的准确性。做到贯穿始终,一课一得。)

五、总结

这节课我们不仅了解了小蝌蚪是怎样长成青蛙的,还抓住了文中的动词练习说话,知道了用词一定要准确。

第二单元 阅读教学设计

第一节 阅读教学设计概述

模块一 课例研讨

案例2-1 《在牛肚子里旅行》第一课时教学设计(三年级上册)

宁波鄞州白鹤小学 张莹银

教学目标:

1. 认识"咱、偷"等10个生字,读准"答、应"等3个多音字,会写"旅、咱"等13个字,会写"旅行、要好"等17个词语。

2. 能体会青头和红头对话时的心情,分角色朗读课文时能读出相应的语气。

3. 默读课文,能找出证明青头和红头是"非常要好的朋友"的词句,能体会到它们之间的真挚友情。

4. 能画出红头在牛肚子里旅行的路线图,并借助路线图讲故事。

教学重点:

能体会青头和红头对话时的心情,分角色朗读课文时能读出相应的语气。

教学难点:

能画出红头在牛肚子里旅行的路线图,并借助路线图讲故事。

第一课时

一、分享旅行经历,字理识记"旅"

1. 学生分享假期旅行的经历,并说一说旅行给你留下的深刻印象。

2. 过渡:有一位旅客也作了一次旅行,不过,它的旅行有点儿特殊,它在牛肚子里旅行,板书课题。

（1）字理识字：出示"旅"的甲骨文 ![旅甲骨文]，本义表示战士们追随在战旗下行军打仗，现在引申为出行、远游的意思。"𠂉"相当于一面旗子，下面的"从"相当于两个人跟着旗子走。

（2）教师指导书写"旅"，提醒：右下部分笔顺是撇、竖提、撇、捺，最后一笔捺要写得舒展。

图 2-1　甲骨文"旅"字图

3. 引导思考：课文讲了谁"在牛肚子旅行"呢？这又是为什么呢？结果怎么样呢？请同学们仔细读一读课文，思考这些问题。（通过关键问题，串联主要内容）

二、初读课文，检测自学情况

1. 指名分段轮流读课文。

2. 检查字音。

第一组：易读错字音

咱们，拼命。

第二组：多音字

答应，回答，答案，应该，应有尽有，几乎，几个，茶几，一骨碌花骨朵，骨头，风骨，骨气。

3. 难读句子

牛在这时候不会仔细嚼，它会把你和草一起吞到肚子里去……

等一会儿牛休息的时候，它要把刚才吞下去的草重新送回到嘴里，然后细嚼慢咽。

4. 说说故事大意

故事先讲蟋蟀红头和好朋友青头捉迷藏时，不小心被牛吃进牛肚子里，再讲青头在危急关头运用智慧，给红头鼓励，帮助它逃脱了出来。最后他们高兴地重聚。

三、再读课文，理清路线图

红头在牛肚子里到底经历了一场怎样惊心动魄的旅行呢？

1. 出示默读要求：默读7—18自然段，圈出红头在牛肚子里旅行到过的地方。

2. 学生交流汇报，教师引导学生归纳：牛嘴里——第一个胃——第二个胃——牛嘴里——喷出来。

3. 板贴：牛肚子的透视图。

4. 学生拿序号标签①②③④⑤,上台贴一贴红头在牛肚子里的不同位置(如右图所示)。

5. 学生看图说情节：

红头先被牛卷进了(　　),再被吞进(　　),接着来到(　　),然后回到(　　),最后(　　)。

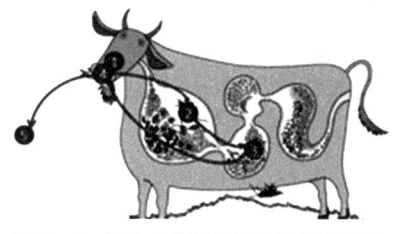

图2-2　红头在牛肚子里旅行的路线图

学生板贴过程中,其他同学同步完成《课堂作业本》中的画路线图。

四、再读课文,了解"反刍"

1. 过渡：红头得以逃脱,全靠谁的帮助?哪些知识帮助了红头逃脱呢?默读课文7—18自然段,用波浪线划出相关的句子。

2. 根据学生反馈,教师相机出示：

躲过它的牙齿,牛在这时候不会仔细嚼的,它会把你和草一起吞到肚子里去……

(1) 教师引导：你平时是怎么吃东西的?

(2) 随文识记"齿、嚼、吞"。("嚼""吞"都有"口"字)

3. 过渡：为什么要躲过它的牙齿?躲过牙齿就有生还的机会吗?

4. 根据学生回答,教师相机出示：

我听说牛肚子里一共有四个胃,前三个胃是贮藏食物的,只有第四个胃才是管消化的!

(1) 教师叙述"胃"的字理变化：甲骨文❀,像一个袋子◯装着米❋；金文❀＝⊞(米袋)＋𝄞(月),强调"胃"是身体的一个部位。

(2) 指导书写"胃"字：注意"月"的撇要变成竖。

(3) 学生观察"牛胃图",教师引导：牛有四个胃,前三个胃是贮藏食物的,只有第四个胃才是管消化的。

(4) 随文识字"管"：学生说"管"的意思,并口头组词。

5. 引导思考：红头都被吞到胃里了,还有生还的希望吗?

6. 根据学生回答,教师相机出示：

等一会儿牛休息的时候,它要把刚才吞进去的草重新送回嘴里,然后细嚼慢咽……

(1) 引导学生在这句话中找出"咽"的近义词。(吞)

(2) 学生说一说其他带"口"的字。

7. 链接"小贴士",联系上下文用自己的话说一说什么是"反刍"。

小贴士:反刍(chú)俗称倒嚼,是指某些动物进食经过一段时间以后将半消化的食物从胃里返回嘴里再次咀嚼。反刍主要出现在哺乳纲偶蹄目的部分草食性动物身上,例如羊以及牛,这些动物被统称为反刍动物。

8. 小结:张之路爷爷可真厉害,把"反刍"这样复杂的科学知识巧妙地通过红头旅行里的故事告诉了我们。

五、指导书写

1. 出示左右结构的字:怜、救、拼、流。
2. 引导学生观察:"怜"第四笔撇穿插到竖心旁点的下面;"救"反文旁的撇穿插到点的下面;"拼"的第二横穿插到提手旁提的下面;"流"的第八笔撇穿插到三点水下面。
3. 学生规范书写,教师巡视指导。

问题讨论:1. 上述阅读教学设计教学目标的合理性?
2. 教学过程与教学目标的相关性?

模块二 学理阐述

一、阅读教学目标设计

(一)目标设计依据

1. 课程标准中关于阅读目标的规定

总目标:具有独立阅读的能力,学会运用多种阅读方法。有较为丰富的积累和良好的语感,注重情感体验,发展感受和理解的能力。能阅读日常的书报杂志,能初步鉴赏文学作品,丰富自己的精神世界。能借助工具书阅读浅易文言文。背诵优秀诗文240篇(段)。九年课外阅读总量应在400万字以上。

第一学段(1~2年级)

(1) 喜欢阅读,感受阅读的乐趣。养成爱护图书的习惯。

(2) 学习用普通话正确、流利、有感情地朗读课文。学习默读。

(3) 结合上下文和生活实际了解课文中词句的意思,在阅读中积累词语。借助读物中的图画阅读。

(4) 阅读浅近的童话、寓言、故事,向往美好的情境,关心自然和生命,对感兴趣的人物和事件有自己的感受和想法,并乐于与人交流。

（5）诵读儿歌、儿童诗和浅近的古诗,展开想象,获得初步的情感体验,感受语言的优美。

（6）认识课文中出现的常用标点符号。在阅读中体会句号、问号、感叹号所表达的不同语气。

（7）积累自己喜欢的成语和格言警句。背诵优秀诗文50篇(段)。课外阅读总量不少于5万字。

第二学段(3~4年级)

（1）用普通话正确、流利、有感情地朗读课文。

（2）初步学会默读,做到不出声,不指读。学习略读,粗知文章大意。

（3）能联系上下文,理解词句的意思,体会课文中关键词句表达情意的作用。能借助字典、词典和生活积累,理解生词的意义。

（4）能初步把握文章的主要内容,体会文章表达的思想感情。能对课文中不理解的地方提出疑问。

（5）能复述叙事性作品的大意,初步感受作品中生动的形象和优美的语言,关心作品中人物的命运和喜怒哀乐,与他人交流自己的阅读感受。

（6）诵读优秀诗文,注意在诵读过程中体验情感,展开想象,领悟诗文大意。

（7）在理解语句的过程中,体会句号与逗号的不同用法,了解冒号、引号的一般用法。

（8）积累课文中的优美词语、精彩句段,以及在课外阅读和生活中获得的语言材料。背诵优秀诗文50篇(段)。

（9）养成读书看报的习惯,收藏图书资料,乐于与同学交流。课外阅读总量不少于40万字。

第三学段(5~6年级)

（1）能用普通话正确、流利、有感情地朗读课文。

（2）默读有一定的速度,默读一般读物每分钟不少于300字。学习浏览信息,扩大知识面,根据需要搜集信息。

（3）能联系上下文和自己的积累,推想课文中有关词句的意思,辨别词语的感情色彩,体会其表达效果。

（4）在阅读中了解文章的表达顺序,体会作者的思想感情,初步领悟文章的基本表达方法。在交流和讨论中,敢于提出看法,作出自己的判断。

（5）阅读叙事性作品，了解事件梗概，能简单描述自己印象最深的场景、人物、细节，说出自己的喜爱、憎恶、崇敬、向往、同情等感受。阅读诗歌，大体把握诗意，想象诗歌描述的情境，体会作品的情感。受到优秀作品的感染和激励，向往和追求美好的理想。阅读说明性文章，能抓住要点，了解文章的基本说明方法。阅读简单的非连续性文本，能从图文等组合材料中找出有价值的信息。

（6）在理解课文的过程中，体会顿号与逗号、分号与句号的不同用法。

（7）诵读优秀诗文，注意通过语调、韵律、节奏等体味作品的内容和情感。背诵优秀诗文60篇（段）。

（8）扩展阅读面。课外阅读总量不少于100万字。

2.统编教材阅读课文目标定位分析

（1）本单元阅读课文中的人文要素和语文要素

温儒敏教授指出：统编本语文教材结构上有明显的变化，采用"双线组织单元结构"，一条线索按"内容主题"组织单元，另一条线索将"语文素养"的各种基本因素，包括基本的语文知识、语文能力、适当的学习策略和学习习惯等，分成若干个知识或能力训练的"点"，由浅入深，由易及难，分布并体现在各个单元的课文导引或习题设计之中。单元导语是一个单元教学的航向标，是解读教材首要关注的地方。统编本教材按低、中、高的层次将语文要素罗列出来，从三年级开始按阅读和表达两个方面安排训练要素，每一册又有两个重点训练项目。从方法、能力和习惯三个方面安排语文要素，教学目标又围绕阅读和表达两大系列螺旋上升、循序渐进。如四上第四单元的单元导语：上边是人文要素提示：神话，永久的魅力，人类童年时代飞腾的幻想。下边是语文要素提示：了解故事的起因、经过、结果，学习把握文章的主要内容。感受神话中神奇的想象和鲜明的人物形象。展开想象，写一个故事。本单元中的四篇课文教学目标定位时都要突出单元导读中的这些要素。

（2）本篇课文独特的语文教学价值

一篇阅读材料一旦成为教科书，成为某册某单元的一部分，它就会显示他的独特的教学意义，"教科书的本质是教学性"。如四上第四单元中的四篇课文，第12课《盘古开天地》是精读课文，中国古代神话，感受神话的神奇和人物形象；第13课《精卫填海》是文言文，学习文言文中的神话故事；第14课《普罗米修斯》是古希腊神话，学习西方神话的神奇想象和神话故事；第15课《女娲补天》是略读课文，以阅读策略的迁移运用为主。一个单元中的四篇课文教学侧重点有所不同。教材把这四篇神话放在一起，显示了他们的相关性。但同时,我们在教学设计的时候也要考虑到他们的独特性。如第12课《盘古开天地》是中国古代神话,设计时要凸显我国古代神话的一些特点。第13课《精卫填海》是文言文,在设计时要凸显文言文的一些特点。第14课《普罗米修斯》是国外古希腊神话,所以在设计时也可以适当引出西方神话的一些特点,与前面学过的我国古代神话做一个对比。第15课《女娲补天》就是一个略读课文,主要是以策略学习为主,精读课学到的策略的运用迁移。

(3) 课后练习分析

课后练习,是教学任务的具体呈现,是语文要素的细化,是知识与能力的转化,也是方法的实践与运用。如《盘古开天地》课后练习"从课文中找出你认为神奇的地方,说说盘古开天地的过程"。因是本单元神话故事的第一篇,应感受神话的神奇,感受神话的魅力。而《普罗米修斯》是第三篇课文,课后练习"按照起因、经过、结果的顺序,讲一讲普罗米修斯'盗'火的故事",可见目标要求已递进,要求能复述神话故事了。

3. 学情分析

针对本篇课文学生的语文基础和生活经验基础。

示例:

三上《在牛肚子里旅行》学情分析

(1) 知识基础

本课是童话单元中的一篇科学童话故事。在第一学段和本单元《卖火柴的小女孩》《那一定会很好》的学习基础上,学生对童话这一体裁已经有了一定的感性认识,但是对这种理趣结合的科学童话,学生不一定很清晰。

(2) 经验基础

学生有一定科普知识的基础,但对牛的"反刍"现象可能并不了解,因此需要通过绘图,复述等方法帮助学生理解掌握。

(二) 阅读教学目标表述

1. 阅读教学目标设计误区

第一,三维割裂。课程标准提出课程目标三维目标,分别是知识与技能、过程与方法、情感态度与价值观。课标明确写着"三者相互渗透,融为一体",这三个目标是有机的融合在一起。很多一线老师在学习了课标以后片面地加以理解。在教学目标设计时按照三维目标的一个维度一个维度分开来写,这实际上是有悖课标精神的。

如一位教师设计的《去年的树》教学目标

（1）知识与能力：

学会本课4个生字，理解文章所讲的故事。

（2）过程与方法：

学生通过自主读文、讨论、交流等过程，感受课文情感。

（3）情感态度与价值观：

培养学生珍惜友谊，信守承诺的良好品质，体会人和物之间的相互依存、和谐发展。

第二，过分重视人文要素，忽视语文要素。语文课文当中有很多人文要素，人文精神。在目标设计时。很多老师会特别注重这一点，学习人物的品质作为教学的一个重要目标。人物的品质当然要学，但是语文课更多的要体现人物的品质是如何用语言文字表达出来的，即这篇课文的语文要素是什么？这也是统编教材非常强调的一点。如上例《去年的树》教学目标中不但三维割裂，而且非常重视情感态度，知识与技能目标学习生字是为了理解课文内容，过程与方法目标是为了理解课文情感，情感态度价值观还是指向人物品质方面，童话教学的目标是为了理解人物（鸟和树）的品质，显然有问题。

第三，表述不清，无法检测。目标表述有四个要素，行为主体、行为动词、表现程度等。目标是课前制定的、可以测量的、可供教师课后反思。所以目标表述的时候一定要用准确的语言来表达，用可检测的语言方式来陈述。

2. 阅读教学目标设计示例

案例2-2 《爬山虎的脚》教学目标（四年级上册）

宁波大学2017级小学教育专业　姜雨晨

教材分析：

《爬山虎的脚》选自统编版四年级上册第三单元第10课。第三单元的人文要素是"处处留心皆学问"。本单元以"观察"为关键词展开，在各篇课文中渗透了观察的方法、作用等知识，帮助学生初步建立认真观察周围世界的意识，培养善于观察的良好习惯，掌握科学的观察方法。在课文中体会作者准确、生动的表达，尤其要重视连续观察能力的培养，让学生学会连续观察，知道要确定观察的重点并运用适当的方式记录下来。本单元习作是学写观察日记，学生在精读课文的学习中具体生动地观察结果的表达，为习作积累素材。这一学习方式也符合课标中倡导的教学建议——阅读教学与习作教学有机统一，有助于实现本学段习作目标中提及的"观察周围世界，能不拘形式地写下自己的见闻"内容。

本文后的习题设计从"说"到"找、写"等侧重点训练学生的阅读能力。如感受文中体现观察的细致之处、从文中提取重要信息"爬山虎是怎样往上爬的",感受作者用词的精妙,最后能抄写文中写得准确、形象的句子,便于学生体会写作方法。文后还附了资料袋,介绍了"图文结合"以及"做表格"两种观察结果的记录方式供学生参考,激发学生创造力。

课文的作者是叶圣陶。他在这篇课文中用细致、简洁的文笔分别介绍了爬山虎叶子和脚的形状特点,以及它是怎样用脚爬墙的。课文介绍爬山虎叶子的特点是通过叶子的变化来讲,侧重讲长大了的叶子的颜色、排列、动态。介绍爬山虎的脚的特点是分三个方面来讲。先讲爬山虎脚的样子和颜色,再讲爬山虎是怎样向上爬的。最后讲爬山虎的脚与墙的依赖关系。作者在本文中叙述按一定的顺序,重点突出,描写生动细致。

学情分析:

小学中年级学生已经掌握了一定的观察方法,具备了一定的观察能力。爬山虎在生活中很常见,这样常见的爬山虎进入语文课堂,学生会表现出极大的兴趣,在课堂上会较为活跃,肯动脑筋。学生的现状是普遍缺乏深入、细致的观察,且大多数学生抽象思维能力弱于形象思维能力,语言表达滞后于直观感受。

本课教学内容有益于启发学生思维,培养深入、细致的观察习惯和能力。首先,学生对爬山虎这一植物的命名会倍感兴趣,有助于诱发观察的欲望;其次,在表达方式上,本文采用了拟人化的手法,形象生动,适合学生的年龄特点和认识规律;再者,课文在描写上细致入微,有助于学生阅读和观察。

教学目标:

(1)认识"均、柄、蜗"等5个生字,会写"虎、操、占、嫩"等13个生字,读准多音字"曲",会写"均匀、重叠"等13个词语。

(2)正确、流利、有感情地朗读课文,品读课文中写得准确、形象的句子,找出爬山虎叶子、脚的特点,体会作者连续细致地观察。

(3)理清课文的叙述顺序。学习作者细心观察的方法,培养留心周围事物的意识。

【案例点评】

优点:1.表述规范。行为动词用词准确,有行为结果的表述。2.体现了三维目标,也体现了单元、课文及课后练习要求。

缺点:1. 没做分课时设计,显然是两课时目标。2. 正确、流利、有感情地朗读课文,这一目标值得商榷。说明性文章要不要有感情地朗读? 3. 学习作者细心观察的方法,培养留心周围事物的意识。这些目标操作性不强,无法检测目标有否达成。

3. 教学目标设计问题聚焦[①]

问题聚焦1:不具体

这是一位教师执教《荷花》第一课时的教学目标。

(1) 正确、流利、有感情地朗读课文。

(2) 学习本课生字,理解"莲蓬""饱胀""翩翩起舞"等词语的意思。

(3) 从荷花、荷叶入手体会荷花的美,初步感知写景文章的写作手法。

修改后:

(1) 认识本课10个生字,正确书写"裂""翩""蓬""蹈"四个生字,掌握多音字"挨"的正确读音,借助插图,结合语境准确理解"莲蓬""挨挨挤挤"的意思。

(2) 正确、流利、有感情地朗读课文,背诵课文第二自然段。

(3) 抓住课文中的关键词句厘清课文脉络,品读荷花的美丽,学习课文第二自然段采用总分结构来描写荷花的方法,并进行片段仿写。

问题聚焦2:偏重人文要素

这是另一位教师执教《荷花》第一课时的教学目标。

(1) 学习课文生字,正确、流利地朗读课文,让学生感受荷花的美丽。

(2) 朗读品味荷花的美丽多姿,让学生喜爱荷花。

(3) 体会荷花的神奇美妙,激发学生对大自然的热爱之情。

修改后:

(1) 学习本课10个生字,读准"花骨朵""莲蓬""挨挨挤挤"这三个词语,规范书写"翩""莲""蹈"三个生字。

(2) 重点品读课文第二自然段,借助对"冒""挨挨挤挤"等关键词的理解,体会作者用词的准确,感受荷花的美丽姿态。

(3) 学习课文第二自然段描写荷花的方法,仿写一个片段。

[①] 蒋成云.中段写景抒情类课文课时教学目标制定的误区及其对策[J].教学月刊·小学版语文,2019(12):87-89.

问题聚焦3：偏离学段要求

这是第三位教师执教《荷花》第二课时的教学目标。

（1）借助图片，说说荷花还有哪些姿势，读准"翩翩起舞"这个词语，并找出它的同义词。

（2）有感情地朗读并背诵课文第三至第五自然段，进一步感受大自然的神奇美妙。

（3）学习课文由远到近、虚实结合的写法，学会仿写一种花。

修改后：

（1）图文结合，说说荷花的美丽姿势，通过对"翩翩起舞""随风飘荡"等关键词语的理解，品读荷花姿态的变化。

（2）有感情地朗读并背诵课文第三至第五自然段，体会作者从看荷花到想荷花这一过程中的心情变化。

（3）学习课文第四自然段的写法，展开想象，续写一段描写其他小动物围绕荷花展开活动的片段。

二、阅读教学内容取舍

（一）根据课程标准要求和教材特点，阅读教学内容主要有：

1. 朗读教学

课程标准阅读部分每个学段的第一条都是"能用普通话正确、流利、有感情地朗读课文。"传统语文教育讲究吟诵涵咏，"读书百遍其义自见"，现代语文教育继承并发扬语文教育的优良传统，让"琅琅读书声重回课堂"。朗读教学，特别是第一学段，"识字和朗读"是阅读教学的重要内容。

2. 默读教学

阅读部分每个学段的第二条都对默读教学提出了要求，并作了具体规定。课标规定第一学段课外阅读量5万，第二学段是40万，第三学段是100万，只有学会了默读才能实现课外阅读量的飞跃。

3. 词句教学

文章由字词句篇构成，词句是理解课文内容的基本单位。小学阶段，特别是第一二学段，词句教学是阅读教学的重点。词句的感情色彩、特定涵义、文中关键句的作用等。

4. 标点符号的不同用法

第一学段是在阅读中体会句号、问号、感叹号的不同用法。第二学段要求体会句号、逗号的不同用法，了解冒号、引号的用法。第三学段是体会顿号与逗号、分号与句号的不同用法。在阅读教学中，可通过朗读、替换等教学方法来落实。

5. 文章的表达顺序和表达方法

文章的表达顺序和表达方法是课标第三学段阅读教学目标的要求，即五六年级的阅读教学涉及了篇章结构和表达方法的教学。第二学段是过渡阶段，这些教学内容可视学情、文本特点而定。

6. 情感态度价值观

阅读课文不仅包含许多语文要素，还包含许多人文要素。叙事性作品和诗歌等文学类文本的教学要让学生抓住文本语言、想象情境、感受人物形象、体会作品喜怒哀乐，激发学生追求美好理想的愿望。说明性文章的教学要让学生掌握说明方法，抓住要点，理清思路，培养逻辑和理性。

7. 阅读策略教学

本次统编教材编排了许多阅读策略单元，如三上"预测猜想"，四上"提问"，五上"提高阅读速度方法"以及六上"根据阅读目的选择阅读方法"等等。其中四上第二单元的阅读策略是"学会提问"，该单元选择了《一个豆荚里的五粒豆》《蝙蝠和雷达》《呼风唤雨的世纪》《蝴蝶的家》四篇文章，这四篇课文的目标层次性、递进性十分清晰。

《一个豆荚里的五粒豆》正文前的提示是要求阅读课文时要尝试提问；课后练习2，通过泡泡提示，让学生发现可以从不同角度提问。因此，阅读策略教学目标是：尝试提问，发现可以从不同角度提问，并尝试解决问题。

《蝙蝠和雷达》正文前的提示是告知阅读时提出问题的操作方法写在旁边和文后，并提供了具体的范例。课后练习2，通过学习伙伴，学习从不同角度提出问题。课后练习3，是从不同角度提出问题，所以，这一课的阅读策略教学目标是：学习从不同的角度进行提问，并尝试解决示例问题和整理后的问题。

《呼风唤雨的世纪》根据正文前提示和课后练习1、2，这一课的阅读策略教学目标是：阅读时，学习运用批注方法提出问题，明白提出问题的目的，并尝试解决示例问题和整理后的问题，即这一课是指导学生明白为什么要提问，并尝试解决问题。

《蝴蝶的家》根据阅读提示，这一课的阅读策略教学目标是：能独立提出问题并尝试把问题分类，选出最有价值的问题尝试解决。

这四篇课文的目标层次十分清晰,从发现可以提问到学习提问,到知道为什么要提问,到进行独立提问。阅读策略教学目标水平要求是一篇比一篇高,前一篇课文目标是后一篇课文目标达成的基础。

8. 加强课外阅读的引领

从课标我们可以看到六年级语文课外阅读量达到100万字,单靠课堂中的几篇课文学习是远远不够的,应该课内课外相结合。课内的阅读教学内容还要关注从这一篇到这一类的引领、从这一篇到这一本的引领。课外阅读强调整本书阅读,而课内很多课文是课外整本书的节选,可以在单篇节选教学时增加课外整本书的内容,引发学生对整本书阅读的兴趣。"文章尊体制"文章有一定体制,体制就是文体特征,教学单篇文章时可以引导学生对这一类文体的阅读。

(二)阅读教学内容取舍原则

1. 紧扣教学目标,安排教学内容。

教学内容是围绕教学目标进行的。教学目标多,教学内容必定庞杂,因此教学内容庞杂跟教学目标偏多有关。还有一种情况是教学目标正确,教学内容无端添了许多内容。

2. 参考学段课文,细化教学内容。

教学目标是概括性的,而教学内容是具体化的。比如教学目标有"正确、流利、有感情地朗读课文",怎么落实在课堂教学中,成为教学内容一部分,需要依据学情、文本做出考量。若在小学第一学段,那么这一教学内容是主要教学内容。若在小学第三学段非文学性文本中,这一教学内容便是次要内容。

教学内容要根据学段不同有所侧重,其中第一学段应侧重词句和朗读,比如有教师在上二年级《羿射九日》时要求学生默读课文,找出故事的起因、经过、结果,这对于二年级学生来说,显然太难了。第二学段应侧重段落教学,如教师在上四年级上册的《走月亮》时,可以引导学生抓住重点段感受我和阿妈之间的真切之情。第三学段应侧重篇章教学,如在六年级上册《开国大典》的课后习题要求"想想从群众入场到举行游行,课文写了哪几个场面,连起来简要说说开国大典的过程。"教师在教学过程应引导学生对整体篇章进行感知,了解开国大典的整个过程。

三、阅读教学过程设计

阅读教学常见过程设计有如下几种:

(一)纵向层层递进式:

即教学过程中教学各环节是环环相扣,逻辑上是层层递进的。

1. 教学环节逻辑层层递进:

如王崧舟老师《长相思》研习:

(1)借助注释,读懂词意;

(2)展开想象,读出词情;

(3)互文印证,读透词心。

2. 主问题式:

即整堂课围绕一个问题展开教学过程。比如《将相和》教学中教师在通读课文后,根据文中"廉颇认为蔺相如只靠一张嘴,竟然爬到他头上去了,很不服气",提出主问题"同学们,你们认为蔺相如真的只靠一张嘴吗,他还有什么本事,请在文中找找相关事例",学生从"完璧归赵""渑池会面"故事中依托事例一一回答这个主问题。比如《草船借箭》教学中教师提问课文最后一句周瑜感叹"诸葛亮神机妙算,我真不如他呀"这话什么意思呢?诸葛亮的神机妙算表现在哪里呢?课堂就围绕着这个主问题展开。

(二)横向板块并进式:

教学各环节是横向并列、齐头并进,共同指向教学目标的达成。

如薛法根老师《我选我》教学设计:

教学目标:

1. 在教师指导下,结合课文及生活识字、学词,并积极运用于表达;

2. 学习正确、流利地朗读课文,并在朗读中习得规范的句式;

3. 在教师引导下,对事件及人物有正确的认识,并能规范地表达。

教学过程:

板块一:识字学词,学习"介绍"

板块二:学习朗读,习得"读法"

板块三:问题解决,规范"回答"

教学目标有三个,教学环节有三个,分别指向教学目标。

四、阅读教学方法设计

本书中的阅读教学方法是指适合于阅读教学目标、阅读教学内容的具体的操作方法,主要如下:

(一) 朗读法

朗读,是指把已经内化的思维文字转化为有声的外部语言的一种创造性活动,它是一种需要发出真实声音的阅读方式,将文字由可视变成可听,而朗读法就是指学生用出声的方式去大声诵读文本。朗读并不仅仅是单纯的出声念字,而是一种有意识、有目的的有声言语的表达。这个有意识有目的在语文阅读教学语境中,就是指朗读教学方法是为了促进阅读理解生成意义服务的。"三分文章七分读""熟读唐诗三百首,不会吟诗也会吟"。朗读的重要性在课程标准里也有陈述:正确、流利、有感情地朗读课文。在阅读教学中,通过朗读"因声求气",理解课文是一种常用的方法。当然,学段不同,文本不同,朗读法的使用是有差异的。实用类文本因其文本的客观逻辑性应通过标准语音朗读呈现,文学性文本因其是情感的信息,可通过表情语音朗读呈现。但是阅读教学中两种朗读法不可偏废,因语文教材存在着不同文本类型[①]。

(二) 复述法

复述课文并不是简单、机械、不加思考的背诵,而是学生在深入理解课文的基础上,结合个性化感悟,用自己的语言叙述课文。为此,教师在激励学生深入理解和感悟课文,把握主旨大意、篇章结构、情节线索、词句含义等基础上,还应帮助学生根据不同的课型选定适宜的复述方法,让复述成为学生与文本的有效对话,成为内化文本语言的重要渠道,成为培养学生口语能力的有效手段。

(三) 移步换景法

在一些游记类文本中,作者描写景物会采用一处一景、景随路变的写作方法,就叫"移步换景"。我们在阅读教学游记类课文时也可以采用空间顺序移步换景。

(四) 读写结合

阅读与写作密不可分,阅读是写作的基础,写作是阅读的深化与运用,正所谓"读书破万卷,下笔如有神"。巧用补白,培养想象能力,善用仿写,提高表达能力。

(五) 想象移情

文学性作品有许多语义、情感的留白点,需要教师引导学生展开想象移情深入文本,了解课文内涵,如古诗词、童话、神话、寓言等课文。著名特级教师王崧舟老师在教学《长相思》时两处运用了想象移情,一处是想象征途中的艰辛,一处是想象移情故园

---

① 代顺丽.语文朗读法的本质与类型.课程教材教法[J].2016(6):91-96.

的情景,丰富了学生对诗词的理解。

(六) 表演法

阅读课文中如童话、神话、民间传说等故事类文本,大都出现在小学第一学段,适合一二年级学生用故事表演方式演绎课文。

第二节 阅读教学课文课型的分类

一、按照文体要求划分阅读课文

课程标准第三学段把阅读课文划分为四种类型:叙事性作品、诗歌、说明性文章、简单的非连续性文本。

叙事性文章:叙述性作品是以叙述功能为主的文学作品,是用语言表达一件或一系列真实或虚构的事件,通过叙事方式来传达人生的经验和意义。叙述性作品有其鲜明的文本特色,即刻画个性鲜明的典型人物、叙述跌宕起伏的故事情节、铺设情景交融的环境描写、传递揭示意义的审美主题。[①] 小学阶段的叙事性作品有叙事散文、童话、神话、寓言、小说等。

说明性文章:说明文在我国有着悠久的历史,尽管古代并无"说明"一词,但不少题名为"说""记""疏""解""注"的文章应是说明文的源头。说明文以说明为主要表达方式,对客观事物或事理进行介绍解说,阐明其本质和规律,使人获得相关知识。根据说明对象的不同,通常可将说明文分为事物说明文和事理说明文。事物说明文主要就事物的形态特征展开说明,包括形状、构造、性质、特点、用途、功能等,让读者理解该事物;事理说明文主要论述抽象阐明其内在的成因、关系、发展规律及本质特征,使读者既知其然又知其所以然。小学课文的道理中有一些说明性文字。

诗歌的起源可以追溯到人类文明的远古时代,原始人类以歌唱跳舞的方式歌颂神明,因此诗歌具有音乐性,并且是社会生活的集中反映。《尚书·虞书》中说到"诗言志,歌咏言,声依永,律和声",因此诗歌是一种富有节奏、韵律和丰富感情色彩的语言形式。自唐朝以后,从格律上可以把诗歌分为古体诗和近体诗,古体诗一般不受格律束缚,近体诗有一定的格律,一般分为四言诗,五言诗和七言诗。古代诗歌语词高度凝

---

① 马建明.把故事"讲"得有声有色——浅析叙事性作品的文本解读与教学策略[J].现代中小学教育,2018,34(11):40-44.

练,又富有节奏感、音乐美。相对而言,现代诗歌形式比较自由,语句长短错落有致,参差不齐,但不失韵律感和节奏感。

非连续性文本是相对连续性文本而言的,非连续性文本并非以句子为最小单位,而是以表、图和单构成的文本。非连续性文本在语言表达上不是直线连贯的,具有概括性强,直观简明,实用性强的特点。

二、按照不同学习功能划分阅读课课型

精读课:叶圣陶曾经说过"就教学而言,精读是主体,略读只是补充;但就效果而言,精读是准备,略读才是应用。"每个单元精读课文,是单元主题内容、读写训练的关键。精读课就是传授方法、教给策略。

略读课:每个单元有略读课文,略读课更多的是迁移精读课中的方法策略,举一反三。

群文阅读课:就是一组相关文章组合在一起上的阅读课。它是师生围绕着一个或多个议题选择一组文章,而后师生围绕议题进行阅读和集体建构,最终达成共识的过程。群文阅读最显著的外在特征在于由单一文本向多文本转变。[①]

整本书阅读课:就是关于整本书的阅读教学,它主要是教学生学习读整本的书,目的是教会学生读整本的书,发展学生的阅读素养。[②]

第三节 不同学段阅读教学重点

一、第一学段(1—2年级):以字词和朗读为重点

(一)课标要求

1. 喜欢阅读,感受阅读的乐趣,养成爱护图书的习惯。
2. 学习用普通话正确、流利、有感情地朗读课文。
3. 结合上下文和生活实际了解课文中词句的意思,在课文中积累词句。

(二)教材练习指向

统编教材编排倾向字词句学习,如一下第七课《怎么都快乐》课后练习一是朗读课

---

① 于泽元,王雁玲,黄利梅.群文阅读:从形式变化到理念变革[J].中国教育学刊,2013(06):62-66.
② 李怀源.小学"读整本书"教学的方向、方式与方法[J].语文建设,2020(12):4-9.

文,二是读一读,说一说。"跳绳、踢足球、讲故事、听音乐、打排球、玩游戏"等课文中词语,旁边有个小泡泡"我还能说这样的词语",练习指向就是理解词义拓展词义。如一下语文园地专设"字词句运用",语文园地六读一读,照样子说一说,"小白兔割草,小白兔在山坡上割草。小白兔弯着腰在山坡上割草。"显然是指向句子的表达。如二上第二课《我是什么》课后练习,第一道题朗读课文,第二道题读一读,体会加点词的意思,再用他们各说一句话。显然也是记住理解词义,然后练习句子的表达。第三题,读一读,记一记。"灌溉田地、发动机器、淹没庄稼、冲毁房屋",是对词语的练习。所以第一学段主要是词句的学习,并且采用多种方法进行词句学习。朗读是一个重要方式,用朗读的方式来检测他是否真正的理解了词语词义及句子。

示例:

《雾在哪里》教学设计片段

二、初读

1. 要想知道这个答案,可得先读好课文。接下来,请小朋友们自由读课文,读准字音,读通句子。边读边想这雾最先去了哪里?(生:飞到了海上)

2. 你们看雾来到了海上,它把什么东西藏了起来?(生:大海)——多淘气的雾孩子啊!

3. 让我们再来读一读课文的第三自然段,数一数共有几句话,把每句话标出来,想一想每句话主要讲了什么?(PPT:数一数几句话;标序号;想一想每句话讲了什么?)

(生:三句话)

4. 精讲三句话

A. 我们先来看第一句话,请一位同学先来读一读。

预设:我要把大海藏起来——师:雾可真是个淘气又顽皮的孩子。

(朗读指导:谁能再来读,读好雾说话时的语气)

总结:第一句是雾说的话。(PPT:这句上标一个[说])

B. 第二句话,请你来读。

① 这句话写了什么?(预设:雾孩子把大海藏了起来)

总结:这是写雾孩子怎么做的。(PPT:这句上标一个[做])

C. 第三句话,请你来读。

① 这句话讲了什么?(预设:雾把海水、船只、蓝色的远方藏了起来)

总结:雾来了,大海的景色发生了变化。(PPT:这句上标一个[景色变化])

② 想象一下,还有什么也被雾藏起来了?(预设:海岛、灯塔、海鸥…什么都看不见了)

③ 多神奇啊,作者正是用了这个关联词将景色变化写清楚的。(无论…还是…都…)

④ 朗读指导:

请你再来读一读?此刻你的脑海里浮现出怎样的画面?

带着这样的画面,请你再来读一读。(强调关联词无论、还是、都)

三、拓展练习

这雾孩子可真淘气,它不仅把这些东西藏起来了,你看它还来到了我们的校园。雾孩子在这里也藏了很多东西,能用上我们刚才学习的句式,说一说雾孩子把什么藏起来了吗?(说完整!我要把学校藏起来。于是,它把学校藏了起来。无论是操场,还是教学楼,都看不见了)

在上述《雾在哪里》的教学片段中,教师侧重句子教学,重在引导学生学会迁移。教师让学生把握课文第三自然段有三句话,通过朗读的方式理解词句,把握内涵。在此基础上,联系学生生活,让学生学会仿写。

二、第二学段(3—4年级):段落教学

(一)课标要求

1. 能联系上下文,理解词句的意思,体会课文中关键句表情达意的作用。

2. 能初步把握文章的主要内容,体会文章表达的思想感情。

3. 积累课文中的优美词语,精彩语段。

(二)教材练习指向

第二学段是过渡学段,承接着第一学段的字词句教学,也承接着第三学段的篇章教学。统编教材课文中的段落中心句特别明显。如三上第6课《秋天的雨》课后练习,第一题是有感情地朗读课文,背诵第二自然段。第二题是课文从三个方面写了秋天的雨。我们可以看到文中的第二自然段写秋天雨的颜色,第三自然段是秋天的雨带来好闻的气味儿。一个段落的段意是非常明确的,围绕中心句来写。而语文园地"运用词句"也变成了"词句段运用",如三上第16课《金色的草地》课后练习,第二题是仔细读读第三自然段,把下面的内容补充完整,体会作者观察的细致。早上____中午____傍晚____,草地____,因为蒲公英_____。这体现第二学段更加关注文本的段落内容。

在四年级的时候,则有向第三学段过渡的内容倾向。如四上22课《为中华之崛起而读书》课后练习第一题,读课文,想想课文讲了几件事,再连起来,说说课文的主要内容,就慢慢地过渡到对整篇课文文章的一个梳理和把握了。

示例:

《富饶的西沙群岛》教学设计片段

三、精读段落

1. 在这节课,老师想跟大家一起去西沙群岛的海底看看美丽的海洋生物,请同学们自由朗读课文的第2、4自然段。作者在海底看到了什么?选择一个你最喜欢的生物,说一说你看到了什么?

(预设:珊瑚、海参、大龙虾)

第2段

① 珊瑚

有的像绽开的花朵,有的像分枝的鹿角……

(预设:我看到了很多形态不一、很好看的珊瑚——作者生动地描写了这些珊瑚的模样,好像真的看到了这些珊瑚)

A. 发挥你的想象,猜一猜海底的珊瑚还会有什么样的?

尝试用上"珊瑚还有的像……"说一说。

B. 珊瑚形状各异,用文中一个词形容就是——(各式各样)

② 海参

海参到处都是,在海底懒洋洋地蠕动。

(我看到了很多很多海参,在海底懒洋洋地活动,就像老人在悠闲地散步——抓住关键词,一只只慵懒地海参就跃然纸上了)

A. 海参(前鼻音)的参是个多音字,它还能读成什么?(参加的参)

B. 蠕动是什么意思?能用手演示出来吗。

C. 谁能读出像老人散步一样,懒洋洋的海参呀。

③ 大龙虾

大龙虾全身披甲,划过来,划过去,样子挺威武。

(我最喜欢威武的大龙虾,像个将军特别的威猛——这威武的大龙虾,可不就是在巡视场地吗。)

威武是什么意思?通过你们的朗读,我们听能出龙虾的威武吗?

第4段

1. 同学们,我们在西沙群岛美丽的海底,看到了海底各种各样的珊瑚、懒洋洋的海参和威武的大龙虾,西沙群岛的富饶还体现在海底什么方面?

① 鱼很多

(预设:鱼的数量很多,成群结队地在水里游,穿来穿去——很多的鱼,还能从哪看出鱼很多?)

(从成群结队中你读出了什么?成群结队的鱼群就像我们做操,排队去操场)

有的全身布满彩色的条纹;有的头上长着一簇红缨;有的周身像插着好些扇子,游动的时候飘飘摇摇;有的眼睛圆溜溜的,身上长满了刺,鼓起气来像皮球一样圆。

预设:各式各样的鱼可多了,有的…有的…有的——各种各样的鱼多得数不清。

请大家试着用上"有的…有的"的句式,说说海底还有可能有什么样的鱼?

② 鱼很美

生:鱼还很美。有彩色条纹鱼,有头上长着红缨的鱼,有像身上插着扇子的鱼,还有身上长刺的鱼。——老师也很好奇,头上长着红缨的鱼是什么样子的呀?身上插着扇子的鱼又长什么样呢?谁能来想象一下?

生:略(作者用了比喻的修辞手法)——红缨中的"缨"表示长得像穗子的,用来点缀帽子或武器的装饰品。鱼头上有一团鲜红的装饰,就好像带了一顶装饰着红缨的帽子。

2. 关键词句理解段意

A. 读完这段文字,请大家找一找这一段话中的"小队长",它能概括地说明整个段落的意思,请你们用横线划出来。

生:"鱼成群结队地在珊瑚丛中穿来穿去,好看极了""正像人们说的那样,西沙群岛的海里一半是水,一半是鱼。"

B. 同学们都觉得这两处是关键句能概括本段,说说你们的理由。(这两处都能提示我们西沙群岛的鱼很多、鱼很美)

总结:有的时候,一段话的开头就表达了这段话的主要意思,后面的内容都是围绕开头这句话来写的。当然,这个句子不一定在开头,它可能出现在一段话的末尾或中间。把握这些句子,我们能更好地理解一段话的意思。

C. 作者是怎么把关键句的意思写清楚?请同学们再来读读这段话,划出相关语句,反复读一读,说说自己的理解。

D. 现在我们来合作读一读，老师来读总结句，其他同学读其余的部分。从中你们读出了什么？

总结：这样的段落我们可以称为——总分总段落。开头总起，中间部分分点阐述，最后总结全段。

E. 文中的第三段也并列地写了三种动物，你们能试着自己根据这三句话的意思，尝试着在开头或结尾，写一个概括这段话意思的句子吗。

在上述《富饶的西沙群岛》教学片段中，教师侧重段落教学，通过精读段落，理解关键词句，从整体上把握段落结构和大意。

三、第三学段(5—6年级)：篇章教学

（一）课标要求

1. 在阅读中了解文章的表达顺序。体会作者的思想感情，初步领悟文章的基本表达方法。

2. 阅读叙事性作品，了解事件梗概，能简单描述自己印象最深的场景、人物、细节，说出自己的喜爱、憎恶、崇敬、向往、同情等感受。阅读诗歌，大体把握诗意，想象诗歌描述的情境，体会作品的情感。受到优秀作品的感染和激励，向往和追求美好的理想。阅读说明性文章，能够抓住要点，了解文章的基本说明方法。阅读简单的非连续性文本，能从图文等组合材料中找出价值的信息。

（二）教材练习指向

在第三学段，课标明确要求"在阅读中了解文章的表达顺序。体会作者的思想感情，初步领悟文章的基本表达方法"，这些都要求我们进入到五六年级阅读教学，重在对整个文本的把握、表达的顺序、表达的方法等等，然后形成自己的观点情感。

篇章教学强调整体性，涉及课文整体的内容、框架，表达方法等，需要教师从宏观上整体把握，让学生对内容有整体的感知，并能对内容、结构、中心进行提炼和升华。关于篇章教学的教法，可以针对不同的文章灵活处理，可以由题入手把握整体的教学设计，也可抓住关键句理清文章脉络，亦可抓住线索进行串联分析主题。教师可灵活运用教材课后习题，如六下第11课《16年前的回忆》课后练习第四题：课文最后两个自然段与开头有什么联系？说说这样写有什么好处？这就涉及到了文章的写法，即开头和结尾的前后呼应等等，是对篇章结构的把握。

示例：

《松鼠》教学设计片段

二、梳理信息，品味语言

（一）学习"搭窝"

1. 接下来，我们学习作者是如何把松鼠的这些内容给说明白的！

"搭窝"这部分内容大家挺感兴趣。我们先默读这部分内容，然后说说这段话介绍了有关搭窝的哪些信息？

框出"搭在树枝分杈的地方"——窝的位置；

框出"又干净又暖和"——窝的特点（窝口），指名补充："既舒适又安全""窝口朝上、狭窄、有圆锥形盖"，并在屏幕中框出；

（提炼：抓松鼠搭窝的鲜明特点进行具体说明，使我们看到了一只聪明的松鼠）

标出——"先……再……然后……"——怎么搭窝；

小结：为了把搭窝说明白，作者依次介绍了窝的位置、怎么搭窝，以及窝口特点三方面内容。

2. 为说明白这些内容，作者的语言有什么特点呢？请再读这段话，同桌讨论：

语言组织有序："先……再……然后……"（怎么搭窝）

语言表达精准："通常"（搭窝地点还有特殊情况）

语言生动："……带着儿女……"（把松鼠当作人来写了）"一系列的动词"（一只勤劳、能干、智慧的松鼠跃然纸上）

小结：作者用这样的语言，分三个方面把松鼠搭窝的情况说明白了！能说明白这些内容，你们觉得还离不开什么？（仔细观察，还得是长期仔细观察）

（二）合作学习

1. 那么，松鼠的外形特征，作者又是如何说明白的？请小组合作学习。

媒体出示：

---

1. 这段话具体介绍了有关松鼠的哪些信息？用一种示意图梳理信息，如：

2. 再读这些信息，发现作者的语言有什么特点？

（操作：教师观察，拍下小组内整理的信息图式，上传到屏幕中，同一个内容并排。）

---

2. 交流汇报:

(1) 看大家整理的信息大同小异,我请一组代表来汇报整理的信息。

(随机修改)

(2) 接下来,我们来交流这个语段的语言有什么特点。

外形:语言生动——打比方、拟人化的写法;语言表达精准——"常常"(不是一直都这样的);语言组织有序——面容、眼睛、身体、四肢、吃相。

3. 有感情地朗读。

小结:你们看,这篇说明文抓住松鼠鲜明的特点,用上说明方法,有序、精准、生动地把这种动物说明白了。

在上述《松鼠》的教学设计片段中,教师通过梳理信息,抓住说明文的语言特点,让学生学会如何把松鼠的特征说明白,抓住关键句学习说明方法,立足于整体篇章进行串讲,让学生学习说明文的有序表达和语言的精准生动。

第四节 叙事性文章阅读教学设计

写人记事类文本阅读教学设计

模块一 课例研讨

案例2-3 《为中华之崛起而读书》教学设计(四年级上册)

宁波市士康学校 冯李倩

一、教材分析

本文是一篇有着爱国情怀的叙事性课文。课文主要讲述了周恩来少年时代在奉天读书时的事情,他耳闻目睹了中国人在被外国人占据的地方受到欺凌却无处说理的事情,从中深刻体会到伯父说的"中华不振"的含义,从而立下了"为中华之崛起而读书"的志向。少年周恩来博大的胸怀和远大的志向,能启发学生思考读书的意义。

本篇课文一共写了三件事。第一件事:新学期开始了,在修身课上,少年周恩来"为中华之崛起而读书"的回答让魏校长震撼和赞赏。第二件事:初到奉天,伯父告诫周恩来由于中华不振,被外国人占据的地方不能随便去,周恩来对此疑惑不解。第三件事:亲眼目睹在被外国人占据的地方,一位中国妇女受到洋人欺侮而没处说理,这使他真正体会到伯父说的"中华不振"的含义,从而立下了"为中华之崛起而读书"的远大志向。三件事叙述清晰完整,层次清晰。层次间过渡自然,层层推进。自然的过渡使事情之间衔接流畅。第一、二件事情借助第10自然段划分；第2、3自然段则可以根据第15自然段提示的时间地点进行划分。最后根据第17自然段的“所以，当修身课上魏校长提出为什么而读书这个问题时，就有了‘为中华之崛起而读书’的响亮回答。”知道三个故事之间的前后顺序。

本单元的语文要素是“关注主要人物和事件，学习把握文章的主要内容”，课后的第一题则要求学生对于语文要素的掌握和运用，理清文章的主要内容。第二题则是本文的难点，明白“中华不振”，在了解当时的社会现象的情况下，结合周恩来的诗，理解他立下如此志向的原因。

二、教学目标

1. 认识“崛、范”等8个生字，理解“肇事、光耀门楣、当效此生”词语的意思。

2. 默读课文，知道文章主要讲了哪几件事，能够借助文章的关键词句，梳理三件事的前后关系，并且能将这几件事情连起来说出文章的主要内容。

3. 通过朗读，感受“中华不振”，理解周恩来立下如此志向的原因。激发学生的爱国情怀。

三、教学准备

1. 教学课件

2. 学生预习：

(1) 正确朗读课文，读准生字词

(2) 给每个自然段标上序号

四、教学过程

(一) 提问导入，激发兴趣

1. 出示“崛起”，明确意思，出示字典中的解释

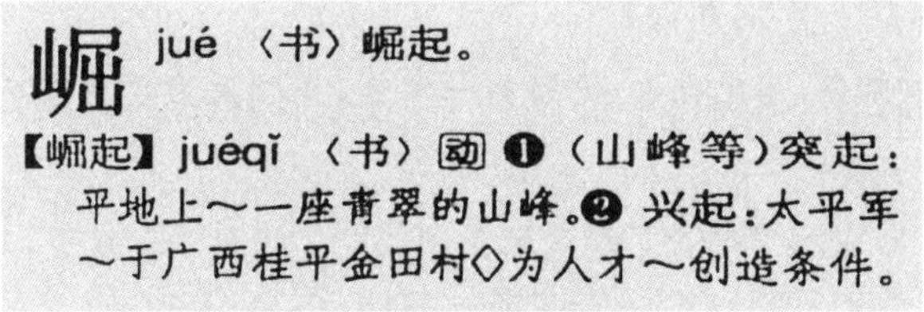
崛 jué 〈书〉崛起。
【崛起】juéqǐ 〈书〉动 ❶（山峰等）突起：平地上～一座青翠的山峰。❷ 兴起：太平军～于广西桂平金田村◇为人才～创造条件。

图2-3　崛起的解释

2. 揭示课题：为中华之崛起而读书

3. 释题：为中国的兴起而读书

(二)预习自检,明白词义

1. 选出注音不正确的一组。(③)

① 模范(fàn)　　光耀门楣(méi)　　清晰(xī)

② 崛(jué)起　　当效(xiào)此生　　淮(huái)安

③ 轧(zhá)死　　疑惑(huò)不解　　肇(zhào)事

④ 训斥(chì)　　劝慰(wèi)　　　　屈辱(rǔ)

2. 提问不理解的词语。(学生互相帮助理解、老师出示资料与图片帮助理解)

预设：

① 光耀门楣(出示照片,解释门楣,引出词语意思)

② 当效此生(在学习第一件事的时候结合文章进行理解)

③ 肇事(联系生活,肇事司机)

生齐读以上词语。

(三)阅读文本,整体感知

1. 阅读任务一：快速浏览课文,思考：文章一共讲了哪几件事？

(1)学生用遥控器做出判断。

(2)指名学生交流自己的想法,引导学生重点关注地点以及时间的变化。

预设：

划分方法一：按照起因、经过、结果的顺序分辨事情。

划分方法二：关注到时间点或地点的变化分辨事情。

根据这三件事,将文章分为三部分。

第一部分(第1—17自然段)

第二部分(第11—14自然段)

第三部分(第15—17自然段)

(3)阅读第一部分,师生合作,填写第一部分,并说说主要内容。教师指出主要人物和事件的关系。

(4)聚焦"当效此生"部分(文章的第8、9)自然段,读句子,联系上下文理解词语。

(5)阅读第二、三部分,用同样的步骤,完成表格。小组合作,说说每件事情的主要内容。

出示任务要求:

① 先独立阅读第二、三部分,完成表格。

② 小组合作,互相说一说每件事的主要内容。

③ 做好发言准备。

事　件	时　间	地　点	人物(做什么)
第一件事			
第二件事			
第三件事			

小结:关注到事情中的主要人物,能够帮助我们快速、准确地概括事情的主要内容。

2.阅读任务二:带着问题读课文第二、三部分,边读边想:这三件事的顺序是怎样的?请你从文中找一找答案,然后选出正确的答案(　　　)。

① abc　② bca　③ bac

3.看着表格将三件事按正确的顺序连起来,说一说文章的主要内容。

小结:把文章每一件事情的主要内容按照正确的顺序表述出来,就是文章的主要内容啦!

(四)精读课文,解决问题

1.阅读任务三:快速浏览课文第二、三部分。思考:课文多次出现"中华不振"这个词语,你从哪些词句感受得到呢?

预设:

(1)伯父告诉他,奉天有些地方被外国人占据了,不要随便去玩,有时也要绕着走,免得惹出麻烦没有地方说理。

通过"被占据了""不要随便去玩""绕着走""惹出麻烦"等词语,体会情感。

(2)这一带果真和别处大不相同:街道上热闹非凡,往来的大多是外国人。

通过"大不相同""热闹非凡""大多是外国人",感受到对该区域的领土失去主权。

(3)这个女人的亲人被外国人的汽车轧死了,她原本指望巡警局给她撑腰,惩处这个外国人,谁知中国巡警不但不惩处肇事的外国人,反而训斥她。围观的中国人都紧握着拳头,但这是在外国人的地盘里,谁又敢怎么样呢?

①从"原本""谁知""反而""又敢怎么样呢?"体会情感。

②联系生活,如果你的亲人遭受了这样的事情,你是什么感受?

③齐读这两句话。

(4)学生提问:了解了这两件事情,你有什么问题吗?

2.出示资料,了解当时的社会情况。

1840年来,中国受尽了列强欺辱,多灾多难的中国经历了什么?(出示图片)

小结:那时的国人遭受种种屈辱,正是因为——(中国不振)

3.揣摩周恩来的内心感受

过渡:我们的周恩来总理见到这样的一幕,才真正体会到"中华不振"这四个字的沉重分量。

(1)阅读任务四:独立默读课文第17自然段,思考:周恩来看到中国这样的状况,心情是怎么样的?萌生了什么想法?

通过"像烈火一样""一直""燃烧"词语,感受周恩来急切地想要救人民于水火之中,救国家于危难之中。

(2)此时的周恩来才真正体会到"中华不振"这四个字的沉重分量。怎么把——(教师引读,读出急迫感、焦灼感、正义凛然)

4.出示周恩来写的诗,体会振兴中华之志

大江歌罢掉头东,邃密群科济世穷。

面壁十年图破壁,难酬蹈海亦英雄。

(1)学生朗读诗歌,教师解释大意。

(2)体会周恩来为挽救国家的危亡而不惜一切,投身到革命战斗当中的爱国主义精神,激发学生的爱国情怀。

(3)出示图片,感受如今祖国的强大。

5.阅读任务五:如果有人问你为什么读书,你的回答是什么?说明理由。

(五)回顾全文,总结方法

1.梳理全文。

2.概括一篇文章的主要内容,要关注主要人物和事件。

3.概括好每件事的主要内容,梳理其发生的先后顺序,是概括文章主要内容的好方法。

(六)图文解析

事　件	时　间	地　点	人物(做什么)
第一件事	新学年开始了	修身课上	魏校长(问) 周恩来(回答)
第二件事	十二岁那年	奉　天	伯父(告诉) 周恩来(疑惑不解)
第三件事	一个星期天	被外国人占据的地方	中国妇女(哭诉) 周恩来(看见、体会)

表 2-1 《为中华之崛起而读书》主要人物和事件

问题讨论：

1. 中年级写人记事类课文教学有何特点？

2. 本文的语文要素是"关注主要人物和事件，学习把握文章的主要内容"，你觉得落实到位了吗？

模块二　学理阐释

一、课标对叙事性作品教学的规定

《语文课程标准》在第二学段的阅读教学目标中明确指出："能复述叙事性作品的大意，初步感受作品中生动的形象和优美的语言，关心作品中人物的命运和喜怒哀乐，与他人交流自己的阅读感受。"

《语文课程标准》在第三学段的阅读教学目标中明确指出："了解事件梗概，简单描述自己印象最深的场景、人物、细节，说出自己的喜欢、憎恶、崇敬、向往、同情等感受。"

二、写人记事类课文特点

写人记事类文本是以真人真事为主要内容，以记叙、描写、抒情、议论为主要表达方法的一种文章体裁。写人记事类文本从内容上分，有写人为主的和记事为主的两种，但都是通过对现实生活中的人物、事情进行具体的叙述和形象的描写，以表达中心思想。第一学段以一人一事为主，如二上《大禹治水》《朱德的扁担》等。第二三学段以一人多事或多人多事为主，如上例中的《为中华之崛起而读书》就是一人三事，六上《我的伯父鲁迅先生》就是一人多事。这样的写人记事文章要区分主要人物、概括主要事件。

三、写人记事类课文教学设计要点

1. 写人类课文教学误区：千篇一律的外貌、动作、语言分析

写人为主的文章，就要着重分析人物的形象，体现人物的精神品质。教学中需结合文中人物的外貌、动作、语言等描写分析体会人物特点，理解课文意思。但外貌、动作、语言分析指向什么，与文本内容关系，这是设计需把握的。

如五上《慈母情深》片段：

师：从课文中哪些语句看出母亲对儿子的深情？

生：母亲的工作环境很压抑？

师：文中哪些语言？

生：空间非常低矮，低矮得使人感到压抑。不足二百平米的厂房，四壁潮湿颓败。七八十台破缝纫机行行排列着，七八十个都不算年轻的女人忙碌在自己的缝纫机旁。因为光线阴暗，每个女人头上方都吊着一只灯泡。正是酷暑炎夏，窗不能开，七八十个女人的身体和七八十只灯泡所散发的热量，使我感到犹如身在蒸笼。

师：酷暑却不能开窗通风，还要开灯泡，在蒸笼中干活，又热又拥挤，工作条件真糟糕。还有吗？

生：母亲的外貌肖像描写？我穿过一排排缝纫机，走到那个角落，看见一个极其瘦弱的脊背弯曲着，头凑到缝纫机板上。

师：极其瘦弱，母亲为了挣钱已经极其瘦弱了还在拼命工作。还有吗？

生：母亲的动作中也可看出母亲的疲惫和衰老。背直起来了，我的母亲。转过身来了，我的母亲。褐色的口罩上方，一对眼神疲惫的眼睛吃惊地望着我，我的母亲的眼睛……

写人记事类课文的教学设计中一定要紧紧抓住人物的动作神态语言来让学生体悟情感，并且不能笼统地一看到人物形象分析就是这些要素，如上例中《慈母情深》不是简单的母亲人物形象分析，而是围绕母亲对儿子的深情展开，单单分析动作神态语言还不够，还要体现文中的对比性，才能凸显慈母情深。因为这篇写人记事类的课文不仅仅是让学生明白母亲形象，更要让学生理解神态、动作、环境恶劣与给儿子买书爽快的对比，才能体现母子情深。

2. 写人类课文教学设计要点：结合文本语境分析人物特点

文本语境一般包括上下文语境，情境语境和社会历史文化语境。特定的文本语境在写人类文本中能够帮助学生理解人物的特点，因此教师不能脱离文本语境单纯分析

人物。教师在教学中要引导学生联系上下文语境解读文本,结合特定的情境把握人物的外貌、动作和语言特点,通过了解社会历史文化语境来理解作者塑造人物的目的,更好地理解人物的时代性。

示例:

《"诺曼底号"遇难记》教学设计片段[①]

二、聚焦语言,感受品质

1. 学习活动一。

(1)请快速默读课文第10—45自然段,画出描写哈尔威船长语言的句子。

小说用了大量的语言描写,从这些语言描写中我们可以发现哈尔威船长在紧急的时刻做了许多事情。

(2)研读语言描写,完成课本第四题。(出示)

是的,"指挥逃生—了解险情—下达命令—救出克莱芒—沉船牺牲",短短的语言描写让我们看到了哈尔威船长在危险时刻做的一系列举动。俗话说"言为心声",我们从哈尔威船长的语言中不仅能够读出他的举动,还能感受他的品质。

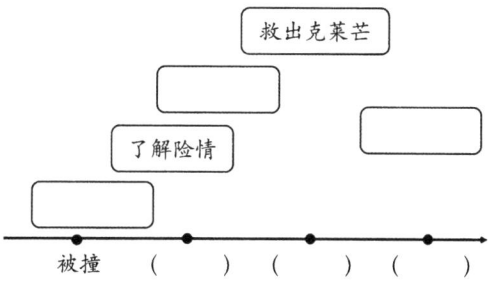

【设计意图:出示学习任务,引导学生发现文本最大的特点——语言描写。结合课堂作业本上的习题,给学生以支架,让其根据语言描写梳理"诺曼底号"遇难时哈尔威船长做的一系列举动,初步研读语言描写,理清事情脉络,为之后的学习做铺垫。】

2. 学法指导。

(1)从说话环境中感受人物品质。

让我们聚焦第12自然段,(出示)请同学们自己读一读。这段话是在什么情况下说的?是的,联系上文我们知道当时的震荡可怕极了。(出示)

震荡可怕极了。一刹那间,男人、女人、小孩儿,所有的人都奔到甲板上,人们半裸着身子,奔跑着,尖叫着,哭泣着,惊恐万状,一片混乱。海水哗哗往里灌,汹涌湍急,势不可当。轮机火炉被海浪呛得嘶嘶地直喘粗气。

请你用一个词来说一说:这真是( )的时刻!

[①] 劳永逸.《"诺曼底号"遇难记》(第二课时)教学设计[J].小学语文教学,2020(27):46-48.

千钧一发/火烧眉毛/危在旦夕/岌岌可危/命悬一线/迫在眉睫

难怪他要大声吼喝。同学们,从当时千钧一发的说话环境中我们可以感受到哈尔威船长怎样的品质？是的,临危不惧、沉着冷静。

《"诺曼底号"遇难记》运用了大量的语言描写来突出人物的品质,简短有力的对话让人感受到了紧迫、急促的氛围,同时也体现了哈尔威船长的果敢、镇定。课文还运用了对比的手法,在乘客"惊恐万状""你推我搡"时,突出了船长的镇定自若。此外,文章的环境描写,一方面渲染了灾难的气氛,另一方面也烘托出哈尔威船长黑色雕像一般的高大形象。

在《"诺曼底号"遇难记》教学片段中,教师在指导学生找出哈维尔船长语言描写的基础上,通过分析说话的环境来引出对船长品质的总结。这也是写人类文体的一大教学要点的体现——结合文本语境分析人物特点。如《桥》的教学中,也一定要结合洪水侵袭的迫在眉睫的环境描写来引出学生对老汉的人物形象分析,由此来激发学生的情感,自然而然地产生自己的思考。在处理人物特点的归纳时,切不可生搬硬套,一定要回归文本,抓住上下文语境进行分析。

3. 记事类课文教学误区：永远的划分段落归纳事件

在讲授记事类课文时,教师需要引导学生梳理清楚文章的基本脉络,但并不意味着记事类课文教学是千篇一律的划分段落归纳事件,进而忽视了文本内容的具体教学。

如一位老师在上《父爱之舟》时的教学片段：

四、再读课文,理清脉络。(出示课件8)

1. 课文分了几个场景进行描述？哪个场景让你感动？

(梦中出现了父母深夜喂蚕,父亲带"我"住旅店；父亲带"我"去庙会让"我"吃豆腐脑及为"我"做万花筒；父亲雨雪天送"我"上学；鹅山高小为"我"铺床；无锡师范送考；无锡师范送"我"去上学的路上为"我"缝棉被。)

这些场景都显示出父亲对儿子博大的爱。

2. 分小组讨论,概括每段的段落大意。

生总结,汇报

第一部分(1)以梦境开始,引入往事的回忆。

第二部分(2~9)以小舟为线索,写了父亲对"我"满满的爱。

第三部分(10)以梦结尾,首尾呼应,表现出作者对父亲深深的爱意。

在上述《父爱之舟》的教学片段中,教师引导学生理清文章脉络的方式是让学生分小组讨论,概括每段的段落大意。这样的方式并没有对文本关键词句进行分析,没有引起学生与文本更深层次的对话,学生就无法更深层次地理解文章内涵。

4. 记事类课文教学设计要点:分析事件描写,体悟文本内涵

有些文中是通过围绕人物发生的几件事情展示人物品质,表达作者想法的。这些文章教学设计时要抓住事情的发展变化中人物的表现来体会人物品质。典型的课文有《将相和》和六上《我的伯父鲁迅先生》等。如《将相和》就是围绕"完璧归赵""渑池会面""负荆请罪"三个故事中蔺相如、廉颇的各自表现展示两人的品质特点,并从中说明一个道理。

示例:

《我的伯父鲁迅先生》教学设计片段[①]

各小组合作学习作者回忆的关于鲁迅先生的五件事。

学习第一件事:谈《水浒传》

(1)指名朗读课文第二部分,联系上下文理解词语:囫囵吞枣、张冠李戴。

(2)根据学生交流随机出示文字:

• 伯父摸着胡子,笑了笑,说:"哈哈!还是我的记性好。"

• 那天临走的时候,伯父送我两本书,一本是《表》,一本是《小约翰》。

思考:① 伯父的这句话是什么意思?"我"听后有怎样的感觉?

② 伯父送给"我"两本书,说明了什么?

明确:伯父的话实际上是在幽默而婉转地批评"我"读书太马虎,"我"听后感觉又羞愧,又悔恨,比挨打挨骂还难受。说明伯父善于启发教育孩子,连批评孩子时都替孩子想得多。伯父送"我"两本书,也是关心"我",希望"我"能好好阅读,多多阅读。

(3)小结学习方法:读书找疑——互相质疑——合作解疑。

学习第二件事:笑谈"碰壁"

(1)请学生轻声读伯父和"我"谈碰壁的故事,边读边画出不理解的地方。

(2)学生读书找疑,画圈、批注思考。教师深入各小组参与了解情况,指导学生筛选出有价值的问题。

(3)各小组讨论合作解疑,教师对学生正确的理解及时给予肯定和鼓励,并做适时点拨、引导,拓展学生的思维,将学生对问题的理解引向深入。

(4)各组汇报:抓住下面这些语句进行体会:"碰了几次壁,把鼻子碰扁了""四周

[①] 材料来自:https://www.puxuewang.com/xin/201907/17/00044905.html。

黑洞洞的,还不容易碰壁吗?""恍然大悟"。

① 教师点拨:鲁迅的鼻子真的是被墙壁碰扁的吗?肯定不是,它另有所指,"黑洞洞"指什么?"碰壁"又是什么意思?要理解这句话,就得了解当时的社会背景。

② 投影出示小资料,学生阅读,读后再谈理解。

小资料:鲁迅生活的时期,正是国民党反动统治最黑暗的时期,劳动人民过着饥寒交迫、暗无天日的悲惨生活。鲁迅先生写了许多文章,抨击国民党反动派的黑暗统治,号召人民奋起抗争,引起反动派极度恐慌,他们千方百计地查禁鲁迅的作品,不允许发表,而且对他本人进行了残酷的迫害。鲁迅先生先后更换了一百多个笔名,巧妙地坚持用笔进行战斗。许多关心鲁迅的人都劝他躲一躲,但他仍然坚持参加各种活动,而且有时出门不带钥匙,意思是随时准备牺牲。

③ 再读原句,结合资料谈体会。

从"笑谈'碰壁'"这件事中,你体会到了什么?

(体会到鲁迅先生不怕碰壁的顽强斗争精神和乐观主义精神。)

(5) 体会文中关于人物的动作、神态、语言描写的生动性。

小结:这个故事主要通过人物对话来描写人物,对人物的动作、神态也进行了生动的描写。请同桌之间分角色朗读课文,并发挥想象表演出当时的情景。

学习第三件事:笑放花筒

(1) 请学生默读课文第四部分,画出描写鲁迅先生表情的句子,思考问题。(教师出示课件)

思考:作者写鲁迅先生脸上的表情是为了表现什么?塑造了鲁迅先生怎样的形象?

(2) 学生独自思考,交流答案,教师适当补充。

交流预设:

生1:鲁迅先生脸上的表情"那么慈祥,那么愉快",可见他跟孩子们一起放花筒时是非常开心的。

生2:鲁迅先生给人的感觉一直是严肃的,但从放花筒这件事可以看出他热爱生活,很享受和家人团聚的时光。

生3:可以看出鲁迅先生的慈爱,给人的感觉既亲切又真实。

小结:这个故事很简单,学生通过抓住对鲁迅先生的描写就能感知他不为人知的一面。

学习第四件事：救助车夫

过渡：鲁迅先生对敌人怀着满腔仇恨，对劳动人民怀着无比热爱之情，请同学们用学习上段的方法，来学习鲁迅先生和"爸爸"救助车夫的故事。

(1) 学生默读课文，找疑难问题。教师深入小组给予具体帮助，将默读训练落到实处，各小组互相质疑，合作解答。教师巡视，对能力较弱的小组重点引路，教给方法；对表现突出的小组，引导他们解决重难点，鼓励探索创新。

教师提示：抓住"饱经风霜""扶、夹、洗、敷"等一系列动作体会鲁迅关心车夫（劳动人民）的品质。

重点解决：鲁迅先生救助车夫之后，为什么变得那么"严肃"，还"深深地叹了一口气"？抓住"按""半天没动"等词语体会鲁迅先生沉重的心情。

点拨：联系当时的社会背景，这几天车夫无法拉车挣钱，他们家就没有吃的，鲁迅先生给他钱让他买吃的，还给他药，让他自己换药。可见鲁迅先生想得十分周到，对劳动人民非常关心。

(2) 学生交流："伯父'半天没动，最后深深地叹了一口气'，他在为谁叹息呢？"

生1：他在为那位车夫叹息！因为在那么冷的天，他光着脚在路上跑，脚都受伤了。

生2：他在为我们国家叹息！因为当时的社会非常黑暗。

生3：他在为劳动人民叹息！因为劳动人民的生活苦不堪言。

生4：他在为自己叹息！因为自己有时候很无奈，救助了一个黄包车车夫，却还有千千万万像这个黄包车车夫一样的劳苦大众，自己却无能为力。

学习第五件事：关心女佣

(1) 指名朗读课文最后一部分，共同做批注。

(2) 朗读自己批注的语句，并谈一谈自己的感受。

(3) 齐读课文最后一个自然段，思考"别人"是指哪些人？（黄包车车夫、女佣阿三等劳动人民。）

(4) 写法盘点：首尾呼应。

教师：文章开头提到"那时候我有点惊异了，为什么伯父得到这么多人的爱戴？"原因就是——对，就是结尾"的确，伯父就是这样的一个人，他为自己想得少，为别人想得多"。同学们读课文的时候，要注意前后对照，从内容与结构上彻底读懂它。

板书设计：

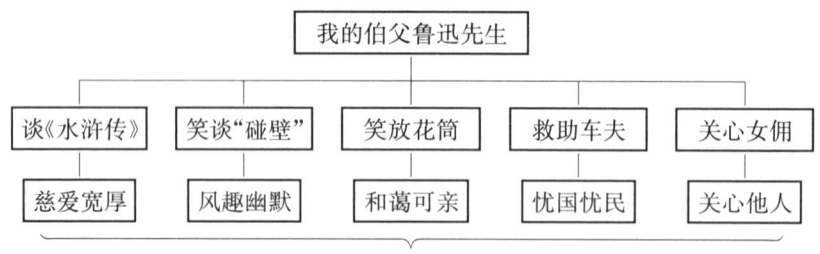

```
                    ┌─────────────────┐
                    │ 我的伯父鲁迅先生 │
                    └─────────────────┘
      ┌──────┬──────────┬──────┬──────┬──────┐
   ┌─────┐ ┌──────┐ ┌──────┐ ┌──────┐ ┌──────┐
   │谈《水│ │笑谈  │ │笑放  │ │救助  │ │关心  │
   │浒传》│ │"碰壁"│ │花筒  │ │车夫  │ │女佣  │
   └─────┘ └──────┘ └──────┘ └──────┘ └──────┘
   ┌─────┐ ┌──────┐ ┌──────┐ ┌──────┐ ┌──────┐
   │慈爱 │ │风趣  │ │和蔼  │ │忧国  │ │关心  │
   │宽厚 │ │幽默  │ │可亲  │ │忧民  │ │他人  │
   └─────┘ └──────┘ └──────┘ └──────┘ └──────┘
```

为自己想得少，为别人想得多

图2-4 《我的伯父鲁迅先生》板书设计

《我的伯父鲁迅先生》就是通过"谈《水浒传》"，笑谈"碰壁"，笑放花筒，救助车夫，关心女佣这5件事情中伯父的表现，来展示伯父的品质。因此，这类文章要能概括事件，深入事件中人物的表现，并把这些事件联系起来，全面理解人物品质，理解文本。

模块三 设计实践

1. 案例反思：经过模块二的学习，你重新评价模块一中的案例，并加以学理说明。

2. 动手实践：

任务一：请对三上27课《手术台就是阵地》进行教学设计，内容包括教材分析、学情分析、教学目标、重难点、教学过程、板书设计。

实践建议：

第一步，厘清课标对写人记事类文章教学的要求。

第二步，分析《手术台就是阵地》课文所处教材地位及教材编排特点。

第三步，分析学情，思考适合学情的教学目标、内容及方法。

第四步，小组讨论，确定教学目标。

第五步，设计教学过程时，考虑与目标的匹配性及教学过程本身的逻辑性。

第六步，设计一个合于目标学情的板书。

第七步，赶紧行动吧！

任务二：请对五下《军神》进行教学设计，内容包括教材分析、学情分析、教学目标、重难点、教学过程、板书设计。

任务三：小组研讨中年级写人记事类文章教学设计和高年级的有何异同。

模块四　资料链接

一、推荐阅读

1. 苏泉月.写人记事类记叙文的阅读策略[J].基础教育研究,2018(21):57.

在《写人记事类记叙文的阅读策略》中说到写人记事类记叙文的评价可从三个方面入手。一是评价人物形象。读了《将相和》一文后,谁给你留下的印象最深刻?或者你认为蔺相如/廉颇是个怎样的人?二是评价事理观点。学了《为人民服务》后,请结合生活事例谈谈哪些人的死是重于泰山的,哪些人的死是轻于鸿毛的?三是语言的评价。从语言逻辑的合理性、语言的表现力、修辞的表达效果去评价和学习。

2. 佟征.记叙文的语言特点研究[J].中国校外教育,2015(03):78-79.

在《记叙文的语言特点研究》中指出写人为主的记叙文是把人作为主要记叙对象,通过对人物的外貌言行心理活动生活片段的描写来刻画人物形象,反映某个人或某些人的思想品德精神面貌。

3. 孙永平.写人记事类散文阅读方法例谈[J].文学教育(下),2015(06):92.

在《写人记事类散文阅读方法例谈》中指出写人记事类文体,人与事是作者感情的载体,因而必须通过作者言说的人和作者与他之间的事去解读作者的情感。

4. 吴敏.指向口语表达的阅读教学策略——以写人记事类文章为例[J].教学月刊小学版(语文),2017(06):37-38.

写人记事类文章在语文教材中所占比重大,具有叙述生动、形式灵活的特点。阅读教学此类文本时,教师可结合口语交际能力的训练,创设文境、课境,引导师生、生生有效对话,让学生在具体的语言实践中学习表达、感悟积累、模仿运用,从而提高他们语言文字的运用水平,提升口语表达能力。

二、推荐案例

《少年闰土》教学设计[①]

【教学目标】

1. 抓住对闰土语言、动作的描写,体会闰土的人物特点。

2. 通过情感曲线,体会"我"的情感变化,感受"我"对闰土的怀念之情。

---

① 张华毓,黄静.《少年闰土》教学设计[J].语文教学通讯,2016(36):46.

3. 通过阅读,初步感受鲁迅小说的语言特点。

【教学过程】

一、预学交流,梳理脉络

1. 结合预学单,说说文章围绕少年闰土写了"我"和他之间的哪些事?(学生填写卡片)

2. 小组汇报,在交流中整理出"忆闰土—盼闰土—见闰土—识闰土—别闰土"这一文章脉络。

二、聚焦"刺猹",走近人物,感受表达

1. 聚焦"刺猹",引导共学。

(1) 在这些内容中,至今让"我"念念不忘的是哪个部分?(将"识闰土"卡片上移)看来这部分是小说的高潮。

(2) "识闰土"部分讲了几件趣事?哪件事作者着墨最多?

(3) 聚焦"刺猹",出示共学单:

小组合作,自学8—14自然段,看看作者是怎么写这个刺猹少年的。

提示:关注用词,关注标点,关注对话。

汇报要求:紧扣文本,讲出依据。

(4) 小组合作共学、汇报。

① 关注细节,从"走路的人口渴了摘一个瓜吃,我们这里是不算偷的",体会闰土的淳朴与善良。

② 关注用词,从"捏""轻轻地""刺"体会用词之准确、生动及少年闰土的机智、勇敢。

③ 有感情朗读,重现"刺猹"场面。

④ 关注标点——省略号:省略号省略了什么?按说,省略的内容应该是最精彩的,怎么就省略不写了呢?联系下文,想想两个省略号部分应该写什么。

⑤ 对照理解"我并不知道""我素不知道",对比体会我的"一无所知"与闰土的"无所不知",感受"我"的羡慕、向往。

(5) 关注对话,体会白描手法。

① 对话几乎没有提示语,读一读,有什么感受?

② 学习并体会白描的写作手法。

(6) 分角色朗读体会人物心情,感受人物形象。

2. 聚焦"刺猹",走进"忆闰土"。

(1) 课文只有8—14自然段写了刺猹吗?品读第一自然段,想象画面。

(2) 对比阅读,体会写法。

① 细心的你一定会发现,这部分和刚刚品读的自然段重复吗?为什么?

② 原来这"忆闰土"和"识闰土"里面同样藏着丰富的情感,你觉得它的位置——(指名学生移动卡片)

三、感受详略,体悟结构

1. 既然一件刺猹的事已经把闰土的形象写出来了,作者还写其他事有何用意?

2. 默读,从"捕鸟""拾贝""看跳鱼儿"中任选一件事谈感受。

四、个性签名,书写印象(略)

五、延读升华,回归主题

1. 感受分别:正因为闰土带给了文中的"我"那么多美好、难忘的回忆,那么之后的分别一定也是格外难过的(指名读结尾段)。"我"为什么大哭?

2. 此时的"我",情绪低落到极点,"别闰土"的位置该怎么摆?

3. 沿着这样一条起起伏伏的情感曲线,我们一起走进了那段美好的少年时光。然而相聚总会分别,这一别就是三十年,同学们想知道三十年后的闰土又是什么样子的吗?

4. 课后延读:去读读《故乡》吧,在阅读中你会发现,作家深沉的回忆里总是充满丰富、复杂的情感。

童话神话寓言故事类文本阅读教学设计
童话教学设计

模块一 课例研讨

案例2-4 《那一定会很好》教学设计(三年级上册)
宁波市中城小学 王云聪

一、直接入题

1. 引语:这个单元,我们接触到了不少童话故事,你对哪个故事印象最深刻?说说你的理由。

2. 揭示课题:今天这节课的主人公,是一颗小小的种子,它许下了一个又一个美好的愿望。让我们一起来学习一篇童话故事,一起读课题《那一定会很好》。

二、对照提示,明晰任务

1. 师:这是一篇略读课文,请大家先默读"学习提示",看看这节课要解决什么学习任务,标上序号。

2. 学生自读,交流反馈,明确两个任务。

三、整体感知,了解历程

1. 过渡:现在就让我们快速默读课文,找一找从种子到木地板,它经历了哪些改变。把词语圈出来,再填进学习单的导图里。

2. 拍照上传,板贴词卡,你能借助导图来说一说主人公的历程吗?

点评角度(用上了合适的连接词,用上了合适的动词)指名读,自己练读。

四、借助词语,复述历程

(一)种子长成了一棵树

1. 过渡:通过刚才的学习,我们顺利地完成了第一个学习任务。那么这段神奇的历程,究竟是怎样发生的呢?我们先来看看1—3自然段,这是种子长成大树的一段历程。请大家默读第一自然段,想一想,你读懂了什么?

2. 交流汇报。

(1)我知道了种子很难受,他被泥土紧紧地包裹着。

评价总结:你抓住了"难受"这个关键词,这就是种子当时的情况。(板贴:难受)

(2)我知道了种子希望自己能站起来,呼吸空气。

评价总结:是的,这其实就是种子的愿望。(板贴:站起来)

(3)前一句在说种子当时的情况,后一句在说它的愿望,读一读,你发现两句话之间的关系了吗?

(4)学生用"因为……所以"串联了两句话的关系。

评价总结:了不起,你用"因为……所以"把两句话串联起来了。谁再来说说看?(再指名)同学们,这就是种子产生愿望的过程。(板贴:产生愿望)

3. 过渡:让我们继续往下看,请大家默读第二段,又在讲什么呢?

4. 交流汇报。

预设1

(1)这一段在写种子是怎么长成一棵树的。(是怎么实现愿望的)

评价总结:正如你所说,这一段是写实现愿望。(板贴:实现愿望)

预设2

(1)这一段是写种子努力生长,终于钻出地面。

评价总结:是啊,这其实就是种子实现愿望的过程。(板贴:实现愿望)

(2)那么种子是如何实现愿望的呢?请大家默读这一段,圈出种子实现愿望的动词。

(3)反馈动词,相继板贴:(努力生长)、长出、钻出、站在。

(4)小结:作者用了一连串的动词,说清了实现愿望的过程。

5.总结:(手点板书)刚才的学习中,我们一边读一边圈出关键词,发现在这段历程中,作者先写了种子产生愿望的原因,再写了它的愿望是什么,然后写种子是如何实现愿望的过程。现在,你能用上这些关键词,来说一说种子长成大树的这段经历吗?

6.学生复述1—3自然段。(指名复述,同桌复述)

(二)由扶到放,合作学习

过渡:接下来,主人公又产生了什么样的愿望,又是如何实现的呢?让我们四人小组合作着来学习后面的历程吧。

1.布置四人小组任务:

(1)每个小组仔细阅读学习单,按要求默读其中一个愿望所在的自然段,圈出"产生愿望"和"实现愿望"两部分内容的关键词。

(2)书写员完成学习单上的导图。

(3)每个组员借助导图,来说一说这段历程。

(4)选派代表,做好上台交流的准备。

2.学生合作学习4—12自然段

3.PPT呈现学习单和文本

这是第1小组填好的导图,研究的是"从XX做成XX"的历程,有不同意见吗?(有,就辨析一下,没有就直接复述)

代表直接看着导图复述,老师板贴词卡。(讲得不好再讲一个)

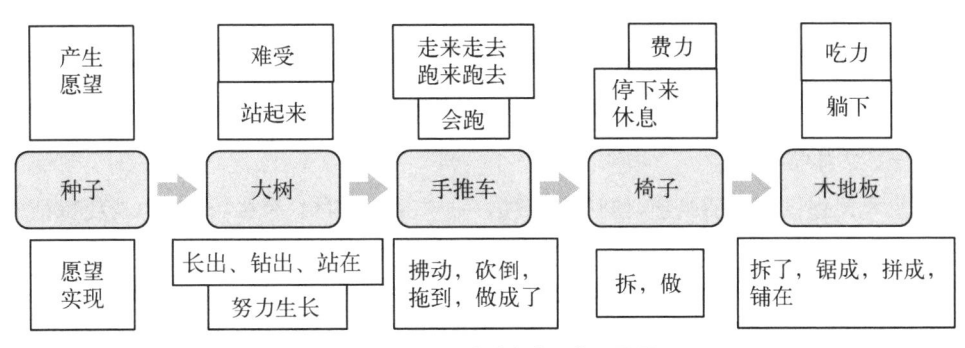

图2-5 《那一定会很好》学习导图

4. 总结：刚才，我们通过提取关键信息，理清楚了主人公的人生历程。接下来，老师请几个同学，一起合作着来讲一讲。（接龙复述）

5. 听着这几个同学的发言，你想不想也挑战一下，讲一讲这个故事呢？借助板书，请大家自己试着完整地来说一说这个过程吧。（自己练习——指名1或2个）

五、感受想象，展开想象（为机动部分）

1. 过渡：现在让我们回到课文，课文中除了主人公的人生历程，还写到了些什么呢？

2. 引导学生发现：故事中还有种子实现愿望以后的心情。（7和12段点红）

3. 读一读这两段话，你感受到什么？

（1）愿望实现以后，是多么幸福和满足啊！（指导朗读）

（2）加入了这些段落，故事就更加有趣了。（指导朗读）

4. 故事的主人公像人一样，会许愿，也会因为心愿实现而感到幸福。这都是作者展开丰富的想象写出来的。

5. 尝试补白：请你也展开你的想象，说一说我们的主人公在实现这两个愿望的时候，内心的想法吧。

过了很多个日子，它长成了一棵高大的树。站在地面上，_____。（图片提示）

农夫和儿子用拆下来的旧木料做了把椅子。椅子放在客厅里。_____。

六、教师小结并推荐阅读

今天我们学习了一篇有趣的童话故事。像这样的童话，还有很多很多。（PPT出示），这些童话的想象也非常丰富。相信你一定会喜欢这些故事的。

问题讨论： 1. 童话教学设计的关键词是什么？

2. 童话神话寓言教学设计的共同点和不同点在哪里？

模块二　学理阐释

一、文体特点

洪汛涛提供了童话概念，他认为"童话——一种以幻想、夸张、拟人为表现特征的儿童文学样式。"[1]韦苇将童话定义为"以儿童为读者进行创作和再创作的，将荒诞性

---

[1] 洪汛涛.童话学(讲稿)[M].合肥：安徽少儿出版社,1986.

和真实性相结合的故事"。① 蒋风提出"童话是以奇异的幻想、极度的夸张、多彩的象征色调构成的一种具有独特审美价值的虚幻故事。"②可见,童话是儿童文学的一种,丰富的想象是它的特征,是为儿童所作,童话又往往采用拟人的方法,举凡鸟兽虫鱼、花草树木,整个大自然以及家具、玩具都可赋予生命,注入人的思想感情,使它们人格化。语言通俗、生动,故事情节往往离奇曲折,引人入胜,对儿童进行审美和思想教育。

神话是由人民集体口头创作,通过神奇的想象,表现对超能力的崇拜、斗争及对理想追求及文化现象的理解与想象的故事,属民间文学的范畴,具有较高的哲学性、艺术性。千百年来一直是文人墨客与民间艺人进行创作的不朽源泉,对后世影响深远。

寓言是用比喻性的故事来寄托意味深长的道理,给人以启示的文学体裁,字数不多,但言简意赅。故事的主人公可以是人,也可以是拟人化的动植物或其它事物。

小说是以刻画人物形象为中心,通过完整的故事情节和环境描写来反映社会生活的文学体裁。人物、情节、环境是小说的三要素。与其他文学样式相比,小说的容量较大,它可以细致地展现人物性格和人物命运,可以表现错综复杂的矛盾冲突,同时还可以描述人物所处的社会生活环境。优势是可以提供整体的、广阔的社会生活。人物的核心是思想性格,人物描写的角度有正面描写和侧面描写。正面描写包括外貌、语言、动作、神态、心理等,侧面描写通常以他人或事物来反映该人物,又叫侧面烘托。故事情节是指作品所描写的事件发展,演变的全过程,故事情节的一般结构:(序幕)—开端—发展—高潮—结局—(尾声)。在作品中,情节的安排决定于作者的艺术构思,并不一定按照现实生活中的事件发生、发展的自然顺序,有时可以省略某一部分,有时也可颠倒或交错。环境描写是指对人物活动的环境和事情发生的背景作描写。环境描写分为自然环境和社会环境。自然环境描写是指对人物活动的时间、地点、季节、气候及花草鸟虫的描写,作用是渲染故事气氛、烘托人物形象、推动情节发展、暗示社会环境、深化作品主题;社会环境描写是指对人物活动的具体背景、处所、氛围以及人际关系等作描写,作用是交代人物的生存环境、交代人物的社会关系、交代作品的时代背景。

二、课标要求

第一学段:阅读浅近童话、寓言、故事,向往美好的情境,关心自然和生命,对感兴趣

---

① 韦苇.外国童话史[M].南京:江苏少年儿童出版社,1991:3.
② 蒋风.儿童文学教程[M].山西:希望出版社,1993:338.

的人物和事件有自己的感受和想法,并乐于与人交流。第二学段:能复述叙事性作品的大意,初步感受作品中生动的形象和优美的语言,关心作品中人物的命运和喜怒哀乐,与他人交流自己的阅读感受。第三学段:阅读叙事性作品,了解事件梗概,能简单描述自己印象最深的场景、人物、细节,说出自己的喜爱、憎恶、崇敬、向往、同情等感受。

从课标要求看,童话神话寓言小说等叙事性作品教学时要抓住了解事件梗概、文中优美的语言、感受作者的情感并交流自己的感受。

三、统编教材分析

(一)教材选文编排特点

统编本选文从三个方面编排,一是单篇课文分布在各册各单元中。童话如一年级下《小猴子下山》、二年级上《纸船和风筝》;神话如二年级下《羿射九日》;寓言如二年级上册《狐假虎威》《坐井观天》、二下《小马过河》等。二是课文放在课外阅读中。童话如三上快乐读书吧《安徒生童话》等,寓言如二上我爱阅读《刻舟求剑》,神话如四上语文园地《嫦娥》等。三是课文按照文体编排。如三上童话单元、三下寓言单元、四上神话单元。从统编教材选文编排看,作者期望通过第一学段零星地感受文体,过渡到二三学段有意识地引导学生对这类文体的整体认识,并学会课外阅读迁移。

(二)教材单元导语、课后练习编排

三上第三单元是童话单元,导语是"感受童话丰富的想象"。该单元《去年的树》课后练习"联系课文展开想象,试着走进鸟儿的内心世界,说说鸟儿在想些什么"。三下第二单元是寓言单元,单元导语是"读寓言故事,明白其中的道理"。该单元《陶罐和铁罐》课后练习是"默读课文,说说陶罐和铁罐之间发生了什么故事。""从陶罐和铁罐不同的结局中,你明白了什么道理?"四年级上册第四单元是神话单元,该单元的选文是4篇中外经典神话故事。单元导语是"了解故事的起因、经过、结果,学习把握文章的主要内容和感受神话中神奇的想象和鲜明的人物形象"。该单元《盘古开天地》课后练习"边读边想象画面,说说你心目中的盘古是什么样的""从课文中找出你认为神奇的地方,说说盘古开天地的过程。"

四、童话教学设计要点

1. 童话教学误区

一是追求意义,忽视意思。意义属于道德范畴,意思是文学的命题。有意思的,一定有意义,有意义的却不一定有意思。在小学童话教学中,我们面对的是一群群天真可爱稚嫩的儿童,阅读的又是一篇篇富有想象力的有趣的童话。应让儿童感受到这个童话的有趣,有意思,阅读童话那种美好喜悦的感觉,不也是一件很有意义的事情吗?而且很多童话它并不一定要总结出一些道理。比如二年级《蜘蛛开店》,说明一个什么道理呢?是说明蜘蛛害怕困难,没有坚持精神,说明蜘蛛没有责任感,只想简单害怕麻烦。说明蜘蛛有爱心,再贵重的东西也只卖一元钱等等,这些都太牵强了。儿童只是觉得有趣滑稽,阅读很有兴趣,这也是童话阅读的目标之一。

二是追求表演,忽视文本。很多一线老师在设计童话教学时,会强调它的趣味性,所谓的趣味性就会体现在各种教学手段的应用,比如说老师带着面具头饰上课、学生上台表演等。需要质疑的是,过多的外在道具应用会不会分散学生的注意力?另外很多老师往往只是为了表演的有趣、生动而忽视文本、脱离文本中的语言。如《蜘蛛开店》,很多老师上课时,让学生上台表演,并让学生来设计对话,想一想蜘蛛是怎么和河马长颈鹿蜈蚣对话的。这个看上去顺理成章,实际上很容易造成脱离文本的瞎猜,忽略对文本中的语言的体会。文中的很多文字是需要小朋友们去体验的,比如河马的嘴巴、长颈鹿的脖子、蜈蚣的脚,包括蜘蛛的寂寞、无聊、累趴下等等,体验起来趣味无穷。

2. 童话教学设计注意点

一是抓住想象,进行言语实践。童话的文体特征是丰富的想象,鸟会唱歌树会说话,通过想象虚构曲折离奇的故事,告诉儿童一个道理或获得一种审美。童话教学设计一定要通过想象体会人物心情感受人物或自然的命运。

如《去年的树》教学片段:

展开想象、再次体会鸟和大树之间深厚的友谊:

(一)自由读课文

历经艰辛万苦,鸟儿终于找到了自己的朋友大树,可它已经不再是以前的大树,已经成为了灯火。

展开想象:

1. 鸟儿惊讶地睁大眼睛,盯着灯火看了好大一会。它在想什么?

2. 大树已经变成了灯火,可鸟儿依然为它唱了去年唱的歌,它为什么要这么做?从这里你看出这是一只什么样的鸟儿?

3. 唱完了歌,鸟儿又对着灯火看了一会。它在想什么?

（二）小组讨论,自由说,代表展示

（三）教师点拨小结

二是紧扣文本,进行趣味设计。童话的有趣应该紧紧扣住童话课文本身,课文本身之外的一切都是补充辅助。换句话说,即使没有你想到的这些课外辅助的东西,也不会损害课文本身的趣味性。离开了文本的有趣是无趣之举,是本末倒置了。

3. 童话教学方法

一是朗读童话。可以采取朗读的方式,让学生感受到童话语言的魅力,故事情节的趣味性。比如《去年的树》可以让学生进行分角色朗读,有种角色代入感,让学生体会鸟儿与树的感情。

二是听讲童话。可以听老师讲故事,也可以让学生试着来讲这个故事。因为童话当中,特别是第一学段的,有很多是结构的反复性。

三是演绎童话。表演是一种综合性的学习策略与活动,比如三上《在牛肚子里旅行》,可以让学生表演的方式来体验红头在牛肚子里被折磨、受到青头安慰,这样的演绎,让小朋友感受那份珍贵的友情。

四是议论童话。交流能够让学生的思维相互碰撞,进而加深和丰富对童话的感受理解。比如《去年的树》,统编教材安排与《那一定会很好》进行比较,反复比较发现异同。

五是阅读童话。从这一篇走向一本书,整本书阅读。阅读童话可以是同一个主题的多篇阅读,也可以是同一个主创作家的多篇童话阅读。

六是改写童话,可以续写童话,改写童话,创编童话。

模块三 设计实践

1. 案例反思:经过模块二的学习,你重新评价模块一中的案例,并加以学理说明。

2. 动手实践:

任务一:请对二下21课《青蛙卖泥塘》进行教学设计,内容包括教材分析、学情分析、教学目标、重难点、教学过程、板书设计。

任务二:请对四下26课《巨人的花园》进行分课时版教学设计,内容包括教材分析、学情分析、教学目标、重难点、教学过程、板书设计。

任务分解1:思考童话教学的特点?

任务分解2:《巨人的花园》教材特点?

任务分解 3：就设计要求进行"裸备"。

任务分解 4：结合自己的"裸备稿"，查阅相关设计稿，完善定稿。

任务三：小组研讨低年级童话教学设计和中年级的有何异同。

模块四　资料链接

一、推荐阅读

1. 朱自强.小学语文儿童文学教学法[M].南昌：二十一世纪出版社集团，2015：133.

在《小学语文儿童文学教学法》一书中提出了许多儿童文学教育过程中需要遵循的原则。作为中国首部儿童文学教学法的倡导者，他认为儿童文学阅读教学必须遵循六大教育原则：趣味性、感化性、整体性、人文性、意义生成、形式分析。他将趣味性放在这六大原则之首，其实也是在强调小学语文童话阅读教学，需要发展的点是彰显童话的趣味，让儿童从童话教学中感受到童话阅读的快乐。

2. 周作人.儿童文学小论[M].商务印书馆，2018.

在周作人的《童话概论》中，童话研究当以民俗学为据，探讨其本原，更益以儿童学，以定其应用之范围，乃为得之。童话本质与神话、世说实为一体。童话大致可分为，纯正童话和游戏童话。童话取材既多怪异，叙述复单简，率尔一读，莫名其旨，古人遂以为荒唐之言，无足稽考，或又附会道德，以为外假谰言，中寓微旨，如英人之培庚，即其一人。

童话应用于教育，今世论者多称有益，顾所主张亦人人殊，今第本私意，以为童话有用于儿童教育者，约有三端。（一）童话者，原人之文学，亦即儿童之文学，以个体发生与系统发生同序，故二者，感情趣味略相同。今以童话语儿童，既足以餍（厌）其喜闻故事之要求，且得顺应自然，助长发达，使各期之儿童得保其自然直本相，按程而进，正蒙养之最要义也。（二）凡童话适用，以幼儿期为最，计自三岁至十岁止，其时小儿最富空想，童话内容正与相合，用以长养其想象，使即于繁复，感受之力亦渐敏疾，为后日问学之基。（三）童话叙社会生活，大致略具，而悉化为单纯，儿童闻之，能了知人事大概，为将来入世之资。又所言事物及鸟兽草木，皆所习见，多识名物，亦有裨诵习也。

3. 陈伯吹.儿童文学简论[M].武汉：长江文艺出版社，1982.

童话是文学部门中比较特殊的艺术形式的一种体裁。它根植于现实生活。在现实生活这一基础上，通过幻想，用假想的或象征性的形象来表现事物和现象的"超自然"力量；在艺术表现手法上，一般多采用"拟人的"——也就是让动、植、矿物等披上了人类的外衣,并且赋予了人类的思想和意识,像人类一般的生活着、活动着。它是个体创造出来的假想的故事。

4. 蒋风.新编儿童文学教程[M].杭州:浙江大学出版社,2013.

从艺术形象分:一是采用拟人化的手法,以动物、植物或无生命物作主人公的"拟人体"童话。二是借助于神仙、精灵或某种神奇的魔法或宝物来展开神异的故事情节的"超人体"童话。三是描写一般的普通人的日常生活和斗争的"常人体"童话。这类童话中既没有人格化的生物或无生命物,也没有出现神魔鬼怪,登场的人物是生活中常见普通人物。但作品的人物都作了极度夸张的描写,他们的性格、行为、遭遇往往都有点不平凡、有点异于常态,但在本质上又是真实可信的。

二、推荐案例

《纸船和风筝》教学设计[①]

(一)教学目标

1. 巩固复习"风筝、松鼠"等11个词语,正确书写"折、扎、抓"三个生字。
2. 继续学习默读课文,感受友谊带来的快乐,对如何交朋友和维护友谊有所感悟。
3. 正确、流利、有感情地朗读课文。

(二)教学重点、难点

继续学习默读课文,感受友谊带来的快乐,对如何交朋友和维护友谊有所感悟。

(三)教学设计

一、复习巩固词语,强化识字方法

1. 齐读课题。

同学们,这节课我们继续学习《纸船和风筝》这个童话故事,请大家齐读课题。

(生自主练习,卡片跟读)

2. 同桌互学。

大家的声音真洪亮,小松鼠也被你们吸引过来了。瞧,它还带了卡片礼物,就在你的信封里。请你和你的同桌读一读这些卡片吧!

3. 火眼金睛游戏。

这些词语你都会读了吗?我们一起做个小游戏。请你把手里的松果卡片摆在桌

[①] 张玉,刘燕君.《纸船和风筝》教学设计及评析[J].小学语文教学,2019(21):43-45.

子上,竖起耳朵认真听,老师念到哪个词语,你就举卡片跟读。我们比一比哪个小朋友找得又快又准。

4. 指导书写。

扎风筝、折纸船中还藏着三个生字宝宝呢,我们一起写一写。

(1) 自主观察,分析字形特点。

老师告诉你,观察左右结构的字,有三看:一看宽窄,你发现什么了。二看高矮,你又发现了什么。三看重点笔画。请你记在心里。

(2) 生自主观察,分析字形特点,都是左右结构。

(3) 教师范写"扎、折、纸"。

(4) 自主练习、评价、修改。描一个写一个。

学生互评修改。

(设计意图:一开课,学生就化身故事中的小松鼠,一下子把他们带入到童话世界中。很容易吸引他们的注意力,激发他们的学习兴趣,在游戏中巩固识字,强化字音,强调写法。)

二、自由读文,整体回顾

1. 自由读文。

2. 指名读第1自然段。

在上节课,我们认识了一对好朋友,他们是谁呢?(松鼠和小熊)他们住在一座山上,(板画)我请一名同学读读第1自然段,再请两名同学随着他读,到黑板上贴一贴,把松鼠和小熊送回家。其他同学请认真听,仔细看他们读的、贴的对不对。

3. 学生合作,一名学生读第1自然段。两名学生贴画。

(设计意图:以读代讲,图文结合,带领学生走进文本。)

三、创设情境,指导朗读,体会真情

1. 对比朗读,想象画面。

(1) 教师引读,创设情境。松鼠折了一只纸船,放在小溪里。纸船漂哇漂,漂到了小熊家门口。

(2) 对比演绎,展现画面。

老师想把句子改得简单一点,你看这样改好吗?

纸船漂到了小熊家门口。纸船漂哇漂,漂到了小熊家门口。

(学生朗读体会)

现在请你来读,老师来做动作,其他同学请瞪大眼睛,看看老师手中的纸船漂得对不对。(一生朗读,其他学生仔细看老师手中的纸船漂得对不对)

你读得真不错,纸船就是这样漂哇漂,慢慢地顺着小溪漂到了小熊家门口。

(3)合作演绎,读出画面。

请你自己也试着一边读,一边做做纸船漂流的动作。(学生自由练习,自己做动作,朗读体会。全班齐读)

2.情境朗读,体会真情。

(1)在朗读中感受真诚祝福。

教师引读:小熊拿起纸船一看,乐坏了。纸船里放着一个小松果,松果上挂着一张纸条,上面写着:"祝你快乐!"

这是松鼠发自内心的祝福。怎么读?请三位同学先读,然后大家一起读。

(2)以读代讲,想象画面,体会真情。

小熊也想折一只纸船送给松鼠,可以吗?

(生:"不行,纸船不能漂到山上去。")

那怎么办呢?我们一起合作读读这一自然段,一个同学读黑色字,我们一起读红色字。

(师生合作读)

(3)语境中辨析形近字。

引导学生在交流评议中辨析形近字。纸船漂哇漂,风筝飘哇飘,它们都有点忘了自己是哪个"piāo"了?你能帮帮它们吗?

纸船在水里漂,所以是三点水的漂。风筝在风中飘荡,所以是风字旁的飘。

我们的汉字多奇妙啊,只要你做个有心人,一定会发现汉字更多的秘密。

(4)师生接读。

风筝飘来了。让我们一起完整地读一读这一部分,用心去体会他们之间美好的友谊。

老师来读第1、6自然段,请四名同学读读2—4自然段。

(生读)

小结:小熊和松鼠把自己最爱吃的食物送给对方,还送上了最真诚的祝福,我想这就是小朋友之间最美好的友情吧!

(设计意图:教师借助多种方式指导学生朗读,通过师生互动、生生互动,帮助学生在读中感悟画面,把话变画。培养学生自主观察识字的能力,激发学生的识字兴趣。)

四、两次默读,思考标画,感受心情

1. 第一次默读,提取信息。

吵架之后,小熊和松鼠都是怎样的心情?他们又是怎样做的呢?这段话特别适合静静地读,用心去体会。还记得默读的要求吗?请你默读第8、9自然段,画一画吵架后小熊和松鼠都做了什么。

(学生回忆默读要求,默读后标画信息。指名读,学生反馈交流)

我请两位同学用读的方式告诉我们,吵架之后,他们的心情怎么样,又做了些什么。(指名读,反馈标画信息)

2. 第二次默读,走进人物内心。

吵架之后他们都很难过,小熊每天扎一只风筝,松鼠每天折一只纸船。请你再次默读这两段,想一想他们每扎一只风筝、每折一只纸船的时候心里在说些什么。

(和同桌交流想法。学生分组上台展示,交流想法)

(设计意图:创设情境,多种形式朗读,以读代讲,让学生在愉悦、生动的情境中学习课文。同时巩固默读练习,帮助学生走进人物内心,体会人物情感。)

五、情境中,练习写话

1. 教师引读,感悟友谊。

难道小熊和松鼠的友谊到此结束了吗?

(生:"没有,小松鼠放了纸船。")

最后,小松鼠终于受不了了。他在折好的纸船上写了一句话,把纸船放到了小溪里。松鼠写了什么,读读这句话:如果你愿意和好,就放一只风筝吧!

你们读懂了什么?我们再一起读读这句话,读出松鼠的期盼和想念。

2. 情境中写话。

那小熊读到这句话是怎么做的呢?他不但放了一只风筝,还想写一张卡片送给松鼠,他会写什么呢?请你替他写一写吧。

3. 师生对读交流。

教师扮演小松鼠,学生扮演小熊,读信。

小结:你们这些心里话随着风筝向山顶飘去,松鼠正站在山顶望呢,盼呢,看到飘荡的风筝高兴得哭了。

在这冬日里,我们也被他们之间美好的友情温暖着。回去之后,和你的好朋友一起读一读、讲一讲、演一演这个故事。

(设计意图:充分调动学生参与的热情,激发学生写话的欲望,落实课后写话练习,学生表达自然流露,水到渠成。在实践中培养了语文关键能力,激发了学生对美好友情的认识。)

神话教学设计

模块一 课例研讨

案例2-5 《女娲补天》教案设计(四年级上册)

宁波大学2017级小学教育专业 王宇星

一、教材分析:

《女娲补天》是统编版小学语文四年级上册第四单元的一篇略读课文,本单元以"神话"为主题,单元语文要素为"了解故事的起因、经过、结果,学习把握文章的主要内容""感受神话中神奇的想象和鲜明的人物形象"以及"展开想象,写一个故事"。

《女娲补天》讲述了女娲为了拯救处于水深火热中的人们,冒着生命危险补天的故事,赞扬了女娲勇敢、善良和不怕危险、甘于奉献的精神。这篇神话故事是按照事情发展的顺序写的,分别写了女娲补天的原因、经过和结果。其中,天塌地陷和炼石补天是全文重点,并运用富有特色的语言描写,展现了故事丰富而神奇的想象力。同时要求学生展开想象,试着把女娲补天的过程说具体、说生动,在语言实践中进一步受到我国传统文化的熏陶,感受神话故事神奇想象的特点,培养丰富的想象力。

二、教学目标:

1. 正确认读8个生字,随文会读9个字。

2. 了解故事的起因、经过和结果,感受故事神奇的想象,体会女娲为了拯救受苦受难的人们不怕危险、不怕困难的精神。

3. 发挥丰富的想象,试着把女娲四处捡石的过程说具体,说生动。

三、教学重难点:

教学重点:了解故事的起因、经过和结果,感受故事神奇的想象,体会女娲为了拯救受苦受难的人们不怕危险、不怕困难的精神。

教学难点:发挥丰富的想象,试着把女娲四处捡石的过程说具体,说生动。

四、教学过程：

1. 谈话导入，引出课题

同学们,你们喜欢神话故事吗？对神话故事有多少了解呢？老师想给你们一个小挑战——看图猜故事。

依次出示图片,学生回答。（精卫填海、夸父逐日、后羿射日、盘古开天地）

这节课我们要来学习新的神话,大家一起读课题——《女娲补天》。

读了题目后,你有什么疑问吗？

（女娲是谁？女娲为什么要补天？女娲是怎么补天的？）

是啊,我们常说补衣服、补营养,天要怎么补呢？请大家带着问题到课文中看看。

2. 初读感知,理清脉络

请大家自由读课文。要注意读通读顺,遇到难读的地方多读几遍,并想一想,女娲补天的起因、经过和结果。

（1）检查生字

课件出示：惊慌失措　混乱　项目　熄灭　坍塌　斩杀　传颂　功绩

（2）解释词语

黏稠：液体粘性和浓度大,不易流动。

黑黝黝：光线昏暗,看不清楚。

坍塌：山坡、河岸、建筑物或堆积的东西倒下来。

冶炼：用高温熔炼或电解等方法将矿石中的有用成分提取出来。

传颂：辗转、传布、颂扬。

功绩：功劳和业绩。

（3）默读课文,说说故事的起因、经过和结果

师：故事的起因是什么呢？

预设：共工和祝融打架了,共工失败了以后绝对没有脸活在世上,就撞断了不周山,结果天地裂开了,世界陷入了恐怖和混乱中。

师：谁还能简洁点说一说？

预设：共工怒触不周山,天地裂开给人们带来了灾难。

师：很好,那么故事的经过是什么呢？

预设：女娲捡来五种颜色的石头,熔炼成石浆修补了大窟窿。担心天再塌下来,她又杀了大乌龟,斩断它的四条腿,竖立四方。还杀死了黑龙,阻止其他野兽残害人

类。最后,把芦苇烧成灰,堵住地缝。

师:嗯,说的很具体,简单地说就是女娲想方设法补天。

师:那么结果呢?

预设:天地恢复平静,人类重获新生。

3. 品读课文,感受神奇

介绍女娲

课件出示:女娲氏,中国上古神话传说人物之一。她是一位美丽的女神,传闻中为人头蛇身,身材苗条,一日七十化,以致有些神话学家坚称她根本就是蛇身。相传女娲抟土造人,并化生万物,使天地不再沉寂,因此被称为"大地之母"。

讲述补天起因

(1) 出示导读提示:默读课文第二自然段,说说这段话写了哪些内容?

(2) 交流分享,概括梳理

① 水神共工和火神祝融打得异常激烈。

② 水神共工惨败,又羞又恼,撞断了撑天柱子不周山。

③ 天上露出大窟窿,地上裂开了深沟,洪水喷涌而出,野兽残害人类。

④ 整个世界陷入了一片混乱和恐怖之中。

(3) 品读词语,感受精妙

(课件出示):天上顿时露出一个大窟窿,地上也裂开了一道道黑黝黝的深沟,洪水从地下喷涌而出,各种野兽也从山林里跑出来残害人类。人们惊慌失措,四处奔逃,整个世界陷入了一片混乱和恐怖之中。

师:你觉得这段中哪些词语用得好?

关注动词:露出、裂开、喷涌而出、惊慌失措、四处奔逃

关注叠词:一道道、黑黝黝

这些词语都生动地表现出当时人们的生存环境,你感受到了什么?

(黑暗、难以生存、很恐怖、很混乱…)

(4) 展开想象,感受神奇

如果你就在那个场景中,说说你都看到了什么,听到了什么?

① 洪水泛滥,人们四处逃窜。

② 在野兽的追捕中,很多人慌张地逃跑。

③ 很多人无家可归,很多人在水里挣扎。

④ 到处都是人们的求救声,可是没人能够拯救他们。

(5) 有感情地朗读

谁来读读这几句话,读出你们的担心、焦急,把这种可怕的场景读出来。

我们一起来读一读。

(6) 用上课文中的语言,讲述故事起因

讲述补天经过

过渡:女娲看到了这种场景,她心里难过极了,于是她决定——把天和地修补起来,让人们重新过上幸福的生活。

回顾第1小节

天地没有裂开之前,人们的生活是怎样的?在课文中找一找。

(课件出示):自从女娲创造了人类,大地上到处欢声笑语,人们过着快乐幸福的生活。

对比品读,感受心情

从前人们的生活还是非常幸福美好的,可现在却变得混乱恐怖,所以女娲的心情——难过极了。

默读第4小节,说说这段话具体写了女娲补天的哪些事。

① 交流顺序

四处捡石——冶炼补天——斩腿撑天——杀死黑龙——烧灰补地

② 自由畅谈神奇之处

石头的颜色很多,而且熔炼后竟然可以补天,粘性真好。

乌龟的四条腿也可以撑住天,它一定是只巨大无比的乌龟。

女娲能杀死黑龙,说明女娲的本领很高超,黑龙死后其他动物不敢造次,说明黑龙是野兽中最厉害的。

芦苇烧成的灰竟然可以堵住地缝,挡住洪水,太神奇了。

③ 用上连接词,讲述故事

课文中的词:先…随后…从此…接着…最后…

尝试用上课文中的语言和连接词,把女娲补天的经过说出来。

讲述补天结果,品味女娲形象

过渡:女娲的辛苦得到了回报,让天地恢复了平静,也让人们获得了新生。因此,人们世世代代怀念女娲,传颂着她的伟大功绩。

① 说说你感受到了怎样的女娲?

（勇敢、善良、不怕牺牲、不怕困难、甘于奉献）

② 完整说说女娲补天这个故事

4. 发挥想象，小试牛刀

（1）出示导读提示：课文第4小节只用了一句话讲女娲四处捡石，你能发挥丰富的想象，把这个过程说具体，说生动吗？

（2）讲前准备：你觉得在什么地方展开想象比较合适？

（3）分步想象讲述故事，师生评价修正。

① 抓"各地"想象女娲去了哪些地方找石头？

（山上、海里、地底下、野兽的洞穴里、瀑布旁、清泉边……）

② 抓"捡来"想象女娲寻找石头的语言、动作、神态，表现不易与坚持。

A. 女娲看到悬崖边有个石头，努力伸手去捡，可是差一点就掉下去了，非常惊险。

B. 女娲在山上找了几天几夜，脸上透着一股憔悴的感觉，眼睛里布满了红血丝，可就算这样，她还是坚持寻找石头，没有放弃。

C. 女娲悄悄地进入了野兽的洞穴，她不敢发出一点声音，生怕惊动了野兽。可就在她拿到石头以后，野兽睡醒了，她惊慌地快速逃出来，差一点就被野兽咬到了。

③ 抓"五种颜色"想象各种石头的美丽。

A. 女娲在清泉边看到了一种非常奇异的石头，这个石头闪着金光，形状也很特别，就像一个孩子安然地睡着，女娲立刻被吸引住了，仿佛这几天的疲惫都被消除了。

B. 女娲在河边发现了包含五种颜色的石头，这个石头在光的照耀下，异常闪烁。从不同的角度去看，它就有不同的颜色。

C. 女娲发现了一种会变色的石头，初看是黑色，可当女娲抓住它的时候，它就变成了白色，再次放开又变成了黄色，很神奇。

完整讲述女娲四处捡石的故事。

同学们的想象力都很丰富，可以结合刚才抓住的一些关键点，也可以是其他方面，尽情地展开想象，运用一些描写方法和精妙的词语，把女娲捡石的过程说得具体生动些。先小组交流，再班级分享。

5. 课堂回顾，交流收获

（1）总结课堂：动人的神话是劳动人民智慧的结晶，神话中体现出来的精神是中华民族宝贵的财富。本节课我们学习了女娲补天的神话故事，了解了女娲补天的起因、经过和结果，也感受了女娲的人物形象，体会她身上可贵的品质。我们一起再来读一读这个故事,感受神话的想象奇特。

(2) 布置作业:摘抄、积累文中优美生动的句子。

五、板书设计:

女娲补天

起因:不周山被撞断,天地裂开给人们带来了灾难

经过:四处捡石——冶炼补天——斩腿撑天——杀死黑龙——烧灰补地

结果:天地恢复平静,人类重获新生

女娲形象:勇敢、善良、不怕困难、不怕牺牲、甘于奉献

问题讨论: 1. 这则教学设计的写法有问题吗?

2. 板书合理吗?

模块二 学理阐释

神话教学设计要点:寻找想象的神奇,感受神话魅力,展开教学

一、读故事,感受"神奇"

四年级上册第四单元语言要素之一为"感受神话中神奇的想象和鲜明的人物形象",它是对学习方法和学习内容的基本要求。

一是抓关键词,理解神奇。如"很久很久以前,天和地还没有分开,宇宙混沌一片,像个大鸡蛋。有个叫盘古的巨人,在混沌之中睡了一万八千年",教师先指导学生通过抓关键词"混沌一片""一万八千年",感受环境与时间的神奇,品味言语表达的奇特。

二是品读句式,想象神奇。神话语言奇特,不仅表现在内容上,还表现在言语表达形式上。如"轻而清的东西,缓缓上升,变成了天;重而浊的东西,慢慢下降,变成了地",教师可以先让学生发挥想象,说说读这句话时仿佛看到了怎样的画面;接着将这句话的前后两部分进行比较,发现句子中有三对反义词——"轻"与"重"、"清"与"浊"、"上升"与"下降",一对近义词——"缓缓"与"慢慢"。句子语言具有对称美,写出了天地变化时间之久,过程之慢。

二、讲故事,梳理"神奇"

第四单元的导语中提出"了解故事的起因、经过、结果,学习把握文章的主要内容",这是本单元的又一学习内容。

一是运用插图。如《盘古开天地》配有四幅插图,描绘了故事的起因、经过和结果。

二是借助关键词。关键词是讲述故事的重要支架。借助关键词有助于厘清故事情节,讲清故事内容。

三是绘制人物关系图谱。古希腊神话人物众多,情节复杂。讲述这类故事,可采用绘制人物关系图谱的方法。

四是针对重点问题。如《女娲补天》一文可以提出如下问题:女娲为什么补天?女娲是如何补天的?女娲补天成功了吗?

三、写故事,表达"神奇"

四年级上册第四单元中单元导读提出"展开想象,写一个故事",四年级学生学习接触神话,内心会感到新鲜、有趣。学生不能只注重感悟故事本身的神奇而忽视对语言表达的关注与训练。学生在体会感受神话神奇性的基础上,要学会讲述神话故事,更要学会展开想象,尝试写神话故事。写神话故事可以采用仿写、改写和创编等方式。在该单元的课后习作中设置了《我和_____过一天》的写作训练,要求学生选择一位神话人物,写一写会去哪里,会做些什么,会发生什么故事。在教学过程中教师可适当创设情境,引导学生打开思路,放飞想象的翅膀,激活学生的表达欲望,尊重学生的独特感受。在教学活动中,可通过组织、引导、帮助,使学生在自主学习的基础上学会合作、交流,完成本次的习作教学。

示例:

《我和_____过一天》教学过程[①]

一、打开思路,海阔天空地想

我们学过《女娲补天》《盘古开天地》等神话故事,这些故事是真的吗?仔细想想,人类的想象力太神奇了。正是因为这神奇的想象力,才有了这些美丽的神话。想象有多大胆,故事就有多精彩。今天我们也去放飞想象,编织我们心中精彩的故事吧。

二、交流最喜欢的故事人物

1. 出示搜集到的人物。

(1)今天老师把神话中的人物请到我们的课堂,大家看大屏幕——

多媒体逐一展示:盘古、大禹、沉香、后羿、嫦娥、精卫鸟、女娲等神话人物。

---

① 材料来自:https://www.puxuewang.com/jiaoan/201907/05/00044679.html

（2）学生谈谈对人物的认识。

（3）教师小结。

盘古开辟了天地，并用自身创造了万物；大禹，带领百姓战胜洪水，三过家门而不入；沉香，习武练功，翻山越岭，劈开华山救出了母亲……这些人物都有鲜明个性和特点，因而给我们留下深刻印象。

2. 学生介绍自己喜欢的人物。

同学们，你们还喜欢哪些神话人物？把你们喜欢的神话人物介绍给大家！我们试着先介绍给小组里的同学听，好吗？

3. 讨论喜欢人物的特点。

从同学们兴奋的笑脸上，老师看出来了，你们很喜欢它们，那你们发现这些人物有什么特点吗？

他们的本领大，能呼风唤雨。

他们都是神仙，女的美丽善良，男的英勇威武。

他们都乐于助人，与自然作斗争。

他们身上有一种无私无畏、不怕困难、坚持不懈的精神……

4. 引导学生说会选择跟谁过一天？为什么会选它？（指名回答后，小组互说）

三、放飞想象，酣畅淋漓地讲

1. 同学们，你们现在都选择了要跟谁过一天，现在有谁愿意把自己和他（她）的故事讲给大家听？引导学生说这一天里会去哪里，会做些什么，会发生什么故事。

2. 生讲，师引导，引导学生把故事讲具体。

3. 同桌交流。

4. 教师深入学生中间巡视，倾听他们的交流，给予适时恰当的激励、点拨。

四、学生习作

看到你们说得那么兴奋，你们的故事一定很精彩。你们想不想把你们的变化故事讲给爸爸妈妈听，讲给老师听？现在拿出纸笔，把你们的故事写下来。写完后交给我们看。写的时候注意要把故事写完整。

在这个教学片段里，教师从已经学习过的神话故事入手，引导学生谈对神话人物的认识，分析神话人物的特点，以及让学生大胆表达会和神话人物发生的故事，要求把故事讲具体。教师充分调动了学生的表达欲望和创作欲望。

模块三 设计实践

1. 案例反思：经过模块二的学习，你重新评价模块一中的案例，并加以学理说明。

2. 动手实践：

任务一：请对二下25课《羿射九日》进行教学设计，内容包括教材分析、学情分析、教学目标、重难点、教学过程、板书设计。

任务二：请对四上13课《精卫填海》进行教学设计，内容包括教材分析、学情分析、教学目标、重难点、教学过程、板书设计。

任务三：小组研讨低年级神话教学设计和中年级的有何异同。

模块四 资料链接

一、推荐阅读

1. 李吉林.小学语文情境教学：李吉林与青年教师的谈话[M].北京：人民教育出版社,2003.

小学神话教学通常涵盖了两个层面的含义：其一为在小学语文教学中对神话这一文体予以神话教学；其二为不同学科的老师生动形象地实施教育，通过自己编写或者已经具有的神话文本落实教学。前者是将神话当作小学神话教学对象，将神话中的语言、结构、思想等当作教学内容来落实小学神话教学；后者是将神话当作学生与教学内容之间的一种手段，为了达到一定的教学目的，来进行神话教学。

2. 王增永.神话学概论[M].北京：中国社会科学出版社,2007：3.

神话思维的特征具有如下特征：类比性包括外形类比、属性类比、由人及物的类比、由已知推知未知的类比—类似于儿童的我向思维，产生万物有灵观混沌性、主观性、形象性、神话内容的混沌合一互渗性主体与客体之间的互渗思维对象之间的互渗如中国的"龙里，就是思维对象之互渗的结果直觉性主观性、神秘性和整体性原始逻辑性外部事实与内部体验未分化，心物相互渗透，天人难分。

3. 郭青松.立足文体构建神话整合教学——以统编教材四年级上册第四单元为例[J].语文建设,2019(22)：39-41.

神话是民间文学体裁之一，是古人借助自己的想象解释人类未知的自然现象、规律，寄托美好情感的传说性故事。对中外不同的神话故事进行比较，可以发现神话具有以下特征。一是故事内容超越了生活经验，表现为时间久远、环境奇特、时间跨度大,人物具有一定的超能力。二是人物形象崇高,主人公以英雄形象出现。三是主题壮美神圣。基于神话这一文体,教学时可以采取如下策略实施整合教学,落实单元语文要素。一是读故事,抓关键词,品读句式;二是运用插图,绘制人物关系图谱;仿写续编故事。

4. 武国丽.语文神话类课文的教学策略[J].教学与管理,2017(05):37-39.

神话,是关于神的民间故事,是古人用想象或幻想解释自然现象、化解社会矛盾、探询自然规律、探索真理所衍生的传说性故事。神话的特点主要为情节离奇、想象大胆、描述夸张,神话通常天真地解释了宇宙生成、人类产生、山川地形、自然天体等现象。在小学语文教材中,尽管所涉及的文学样式多样,但是神话类课文比重较大。神话的教学内容离不开离奇的故事情节、生动的人物形象、天马行空的想象以及夸张的表达方式等。

二、推荐案例

《精卫填海》教学设计[①]

教学目标:

1. 能正确识记生字新词。
2. 能正确、流利地朗读课文,背诵课文。
3. 能借助注释,用自己的话讲讲精卫填海的故事。
4. 感受精卫填海的精神。

教学过程:

一、猜图导入,初步讲述

1. 中国古代有很多神话故事,老师带来了几幅图,每一幅图都是一个神话故事。谁愿意猜一猜?(出示"盘古开天地、女娲补天、精卫填海"图片)

2. 生猜图。

3. 今天我们要学习的神话故事就是精卫填海。(板书课题)

4. 谁能讲一讲你所知道的精卫填海的故事?

5. 生讲述,师相机板贴:游泳、溺水、化鸟、衔石、填海。并根据板贴梳理故事。

6. 这则神话故事记录在《山海经》中,今天我们就看一看《山海经》中记载的是什么

---

① 吴春玉.《精卫填海》(统编本四上)教学设计[J].小学语文教学,2019(25):44-45.

样的。

（设计意图：先让学生猜图引出故事，再讲一讲自己所知道的故事，相机将故事的脉络贴在黑板上，不仅有助于拉近学生与文言文的距离，还能了解学生的语言品质，为后面的学习与提升做了铺垫。）

二、初读文言，读准读通

1. 《山海经》是以文言文的形式记录的，先来跟老师读一读，注意读准每一个字的字音。

2. 指名读，师正音，重点是"少""溺""堙"。

3. 指名领读。

4. 生齐读。

（设计意图：教师的领读作用非常大，在领读的过程中，不仅教会学生读正确的字音，更重要的是教给学生文言文的语感。语感，并不是仅仅画停顿符号所能解决的，教师正确的范读是很有必要的。在此基础上，确保每一个学生都会读，且要发动学生领读，营造良好的诵读氛围。）

三、理解大意，再次讲述

1. 课文读完了，请同学们小组合作，先找一找不理解的字词，再通过结合注释、同伴交流，看看最终不理解的有哪些。

2. 小组合作。

3. 交流反馈，重点解决"少女""故""堙"的含义。

4. 理解：刚才同学们讲的故事就是从这篇文言文变化而来的，同学们能不能把"游泳、溺水、化鸟、衔石、填海"这五个环节，贴到对应的句子下面呢？

5. 请学生到黑板前贴，交流点评。

6. 那你能不能根据这篇古文再来讲一讲《精卫填海》的故事？（生讲述，师点评）

（设计意图：文言文的学习还要尊重学生的实际情况，让学生自己交流不理解的地方，通过结合注释、同伴互助来解决其中的部分问题，在交流实践中让学习真正发生。同时，把"游泳、溺水、化鸟、衔石、填海"贴到相应的语句下面，能构建起文言文与学生已知情节的联系，帮助学生更好地理解文言大意。再一次讲述是建立在理解文言大意基础上的，是比第一次讲述更有品质的。）

四、研读神话，生动讲述

《精卫填海》这则神话非常感人，要想讲好这个故事，我们不妨发挥合理的想象。

1. 请大家看第一句,一起读——炎帝之少女,名曰女娃。

2. 谁能用自己的话讲一讲这句文言文呢?(生讲述)

3. 老师教你一招,后面加上类似"女娃特别可爱"这样的句子,会让故事更加生动。你来试试看。(生再次讲述)

4. 同学们看,我们在原文的基础上,发挥合理的想象,编进一些恰当情节,就会让故事更加生动。这样的方法叫"添枝加叶"法。

5. 接下来,请同学们小组合作,选择课文中你喜欢的一处,运用"添枝加叶"法讲一讲。稍后我们一起交流。

预设:女娃游于东海,溺而不返,故为精卫。

① 学生讲述,可以围绕"游"的动作、"溺"的语言来展开。

② 练习:这个时候,精卫心想。

③ 朗读。

常衔西山之木石,以堙于东海。

① 学生讲述,可以围绕"衔""堙"来进行。

② 书写"衔"。

③ 从西山衔来木石,来填东海,你想问精卫什么问题?

④ 如果你是精卫,你要怎样回答这些问题?

⑤ 说一说:这时的精卫。

⑥ 朗读。

6. 小结:

① 齐读课文。

② 运用"添枝加叶"法把课文完整地讲一遍。(请学生到讲台前讲述,其他学生点评。)

(设计意图:先以第一句作示范,学习"添枝加叶"法讲故事,再迁移运用"添枝加叶"法,将课文剩下的句子生动地讲述出来。这个环节的设计,是在研读课文的过程中,运用一定的方法,不断提升学生表达的生动性。同时,句子练习、提出问题、角色互换、练习说话等也能够帮助学生更好地理解精卫的鲜明形象,感受文言文学习的乐趣。)

五、总结全文,拓展升华

1.《精卫填海》表现出的是古代先民不屈不挠、勇于抗争的精神,这样的精神一直影响着中华民族。

2. 在实际生活中,我们做正确的事情时,也要具有精卫填海的精神,不能半途而废,要像精卫一样坚持、勇敢。能说一说在哪些事情中要发扬精卫填海的精神吗?

3. 总结。

(设计意图:揭示精卫勇于抗争的精神,并联系生活实际说一说,将课文与生活联系,将语文与育人相结合。)

寓言教学设计

模块一 课例研讨

案例2-6 《亡羊补牢》第一课时教学设计(二年级下册)

宁波鄞州白鹤小学 张莹银

教学目标:

1. 正确、流利、有感情地朗读寓言。

2. 学会本课生字新词,注意多音字"圈"的读音及"窟窿""街"等字的字形。

3. 理解《亡羊补牢》这则寓言故事的内容,懂得做错了事要及时纠正。

教学重点:理解故事内容,恰当复述故事。

教学难点:体会寓意,并能联系学习、生活实际,谈一谈感想。

教学过程:

一、游戏导入,揭示课题

1. 同学们,我们先来做一个看图猜故事游戏。

2. 我们把这些小故事装进魔术帽,抖出来的是大道理,这样的故事就叫作——"寓言故事"。(生读)

3. 今天啊我们也一起来变一个小魔术,要装进去的故事就是——亡羊补牢。(生读课题并板书课题)

二、初读课文,理解题意

1. 读会读了,意思理解了吗?请同学们大声朗读课文,遇到不会读的字,借助拼音多读几遍,想一想,在这个故事里,亡和牢又分别表示什么意思呢?

2. (课件出示亡、牢在字典中的意思)在字典爷爷的帮助下,选择"亡"和"牢"的意思。(亡:丢失,牢:羊圈)

3. 连起来说一说"亡羊补牢"的意思。(丢失了羊修补羊圈)

三、集中识字,检查预习

1. 组1:街坊、窟窿、结结实实

(1) 学生自读生词,说一说你的发现。(轻声)

(2) 理解"街坊""窟窿"的意思。(街坊:邻居,窟窿:羊圈)

2. 组2:羊圈、从此

(1) 学生自读生词,在读音上,你有什么想提醒同学们注意的?(圈:多音字,此:平舌音)

(2) 认识羊圈,联想到猪圈、牛圈。

3. 组3:钻进、叼走、后悔

(1) 学生自读生词,说一说你的发现。(形声字)

(2) 学生齐读生词。

4. 去拼音齐读:淘气的拼音宝宝跑了,你们还记得他们吗?

5. 生字卡片认读:现在我把它们请到小卡片上,重新排了排队,谁来读?

四、精读课文,学习寓言

(一) 第一次丢羊

1. 这个窟窿给养羊的人带来了大麻烦,到底是怎么回事呢?读课文1—3自然段,一起来看看。(原来羊圈破了个窟窿,夜里狼从窟窿钻进去,把羊叼走了)(板书丢)

2. 如果你认识养羊的人,你会怎么做呢?(劝他修补羊圈)

3. 是啊,街坊也是这样想的,读一读街坊的话。

读重点句子"赶紧把羊圈修一修,堵上那个窟窿吧!"

(1) 学生读,师相继指导朗读。(扣赶紧、街坊急切、着急的心情)

(2) 学生齐读,我们一起来劝一劝。

4. 是啊,我们都要急坏了,养羊人却说——

读重点句子"羊已经丢了,还修羊圈干什么?"

(1) 这个养羊人,什么意思?(羊已经丢了,不想修羊圈)他在意这只丢了的羊吗?(不在意)(完成表格养羊人的想法)

(2) 学生读,师相继指导朗读。(扣养羊人无所谓、不在意的心情)

(3) 我们一起来读一读。

(4) 养羊人这么想,也是这么做的,他果然——没有修补羊圈(完成表格,养羊人的做法)结果可想而知,羊——又丢了。(板书丢)你是怎么知道的?(原来狼又从窟窿

钻进去,把羊叼走了)

第一次丢羊

  想法:羊已经丢了

  做法:不补

  结果:羊又丢了

(二)第二次丢羊

短短两天,就丢了两只羊,要是再不补上窟窿,羊可就——丢光了,两次丢羊之后,养羊人又是怎么想、怎么做的呢?

1. 学生朗读第五自然段,完成表格。

2. 学生交流反馈。

  想法:羊已经丢了后悔——现在修

  做法:不补——赶紧堵

  结果:羊又丢了——再也没丢过

3. 学习句子:他赶紧堵上那个窟窿,把羊圈修得结结实实的。

(1) 学生读句子。

(2) 我能把这句话这样改吗?他堵上那个窟窿,把羊圈修得结结实实的。("赶紧"说明了养羊人真的意识到自己的错误)

(3) 用"赶紧"造个句子。

(三)复述故事

1. 借助表格,小组内讲讲故事。

2. 学生交流讲故事。

3. 故事我们已经讲完了,现在我们把故事装进魔术袋,看看抖出来的会是什么道理呢?谁来抖一抖?(学生说寓意)揭示寓意:由此可见,像养羊人这样犯了错误,只要(及时补救),就(为时不晚)。(板书)

4. 养羊人明白了这个道理,在羊圈破了的时候,及时补上了窟窿。其实在生活中,也是一样的,比如当作业出现错误的时候,只要(　　　),就(　　　)。(联系生活实际谈理解)

五、指导书写,总结学法

1. 小小的故事,却藏着大大的道理,寓言真不愧是我们文化的瑰宝之一,当然汉字书写也是,我们一起来写一写。

2. 指导书写"亡""牢"

（1）观察字词，提醒注意，亡的竖折起笔在点的左边，牢的横勾要往里勾。

（2）教师范写，生书空。

（3）学生练习书写，教师巡视。

（4）展评交流。

3. 小结：今天我们学习了寓言故事，亡羊补牢，我们先理解题意，再了解内容，接着体会寓意，最后联系实际，以后遇到寓言故事时，就可以按这样的方法来学习。

板书设计：

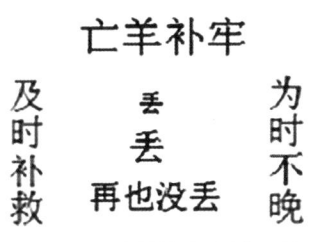

亡羊补牢

及时补救　　丢　　为时不晚
　　　　　丢
　　　　再也没丢

图2-6 《亡羊补牢》板书设计

问题讨论：看了这则教学设计后，你对寓言教学设计有何看法？寓言教学要抓住什么要点？

模块二　学理阐述

一、文体特点

寓言是用假托的故事或者自然物的拟人手法来说明某个道理或教训的文学作品，常带有讽刺和劝诫的性质。[①] 寓言一般由短小精悍的故事和寓言组成，有时寓言蕴含在故事中，有时在故事结尾直接点明寓意。

二、寓言教学存在误区

（一）寓言当成童话教

"我用思维导图讲解《狮子和鹿》这个童话故事的拟人写作手法，让学生对童话故事有一个初步的认识"；"为了让学生轻松获得编童话故事的方法又不至于生搬硬套，

---

① 中国社会科学院语言研究所词典编辑室.现代汉语词典(第6版)[Z].北京：商务印书馆，2012：1544.

我就很好地运用思维导图把本单元中的《陶罐和铁罐》这个童话故事还原出来"。①

"在读书中发现'让故事中的人物会说话'这一讲故事的秘诀,学习编写童话故事";"会读书的孩子就是会发现《狮子和鹿》这篇课文跟我们前面学过的故事一样,(回顾课前故事)讲的都是动植物或物品的童话故事,我们发现了编写童话故事的巧妙方法,就是通过大胆想象,让故事中的主人公说话……"。②

从两个案例可见,把寓言当成童话文体来教,童话和寓言各有自己的特点和教学取向,不能混为一谈。

(二)寓意解读随意或单一

寓言教学要揭示寓意,寓意来自寓言故事本身。教师在教学时存在着寓言解读脱离文本,牵强随意现象。例如,有些学生学习了《狐狸和乌鸦》之后,不会同情被骗的乌鸦,反而羡慕善骗的狐狸,跟教师引导揭示寓意时过于随意有关。同时,寓言是文学性文本,寓意的解读基于文本但不宜追求标准答案,过于追求单一的答案会限制学生的思维。

(三)寓言教学设计要点

1. 紧扣故事,揭示寓意。

中国当代寓言学家陈蒲清先生的这个论断,阐明了寓言的两个特点:故事是寓言的载体,寓意是寓言的灵魂。"寓言是明显隐含讽喻意义的简短故事。特点是主题鲜明,每个故事都有明显的寓意,多是借此喻彼,借远喻近,借古喻今,借小喻大,使事理或哲理从简短的故事中体现出来。"③因此,小学寓言教学做到以故事为本,品出寓言的味道。品读对话,聚焦故事形象。寓言塑造人物形象的方法中,对话描写是最常用到的手法之一,这在统编本小学语文教材《扁鹊治病》《陶罐和铁罐》等寓言中都有所体现。梳理故事线索,体悟寓意。如《亡羊补牢》是围绕养羊人两次丢羊的变化来展开故事的。第一次"羊已经丢了,还修羊圈干什么";第二次,他堵上那个窟窿,把羊圈修得结结实实的。态度不同,带来的结果明显不同。从"变化"入手,就能抓住学习寓言的核心线索,故事在变化中推进,情感在变化中深化,事理在变化中显现。

2. 品析故事语言,加强言语实践。

寓言使用的语言一般较为简洁凝练,给人以思索的余地。扁鹊三劝蔡桓公"恐怕

---

① 钟燕霞.思维导图在编写童话故事教学中的作用[J].小学语文教学,2014(10).
② 阮美好.还原语境体验对话悟理得言——《狮子和鹿》教学[J].小学教学设计,2015(11).
③ 顾明远等.教育大辞典(增订合编本)[Z].上海.上海教育出版社,1998:1952.

会、还会、会更加"等词语的运用,既让我们感受到蔡桓公病情的逐渐加重,又让我们从中品味出扁鹊内心的焦虑担心。

3. 适当拓展,丰富积累。

寓言可以根据角色、内容、题材等多种不同标准进行分类。现行统编本语文教材中的寓言篇目所占比例较小,且种类较为单一。新课标附录2"关于课外读物的建议"指出:应该将寓言,如中国古今寓言、《伊索寓言》等作为课外读物的重要补充。因此,寓言教学中,教师应向学生推荐典型的寓言读物或篇目,做好课内外的学习连接,鼓励学生尝试解读不同类型的寓言文本,丰富阅读体验和生活智慧。

模块三　设计实践

1. 案例反思:经过模块二的学习,你重新评价模块一中的案例,并加以学理说明。
2. 动手实践:

任务一:请对二下12课《揠苗助长》进行教学设计,内容包括教材分析、学情分析、教学目标、重难点、教学过程、板书设计。

任务二:请对三下5课《守株待兔》进行版教学设计,内容包括教材分析、学情分析、教学目标、重难点、教学过程、板书设计。

任务三:小组研讨寓言教学设计和中年级的有何异同。

模块四　资料链接

一、推荐阅读

1. 单玉娇.小学语文寓言教学反思与建议[J].语文建设,2019(04):4-9.

寓言是启蒙儿童心智的优选文学体裁,其兼具具体性和形象性的特质对小学生的心智启蒙具有重要意义。但当前小学语文语言教学存在"模式化"的现象,过于注重寓意解读而忽视了语文知识的学习,过于注重角色扮演而忽视了过渡和引导,对文本的解读也过于支离破碎,忽视了故事的完整性,同时对寓意的解读过于单一和随意,不利于学生的思维发展。消除寓言教学弊端就需要从教学内容和教学方法两个方面,充分挖掘教材信息,合理开发文本、习题、教参,通过多形式朗读、创设情境等方式提升学生参与感,提倡寓意的多元有界解读并重视拓展课外阅读,以多种方式深挖寓言的教学价值。

2. 黄更祥.主题比较阅读,打开寓言"故事+"的魔袋——统编本小学三年级下册第二单元整合教学策略[J].语文建设,2019(06):43-45.

统编本教材小学三年级下册第二单元是一个寓言故事单元,四篇文章四则寓言——《守株待兔》《陶罐和铁罐》《美丽的鹿角》《池子与河流》。旨在引导学生通过阅读不同类型的寓言故事,了解寓言的特点,获得启示,并能联系生活实际生发开去。在该单元的寓言教学中,教师应引导学生比较文体,感受"故事+哲理"的揭示,因文而异指导"读";应比较情节,发现"故事+对比"的构思,对比结局启发"思";应比较角色,了解"故事+借喻"的手法,联系生活引导"说";应比较语言,学习"故事+语言"的描写,模仿迁移创意"写",让学生认知更加充分、深刻,看到文本的差别,把握寓言文体"故事"的特点,从而提高对寓言文本的鉴赏力,有效促进听说读写能力的提升。

3. 芮良敏.寓言类文本教学误区探析[J].语文建设,2019(04):14-16.

本文就实际教学在寓言教学中强调"童话"的纠结,谈谈笔者的具体认识与思考。从阅读教学看,寓言和童话的区别明显;从习作教学看,淡化文体意识应该强调故事共性。在寓言教学中,教师需要确定与文本相匹配的教学目标,以完成寓言本身所承载的学习任务,既要重视学生从内容上学习寓言故事的寓意,又要引导学生从形式上学习寓言的结构方式、语言运用等多方面的表达特点,并契合不同学段学习语言文字运用的要求。这样才不至于出现在同一课文的教学中,学习的是寓言表达而运用的却是童话表达这种不匹配的情况。

4. 周晓霞.例谈小学文言寓言教学[J].语文建设,2019(04):16-20.

统编本小学语文教材继三年级上册出现《司马光》之后,三年级下册教材"寓言单元"中再次出现了一篇文言文《守株待兔》。此以《守株待兔》为例,借原文所渗透的韩非思想,谈谈如何避免小学文言寓言教学中的"守株待兔"现象。一是必须以汉语的方式读文言寓言;二是必须从源头的角度读文言寓言;三是必须以现代的思维读文言寓言;四是必须以发展的个性读文言寓言。

二、推荐案例

《揠苗助长》教学设计[①]

教学目标:

1. 联系课文内容理解"揠苗助长""巴望""焦急""纳闷""筋疲力尽""兴致勃勃"词

---

① 甘泉.《揠苗助长》教学设计[J].语文教学通讯,2016(15):45-47.

语的意思。

2. 品读课文,通过抓住文中细节,有感情地朗读课文。知道故事由起因、经过、结果三部分构成,能根据课文内容完整讲述故事,并能关注细节把故事讲生动。

3. 懂得做事不能急于求成,违背规律。

教学过程:

一、激发兴趣,导入新课

1. 师:同学们,先放松一下,一起来看图猜成语。

(出示成语图片:狐假虎威、画蛇添足、朝三暮四、刻舟求剑)

2. 师:这些成语都包含着一个有趣的故事,今天咱们来学习一个这样的故事。

二、走进故事,初读课文

1. 板书课题。(一步步写"揠"字)这个故事就叫作——揠苗助长,一起读。

2. 这个成语是什么意思?打开书听老师来读故事,同学们看清字,听清音,想想揠苗助长是什么意思。

3. 谁来说说。(师相继板书:拔)

4. 让我们走进故事,自由轻声地读读课文,边读边思考你读懂了什么?

5. 学生交流。(师相继板书:起因、经过、结果)

过渡:故事中的农夫是宋国人,宋国是两千多年前中华大地上的一个小国家,看来这个故事已经流传几千年了。今天咱们再来把这个故事讲下去。

三、抓住细节,品读课文

1. 讲故事要注意什么?

总结:讲故事不仅要把故事讲完整,还要讲得生动有趣、吸引人,那就需要抓住故事里的细节,下面我们就再次回到课文,找找课文中哪些细节特别有意思,把相应的词语画出来。

2. 学生默读课文,画出相应的词语。

过渡:那我们就按照故事的顺序,从起因开始交流,(出示第1自然段)你觉得哪些细节特别有意思。

第1自然段:(根据学生回答相继出示:巴望、焦急、天天)

A. 巴望。巴望就是——盼望、希望。师:有点意思,但这个愿望还不够强烈。同学们,巴就是粘着,拿不下来。农夫的眼里只有禾苗,紧紧盯着禾苗,一刻也舍不得离开!这就是——他多么想让禾苗快点长高啊,再来读。

B. 焦急。我们来看看"焦"这个字,看懂了吗?焦上面是只鸟,像在火上烤一样,焦急呀。谁来读读这个词。(生读)

C. 天天。同学们,这个词的意思相信大家都懂,可这位同学这么一说,就特别有趣。我们仿佛看见了一位农夫在禾苗刚刚播种下去就守在田边,这样眼巴巴地望着禾苗,心里想——第二天一早他又来到田边,还是这样眼巴巴地望着禾苗,还自言自语道——农夫就是这样——(指着天天)到田边去看,心里十分——(指着焦急)

谁来读课文的第1自然段,通过读来把这位心急农夫的样子表现出来。(个别读,指导评价后齐读。)

过渡:这就是故事的起因,故事还在继续,下面就进入故事最精彩、最重要的经过部分。你又找到了哪些特别有意思的细节呢?

第2—3自然段:(根据学生回答相继出示:一棵一棵、忙到天黑、筋疲力尽、兴致勃勃)

A. 一棵一棵。农夫弯下腰,把一棵禾苗轻轻地往上拔;又弯下腰,再把一棵禾苗轻轻地往上拔。这就叫做——一棵一棵。

B. 筋疲力尽。农夫就这样一次一次地弯下腰,一棵一棵地把禾苗往上拔,他拔了一个小时,想象一下他会有什么感受。两小时呢?农夫从中午一直忙到天黑,拔了多长时间?此时农夫感觉如何?(相继导出"筋疲力尽")疲乏无力如同生了病一样,所以"疲"是——病字头。

C. 兴致勃勃。小草弯弯腰,小娃快长高,农民伯伯拿起锹,种下小秧苗,春天来到了。春天到了,草儿绿了,花儿开了,小朋友们出来玩了,到处充满生机,就叫做——生机勃勃。课文里的农夫看到禾苗长高了一大截,心里乐开了花,那样子就叫做——兴致勃勃。

谁来读读农夫的话?(个别读指导,齐读)

过渡:这就是故事的经过,但故事的结果很短,只有一句话,一起读读。

第4自然段:(根据学生回答相继出示:纳闷、枯死)

总结:故事读完了,下面我们就连起来讲一讲这个故事。

四、回顾内容,练讲故事

1. 师总结:讲故事不仅要把故事内容讲完整,还要讲清楚故事的起因、经过和结果,抓住细节把故事讲得生动吸引人,如果能加上表情、动作,就一定会更加精彩。相邻的同学互相讲一讲,练一练。

2. 生讲故事,师适时点评。

五、揭示寓意,学写汉字

1. 故事讲到这,相信故事里的农夫一定给你留下了深刻的印象,谁来说一说。

(让学生畅谈,相继板书:急)

2. 总结:是的,事物生长有它的规律。我们吃的水稻从播种到收获最少需要一百天的时间。这期间还得——除草、施肥、浇水,这样,到时间才能收获稻子。农夫想用一下午的时间把禾苗拔高,马上就能获得收获,这就叫急于求成,这样做违背了禾苗生长的规律,反而把事情弄糟。

(板书:急于求成,违背规律)

3. 这就是揠苗助长这个故事要告诉我们的道理。像这样蕴含着一个道理的故事我们叫做——寓言。

4. 学习"寓"。师:同学们,我们来看这个"寓"字,它是一个形声字,本义是居住的意思。上面的宝盖头像屋顶,代表字义,下面的部分读作yú,代表字音。

5. 这篇课文中还有一个宝盖头的生字,一起读——"宋"。写好上下结构的字咱们需要比一比宽窄,找一找中心。同学们仔细看看这两个字,你有什么发现?

(让学生找出两个字的宽窄变化和中心。教师引导总结)

6. 师范写。

7. 生写字,反馈,点评。

8. 总结:同学们,今天我们不仅学习了揠苗助长这则寓言故事,还学会了讲寓言故事。有时候与其和别人说一番大道理,不如讲一个小故事更具有说服力,这就是寓言的魅力。

小说教学设计

模块一 课例研讨

案例2-7 《桥》教学设计①(六年级上册)

教学目标:

1. 认识6个生字,会写14个生字。能正确读写新词。

2. 正确,流利,有感情地朗读课文。

---

① 材料来自:https://wenku.baidu.com/view/335f09a1b42acfc789eb172ded630b1c58ee9b6b.html

3. 通过研读课文中的重点词句,感悟洪水肆虐的危机情境,体会老汉的大山形象。

4. 领悟课文在表达上的特点。

教学重点难点：

引导学生抓住课文中令人感动的地方,感悟老共产党员的崇高精神。

理解题目的深刻含义,是本课教学的难点。

教学准备：

预习课文,了解洪水的知识,了解当代共产党员为人民服务的感人事迹。

教学过程：

第一课时

一、以"桥"引入,初步感知

1. 谈话引入课题。

我们在四年级学过一篇课文《跨越海峡的生命桥》,今天我们要学习的课文是《桥》,也是一座生命桥。出示课题——《桥》。

2. 自学课文,要求：

(1) 自由读课文,学习生字新词

(2) 想一想：课文写了怎么样一件事? 尝试用自己的话说一说。

二、自学检查

1. 课文写了怎么样一件事?

2. 出示词语：

咆哮　　狞笑　　放肆　　没腿深

拥戴　　清瘦　　沙哑　　揪出

这是课文中的几个词语,认识吗? 谁能来读读? (请两位同学读)(齐读)

把这词语分成了两排,上面一排是写——(洪水的),下面一排是写——(老汉的)。(板书：洪水老汉)在上面一排每个词语的前面,添上"洪水"两个字读读,你觉得这是一场怎样的洪水?

三、走近洪水,感悟洪水可怕

1. 这究竟是一场怎样可怕的洪水呢? 让我们回到课文中,大声地读读课文,边读边想,哪些句子是描写洪水的,把它划下来。(学生交流,大屏幕出示)选择一句你最能读好的读给大家听。(指导朗读)

课件出示：

◆ 山洪咆哮着，像一群受惊的野马，从山谷里狂奔而来，势不可当。

◆ 近一米高的洪水已经在路面上跳舞了。

◆ 死亡在洪水的狞笑声中逼近。

◆ 水渐渐窜上来，放肆地舔着人们的腰。

◆ 水，爬上了老汉的胸膛。

（板书：如魔）

2. 多么可怕的洪水啊！从这五句话，我们仿佛看到洪水在不断地——上涨，灾情在不断地——加重。此时此刻，在场的每一个人都会有逃生的欲望。我们来看看村民们是如何逃生的？一起读。

村庄惊醒了。人们翻身下床，却一脚踩进水里。是谁惊慌地喊了一嗓子，一百多号人你拥我挤地往南跑。人们又疯了似的折回来。

人们跌跌撞撞地向那座木桥拥去。

四、聚焦老汉，体会老汉的党员大山形象

1. 让我们走近老汉，自由读读这两段话，在势不可挡的洪水面前，在惊慌失措的村民面前，你仿佛看到了什么？

课件出示：在势不可挡的洪水面前，在惊慌失措的村民面前，我仿佛看到老汉。

反馈交流。

在这些惊恐不安的村民的眼里，老汉像什么？哪个动作，让你感觉到此刻的老汉像一座山？

2. 是啊，老汉像一座山盯着这群惊恐不安的村民。面对如此惊慌失措的村民，老汉默不作声，可是他心里也没有说话吗？你知道他心中在想些什么吗？

3. 在这危难时刻，老汉下了一道命令，什么命令？

在这个危难时刻，老汉会如何下这道命令呢？

哪一个标点引起了你们的注意？

小结：在洪水面前，老汉作为一名党员，一名党支部书记，他就像一座山巍然屹立，岿然不动。

第二课时

一、复习回顾

雨大得像（　　），像（　　）。山洪咆哮着，像（　　）。

近一米高的洪水在路面上( )，能逃生的只有一座( )的桥。

在这危难时刻,像( )的老汉沙哑地喊话:("桥窄！排成一队,不要挤！党员排在后边！")

二、设置矛盾,体会老汉父亲的大山形象

1.老汉的大山形象让我们刻骨铭心。除了老汉,文中还有一个人作者也进行了具体描写,谁？(小伙子)请你们认真默读15—20自然段,划出描写老汉与小伙子动作的词句。

请把他们前后各自的动作对照看看,你发现了什么矛盾的地方吗？

这一"揪"是把小伙子从哪里揪到哪里？老汉犹豫了吗？哪几个词可以看出？(突然,冲)老汉揪得像大山一样果断,一起果断地读读。

后来,老汉与"揪"相反的动作是"推"。这一"推",又把生的希望留给了小伙子。

这一"瞪",是小伙子对老汉的不满,不情愿。可是后来这一"推",又是那么心甘情愿地把生的希望让给老汉。

矛盾之处【老汉:揪——推;小伙子:瞪——推】

2.老汉和小伙子,他们说的、做的,前后似乎充满了矛盾。同学们,你们能读懂吗？

出示文章的结尾:五天以后,洪水退了,一个老太太,被人搀扶着,来到这里祭奠。她来祭奠两个人,她丈夫和她的儿子。(课件)背景音乐(读句子)

3.同学们,这是这篇课文真正的结尾。现在,你真的读懂了吗？

(老汉和小伙子,他们是一对亲生的父子啊！那么,当时老汉的揪和推;小伙的瞪和推,背后又有着怎样的内心世界呢？写一写,老汉与儿子的内心独白。)

三、以诗结课,升华情感

是啊,老汉作为一名党员,他像一座山,一座镇定、威严的大山,作为一名父亲,还是一座大山,父爱如山！为了表达对老汉的敬意和怀念,让我们一起深情朗诵这首诗！

四、板书设计

桥

洪水如魔

老汉如山大爱

问题讨论:1.你对这篇小说教学设计有何看法？

2.你认为小说教学设计要抓住什么要点？

模块二 学理阐释

一、小说教学主要误区

(一) 小说与散文教学相混

写人散文,便是艺术性散文中的写人叙事散文;这里的传统小说,指以塑造人物形象为主体的现实主义小说。写人散文和传统小说(尤其是以第一人称为叙述视角的小说),在行文特征和表现手法上都有许多相同之处,这就导致了两种文体在教学内容确定上的混杂、混乱甚至错误。

1. 人物解读

(1) 散文中的人物

散文中"我"的角色是抒发情感的主人公,是作者本人。作者永远活在自己的散文中,阅读散文要"知人论世""识人品情"。

散文"人物"的解读:从作者的角度,切身体验情感。《唯一的听众》这篇文章,我们首先把它认定为散文。这样,"感悟人物"部分的教学,就可以相应安排为:让学生阅读课文第3—8自然段,找出描写老人语言和神态的句子,想想,这些言行分别是在什么情况下出现的?老人的用意是什么?使作者分别产生哪些感受和情感?引导学生从老教授多次征询的话语、恰到好处的肯定和三次"平静"但又含蕴不同的神情中,领悟她对作者的尊重、呵护、鼓励与期许等,体会她的言行对作者所产生的情感反应,身临其境地体会作者的情感。这些解读过程及其结果,都是从作者切身体验的角度来进行的。

(2) 小说中的人物

小说中的"我"无论有没有作者的影子,都不能当作是作者本人。小说中"我"的定位:是故事讲述者,是虚构的人物之一。

小说"人物"的解读:从读者的视角,整体把握特征。对于传统现实主义小说,我们耳熟能详的界定是:"通过塑造典型环境中的典型人物,来反映社会生活,体现时代风貌"。解读第3—8自然段的基本路径就是:引导学生把目光聚焦到老人的语言和神态上,感悟她有怎样的性格特征和人格魅力。思考:老教授在怎样的情境中?出于怎样的目的?说出怎样的话语?有着怎样的神情?给"我"带来怎样的好处?从中可以看出老人怎样的特点?在这种关照角度和解读过程中,学生所把握到的,已经不是作者对老人的情感感受,而是老教授整体的性格特征,显得更加丰富和立体。

2.事的解读

(1)散文中的"事"

散文中"事"的品悟是"事情",是作者表现情感的基础。散文的情节相对简单,是作者运用形象生动的语言来描摹社会生活中的人、事、物和景,深入挖掘其中的哲理和内涵。散文中的"事"不需要完整,可超越时空来叙述"事件片段",所有的事件都是为了文章的中心服务的。散文"形散神不散",就是故事情节可以散,但始终贯穿着一个中心思想。

(2)小说中的"事"

小说中"事"的感悟是"情节",是人物性格成长的历史。小说中的"事"主要依靠虚构,小说作者可以根据现实世界以及人生经验,虚构和创造一个故事。即使创作源于真人真事,也可以运用文学手段对故事的情节语言进行加工。小说的故事性较强,情节追求一波三折,出人意料。小说情节一般包括:开端,发展,高潮,结局。

二、小说教学设计要点:

1.教什么:教学内容

传统小说教学:情节　环境　人物　叙事时间　叙事方式　叙事视角

(1)情节

情节是按照因果逻辑组织起来的一系列事件。情节与故事不同。具体地说,它是作者为了表现主题、刻画人物,对生活进行选择、提炼、构思、集中的供人物活动的一种典型的生活领域。以小说教学首先要梳理故事情节,能用简洁的语言或简明的图表表现出来。如《三打白骨精》的故事梳理为:一打,漂亮村姑,劈脸一棒;二打,八旬老妇,当头一棒;三打,白发公公,一棒打死。这样,通过梳理情节、把握小说的脉络,就能了解事件的始末,帮助学生更好地理解故事,也为理解人物思想的发展提供铺垫。

(2)环境

小说中的环境其实就是人物得以生存的场所,故事情节得以发展的背景。小学古典文本中的环境更多的是自然环境,如《三顾茅庐》中的冈前景物描写、《三打白骨精》中的山势险峻和《桥》中的山洪暴发场景等,都是通过自然环境拉开情节的发展,衬托人物的形象。在高年级时,小说教学还可穿插社会环境,如《穷人》《在柏林》都要联系当时的时代背景及社会环境才能明白小说的主题。环境的描写有些是直接描写,刻画人物形象,如《桥》中的山洪爆发的场景,有些是通过间接描写衬托人物的品质,如《穷人》中对穷人家庭布置干净利落的环境描写,间接描写了桑娜勤劳的品质。

（3）叙事视角

作者以什么样的视角展开叙述？是外聚焦叙述还是内聚焦叙述？也就是说,是采用第三人称叙述还是第一人称叙述？不同的人称叙述,形成的表达效果是不同的。

（4）叙事时间

叙事就是在讲故事,阅读则是在听故事,这是一个时间的过程。"在这个讲故事的过程中实际上涉及两个时间概念——一个是'讲'的时间,一个是'故事'内容本身的时间。"[1]"讲"的时间与"故事"的时间并不完全一致。有的时候"故事"的时间很长,却仅仅几笔带过,叙事速度变快;有的时候"故事"的时间很短,叙述者却娓娓道来,叙事速度减慢。究竟采用什么样的叙事速度,取决于作者刻画人物和表现主题的需要。

（5）叙述者的声音

用什么样的语气或态度叙述,就是叙述者的声音。从叙事的本意而言,叙述者的声音只是传达内容意义。然而在有些作品中,叙述者的声音会脱离叙述的内容凸显出来,声音本身变为被关注的对象。

从叙事学的角度而言,叙事视角与叙事时间是分析小说语言组织的有效方法。

统编版小学语文教材中小说教学侧重于人物、情节和环境。其中环境描写有分自然环境描写和社会环境描写,直接描写和间接描写。人物描写侧重于人物形象分析,可以从人物的动作、神态和语言入手。同时小说中的人物可以分为主要人物和次要人物,如《穷人》中的桑娜为主要人物,寡妇西蒙为次要人物。

2. 怎么教：小说教学方法

（1）语言教学方法：朗读对话

如《桥》中老汉与青年人的对话,批注细节（心理活动）；如教学《穷人》,课文结尾"桑娜拉开帐子"之后会有怎样的情节发展呢？可以组织学生写一写渔夫和桑娜的对话。

（2）情节教学方法：情节设置对比

如六上《桥》主要引导学生注意,自己在读到文章结尾前,感受到老汉是怎么样的人；而读了文章结尾、知道了老汉的身份后,又对他产生了哪些认识？从而让学生认识到,自己对人物的认识,是从一般好人（彬彬有礼、宽厚仁慈、安详平静、尊重别人）到伟

---

[1] 童庆炳.文学理论教程（第四版）[M].北京：高等教育出版社,1992：246.

大艺人(善解人意、精心呵护、真诚鼓励、真心帮助)的转变和深化过程,从而领悟情节对表现人物的作用。寻找伏笔,体会"意料之外";再让学生从上文中寻找作者这样写的合理依据——认识"情理之中",从而认识到不能单纯追求故事的曲折离奇而胡编乱造。

模块三　设计实践

1. 案例反思:经过模块二的学习,你重新评价模块一中的案例,并加以学理说明。

2. 动手实践:

任务一:请对六上13课《穷人》进行教学设计,内容包括教材分析、学情分析、教学目标、重难点、教学过程、板书设计。

任务二:请对五下18课《草船借箭》进行教学设计,内容包括教材分析、学情分析、教学目标、重难点、教学过程、板书设计。

任务三:小组研讨小说中的人物形象和散文中的人物形象教学有何异同?

模块四　资料链接

一、推荐阅读

1. 胡春梅.试论传统小说教学内容确定的知识维度——以《植树的牧羊人》为例[J].语文建设,2019(23):41-45.

论文从三个方面来阐述传统小说教学内容的知识维度,一是小说讲了什么,认为小说应该从情节、场景、人物三方面来看。二是小说怎样讲的?认为这个涉及小说的艺术形式问题。形式与小说的内容同样重要。从叙事学的角度来看,叙事视角、叙事时间是分析小说语言组织的有效方法。三是叙述者的声音。认为小说是虚构的,所以叙述者的声音非常重要。至于什么样的方式来讲述,就叙事的本意而言,叙述者的声音只是传达内容意义。然而在有些作品中,叙述者的声音会脱离叙述的内容凸显出来,声音本身成为被关注的对象。

2. 吴欣歆.小说教学内容研究四十年:审辨思考与多元对话[J].中学语文教学,2019(02):10-14.

1978—2018年,中学小说教学内容研究经历了"三要素"的确立与打破,不同研究领域理论的介入与筛选,在确定路径、引入理论等方面初步达成共识。随着语文学科核心素养的提出,如何整合教学内容,重构小说教学内容体系,成为未来研究的方向。

3. 张红霞.小说次要人物形象的教学策略[J].中学语文教学,2019(07):27-29.

小说次要人物形象的解读是语文阅读教学的难点,需要运用适当的教学策略。语文阅读教学通过对小说词句的靶向阅读,对主次人物形象的勾连对比,对次要人物形象意义的生疑追问和"微课题"合作探究等策略,能提高学生对小说更深层次的理解与赏析能力。

4. 吕凤仙.小说教学中人物形象阅读分析策略[J].语文建设,2018(11):21-22+44.

小说通过鲜明而独特的人物形象来打动和感染读者。分析人物形象,是小说阅读教学的主要环节。在教学时,应聚焦小说人物形象,进行多元阅读,读懂小说人物形象,并使之丰满;学生掌握了阅读这一类文体的基本方法,就可以顺应文体阅读思维,深度阅读,从而提升阅读能力。一、借助文本支架,厘清人物关系,小说中的人物关系往往错综复杂。二、基于多元阅读,丰满人物形象。

二、推荐案例

《在柏林》教学设计[①]

教学目标:

1. 能运用提问策略,提出核心探究问题。
2. 能抓住小说的环境、情节和人物,解决核心探究问题,理解战争灾难这一主题。

教学过程:

板块一:对比同主题作品,发现"不一样"

1. 回顾《桥》和《穷人》,我们知道了小说要通过情节、环境来读懂人物形象。(板书:情节、环境、人物)

2.《在柏林》是本单元的最后一篇课文。这是一篇和战争有关的小说。提起战争这个词,你会想到怎样的场景呢?(出示表格)

小　　说	你对战争的印象
环境	
情节	
人物	

[①] 左翔,向琼.《在柏林》(统编本六上)教学设计及评析[J].小学语文教学,2019(34):46-47.

3. 小结：没错，提起战争，我们往往会想到血雨腥风的战场，殊死拼杀的战斗，英勇无畏的战士。

小　说	你对战争的印象
环境	战场
情节	战斗
人物	战士

4. 本文也是战争小说，读这样的小说，我们通常会针对环境、情节和人物，边读边追问：《在柏林》这篇小说会写怎样的战场？还会问什么？（出示表格。引导学生看着表格继续问：小说会写怎样的战斗？小说会写怎样的战士？）(板书：带着问题读)

小说	你对战争的印象	《在柏林》
环境	战场	
情节	战斗	
人物	战士	

通过对比，我发现了_____。

5. 交流：哪位同学来交流你的学习单？

（预设：没有写战场、没有写战斗、也没有写战士。）

小结：带着问题读，咱们发现了这篇小说跟其他战争小说的不一样。

板块二：运用提问策略，探究"不一样"

1. 针对"不一样"，提出疑问。

A. 横着看表格，你有什么疑问？

B. 竖着看表格，你有什么感受？

针对这些感受，你有什么疑问？

2. 为什么同是表现战争主题的小说，情节、环境和人物却截然不同？

3. 关注导语：根据已有的经验，我们知道这是一篇略读课文，读这样的课文，一定要关注导语。（强调：战争灾难）

4. 根据导语的提示，我们来探究《在柏林》为什么要通过如此"不一样"的情节、环境和人物来表现战争灾难这一主题。

5. 合作探究学习：小说为什么要通过"不一样"的情节、环境和人物来表现战争灾难这一主题。

A. 自学：默读课文，思考小说为什么要通过"不一样"的情节、环境和人物来表现战争灾难这一主题？

B. 合作学习：

(1) 交流分享：组长主持，组员依次说自己从哪个角度感受的战争灾难，并带给你怎样的感受。

(2) 达成共识：合并相同句子，优化组内对相同句子的感受，并尽可能完善小组内的思考。

(3) 展学准备：组长合理分工，准备展学，可集体展示，也可选派代表。

C. 展学交流。

小结：短短的300多字，我们没有见到一位士兵的身影，也没有看到血流成河的战场，没有感受到敌我厮杀的残酷。但我们依然通过车厢里的点点滴滴体会到战争的残酷无情。

板块三：朗读回扣，升华主题

1. 带着这样的感受，我们再次走进文本。

师：这里不是战场，只是一列车厢——出示句子。

生齐读："一列火车……几乎看不到一个健壮的男子。"

师：这里没有战士，在一节车厢里——出示句子。

生齐读：在一节车厢里，坐着……的老妇人。

师：这里更没有战斗的声音，只有一位老妇人的绝望细数——出示句子，生齐读："一、二、三……"这个神志不清的老妇人又重复数着。

师：那位灰白头发的战时后备役老兵挺了挺身板，开口了——出示句子。

生齐读："当我告诉你们这位可怜的夫人就是我的妻子时，你们大概不会再笑了。我们刚刚失去了三个儿子，他们是在战争中死去的。现在轮到我上前线了。走之前，我总得把他们的母亲送进疯人院啊！"

师：这时——出示句子，生齐读：车厢里一片寂静，静得可怕。

2. 小说大多数是虚构的，却又有生活的影子。请大家结合老师补充的背景资料，说说你对这句话有什么新的认识。学生回答。（相继补充：这里有多静，就有多悲，就有多怕，就有多痛。）

总结：正如你们说的那样，战争就是如此残酷，战争带给人们的死亡和恐惧谁都无法逃脱，每个人都成了这个时代的悲剧，让我们再次回到课文导语（出示导语）：战争给人民造成深重的苦难，带来难以弥合的创伤。

写景状物类文本阅读教学设计

模块一 课例研讨

案例2-8 《梅花魂》教学设计（五年级上册）

宁波大学2019级研究生学科教学（语文）王佳丽

教材分析：

《梅花魂》是统编版五年级下册第一单元的一篇略读课文，课文以"梅花"为线索，讲了外祖父的五件事，从中表现了这位华侨老人对梅花的挚爱以及身处异国眷恋祖国的思想感情。

学情分析：

五年级学生可以运用已有的识字、朗读能力，正确认读本课的生字词，读准课文。在此基础上，可以带领学生在已有的语文阅读基础上结合生活经验体悟外祖父对祖国的思念和热爱之情，但是学生对梅花的精神中承载的民族情怀把握可能不太精准，需要在教学时创设情境引发学生思考。

教学目标：

1. 认识"葬、腮"等12个生字，正确理解、读写"秉性、漂泊、玷污、欺凌、低头折节、泪眼、朦胧、眷恋、凉飕飕、稀罕、大抵"等词语。

2. 默读课文，能说出课文写了外祖父的哪几件事，表达了外祖父怎样的感情。

3. 能结合课文内容，说出自己对课文题目"梅花魂"的理解。

教学重难点：

教学重点：理清"我"与外祖父之间的五件事，理解外祖父对祖国的眷恋之情。

教学难点：体会"梅花魂"是"爱国魂""民族魂"的深层含义。

第一课时

一、谈话导入，揭示课题

1. 交流课前搜集的有关梅花的诗文资料，结合出示梅花图，介绍梅花的特点：梅花主要有红、白两种颜色，花分五瓣，香味很浓。

2. 板书课题"梅花魂"，说说"魂"字的意思。

(1)"魂,阳气也。"(人的精神)

——《说文解字》

魂是人的,能离开形体而存在的精神。

(2)凡物之精神亦曰魂,如言花魂。(物的精神)

——《国语词典》

(3)特指崇高的精神:如国魂,民族魂。

——《现代汉语词典》

二、初读课文,整体感知

1. 生自由读课文,要求读准字音,读通句子。

2. 出示课文生字词,生自主交流,掌握音、形、义。

(1)出示课后生字,读音组词:

葬(　)　腮(　)　虬(　)　玷(　)　秉(　)　飕(　)

码(　)　撩(　)　绢(　)　侨(　)　眷(　)　郑(　)

(2)词语理解:

秉性　训斥　撩乱　朦胧　灵魂　玷污　颇负盛名　折节

3. 快速朗读课文,说说外祖父是一个怎样的人,从哪些地方可以看出?

要求:读准字音,读准字词,遇到困难的地方多读几遍。

(让学生充分地自由表达,充分交流,初步体会课文的主要内容和感情。)

三、默读课文,理清脉络

默读课文,思考作者回忆了外祖父生前的哪几件事?

要求:先列出五件事的小标题,再用先概括后具体的方式表达清楚,最后完整地表达。(5 min)

1. 小组合作讨论、交流,列小标题和内容提要。

2. 师生共同梳理,课件展示具体内容。

(1)吟诗思乡落泪:外祖父常常教"我"读唐诗宋词,因思乡而常流出眼泪。(第2段)

(2)珍爱梅花图:外祖父对墨梅图分外珍惜,"我"不小心弄脏,他竟大发脾气。(第3段)

(3)思国伤怀:外祖父因不能回国而难过得哭了。(第4—11段)

(4)赠墨梅图:外祖父将最宝贵的墨梅图送给了"我"。(第12—13段)

(5) 送梅花绢：分别那天，外祖父把绣着梅花的手绢送给"我"。（第14段）

四、细读课文，体会外祖父对祖国的眷恋之情

1. 课文关于外祖父的事情，都是作者幼年时的回忆，在作者心目中，外祖父当时的许多言行作者都理解吗？

找出文中写作者当时不明白的语句，读一读你是不是能懂得外公当时的举动呢？

2. 学生速读课文，画出有关语句，交流。

【预设1】第2段

我很小的时候，外祖父常常抱着我，坐在梨花木大交椅上，一遍又一遍地教我读唐诗宋词。每当读到"独在异乡为异客，每逢佳节倍思亲""春草明年绿，王孙归不归""自在飞花轻似梦，无边丝雨细如愁"之类的句子，常会有一颗两颗冰凉的泪珠落在我的腮边、手背。这时候，我会拍着手笑起来："外公哭了！外公哭了！"<u>老人总是摇摇头，长叹一口气，说："莺儿，你还小呢，不懂！"</u>

1. 思考：

(1) 外祖父说"莺儿，你还小呢，不懂！"，外祖父说"我"不懂的是什么？外祖父为何读到这些诗句就会落泪呢？

预设：外公的心思，什么心思？这些诗句触动了他思乡的感情。

(2) 这几句诗是哪几位诗人写的，请简要说说你对这些诗句的理解？你从这些诗句中体会出外祖父怎样的思想感情？（思念家乡、思念祖国的思想感情）

2. 指导朗读，读中悟。（配乐《思乡曲》）

3. 找一找，文中的外祖父还有两次落泪，分别是在哪些地方？

(1) 我跑进外祖父的书房，老人正躺在藤沙发上。我说："外公，你也回祖国去吧！"

想不到外祖父竟像小孩子一样，"呜呜呜"地哭了起来……

① 教师朗读，学生闭上眼睛想象：你看见了什么？用自己的话说一说。

② 学生交流。

（在我眼前出现了一位白发苍苍的老人竟不顾自己的形象在自己的外孙女面前"呜呜呜"地哭着，他哭得是那样伤心。）

③ 你能理解这位老人此刻的心情吗？

（自己的儿孙要回到日夜思念的家乡，可是因为自己年纪太大，无法和他们同行，无法实现自己心中由来已久的心愿。同时，因为年纪太大，自己将永远不可能回到

家乡。)

(2)船快开了,妈妈只好狠下心来,拉着我登上大客轮。想不到泪眼蒙眬的外祖父也随着上了船,递给我一块手绢——雪白的细亚麻布上绣着血色的梅花。

① 哪个词让我们感受到了老人的哭?

② 外祖父这一次哭是为了什么?

不能返乡,要在异国度过晚年。

(这次分别可能是永别,自己将永远不能回国了,内心的痛楚之情油然而生,只有借墨梅图将自己那颗眷恋祖国的心带回祖国,"魂"归祖国。)

4. 小结

【预设2】第3段

外祖父家中有不少古玩,我偶尔摆弄,老人也不甚在意。唯独书房那一幅墨梅图,他分外爱惜,家人碰也碰不得。我五岁那年,有一回到书房玩耍,不小心在上面留了个脏手印,外祖父顿时拉下脸来。有生以来,我第一次听到他训斥我妈:"孩子要管教好,这清白的梅花,是能玷污的吗?"训罢,便用刀片轻轻刮去污迹,又用细绸子慢慢抹净。看见慈祥的外祖父大发脾气,我心里又害怕又奇怪:一枝画梅,有什么稀罕的呢?

(1)我心里又害怕又奇怪,从哪里可以看出我很害怕?奇怪什么?

① 害怕:顿时拉下脸来、有生以来、训斥"孩子要管教好,这清白的梅花,是能玷污的吗"、大发脾气。

② 奇怪:外公的行为。(轻轻刮、慢慢抹)

(2)外祖父的小心翼翼说明这幅墨梅图对外公来说意味着什么?

(墨梅图在外祖父心中十分重要)

(3)指导朗读"这清白的梅花,是能玷污的吗?"这一句,读出反问的语气"轻轻""慢慢"这两个词该怎样读,为什么?

(4)外祖父这么珍惜墨梅图是小气吗?吝啬吗?

从这一段的第一句"不甚在意"可看出外祖父平日并不吝啬、小气。

师:平日那么大方的外公,为什么对"墨梅图"小气起来了呢?莺儿小的时候不能理解,我们如果不读后文,能理解么?

墨梅图在祖父心中意味着什么?在文中找一找。

五、精读重点段,理解"梅花魂"

这梅花,是我们中国最有名的花。旁的花,大抵是春暖才开花,她却不一样,愈是寒冷,愈是风欺雪压,花开得愈精神,愈秀气。她是最有品格、最有灵魂、最有骨气的!几千年来,我们中华民族出了许多有气节的人物,他们不管历经多少磨难,不管受到怎样的欺凌,从来都是顶天立地,不肯低头折节。他们就像这梅花一样。一个中国人,无论在怎样的境遇里,总要有梅花的秉性才好!

1. 你觉得梅花有怎样的秉性?

(愈是寒冷,愈是风欺雪压,花开得愈精神,愈秀气)

4个"愈"字分析,读出梅花的坚强、骨气。

2. 外祖父如此深爱梅花,说明了什么?讨论交流。

预设:祖父把梅花当作中华民族精神的象征,即"有品格,有灵魂,有骨气,不管历经多少磨难,受到怎样欺凌,从来是顶天立地,不肯低头折节。他珍爱梅花,是为了让自己保持梅花般的秉性,保持中国人的气节。

3. 体会"民族魂",从古至今,中华民族涌现出哪些有气节的人物?

(1) 结合学生回答,出示下列民族英雄、爱国志士的图片及名字,生读。

于谦:粉身碎骨浑不怕,要留清白在人间。

文天祥:人生自古谁无死,留取丹心照汗青。

林则徐:苟利国家生死以,岂因祸福避趋之。

陆游:王师北定中原日,家祭无忘告乃翁。

(2) 指导朗读。这看似平常的梅花,融入了无数有气节人物的灵魂,漫漫五千年的中华史,有气节的人物怎能说得清呢?让我们的饱含深情地再读这一段。

4. 出示"想不到泪眼朦胧的外祖父也随着上了船,递给我一块手绢,一块雪白的细亚麻布上绣着血色的梅花。"

思考:外祖父为什么送梅花手绢给"我"?

(让"我"保持梅花般的秉性,保持中国人的气节,也把他自己对祖国的眷恋之心让"我"带回祖国。)

5. 讨论:此时,你对课题《梅花魂》中的"魂"有什么更深的了解?

齐读课题《梅花魂》。

六、布置作业

小练笔:仿照本文以物喻人的手法,写一段文字来表现某种花草树木的精神品质。

问题讨论:如何设计托物言志类文本?

模块二　学理阐释

一、写景状物文章特点

写景状物文是指以写景、状物为主要内容的文章。一般而言,把介绍名胜古迹或描写自然景象的文章称为写景文;把描写动植物或静态物的文章称为状物文。写景文与状物文都通过描绘优美景物来实现写作意图。不过,二者在描写上又有区别:写景文中的"景"一般由多种"物"组成,作者绘群"物"而成"景";状物文中的"物"一般为特定之"物",作者围绕"物"的多个层面进行描写。鉴于写景文与状物文的特殊关系,可将它们作为一个类型的文章加以研读。作者从自身的主观情感出发,真实地记录客观自然世界的一景一物,是写景状物文的基本特点。也就是说,写景状物文反映的客观世界(景物特征)是真实的,反映的主观世界(内心情感)更是真实的。

二、写景状物类文章教学设计要点

(一)写景类文章可以抓住写景顺序设计教学过程

写景类文章大都按照写景顺序描写景物展示情感。写景顺序有时间顺序和空间顺序两种。时间顺序即按照时间的先后变化介绍景物,如《美丽的小兴安岭》就是按照小兴安岭的春天、夏天、秋天、冬天来介绍小兴安岭的美景的。空间顺序即按照景物的空间变化移步换景展开文章书写,如叶圣陶的《记金华的双龙洞》就是按照空间的变化,洞口、洞中等空间顺序展开。

示例:

《记金华的双龙洞》的教学过程[①]:

一、创设情境,激发情趣

二、整体感知,拟定郊游

三、游览景点,挖掘特点

(一)领悟美,感受情——学习"路上"

(二)扣词句,抓特点——学习"洞口""外洞"

(三)入情境,悟特点——学习"孔隙"

(四)驰想象,析特点——学习"内洞"

---

① 徐芳.情景激趣　读中感悟——《记金华的双龙洞》教学设计两例[J].小学教学设计,2003(07):22-24.

四、着眼泉水,总结全文

五、畅谈感想,总结游记

(二) 状物类文章可以抓住观察顺序设计教学过程

状物类文章多是描摹动物、植物等外形、习性等表达作者的感情,一般都会通过观察顺序描写实物。教学中可以通过观察顺序设计教学过程。如《燕子》先写燕子的外形,再写燕子的飞行、休憩,表达对燕子的喜爱。

常见观察顺序有:其一,静态观察与动态观察。静态观察指观察事物静止状态下的特点;动态观察指观察事物在运动状态下的特点。静态观察和动态观察是相对而言的,二者结合,文章才有生趣。如《乡下人家》一文,1—2自然段描写的是乡下人家房前屋后的静态景物,3—6自然段描写的是乡下人家各个方面的动态画面。其二,定点观察与动点观察。定点观察指站在固定的位置上观察事物。如《草原》第一自然段,作者自上(天空)而下(草地)定点观察,发现草原上的天空与别处的天空不一样——清鲜、明朗;动点观察是连续移动观察的位置,从不同的观察角度观察事物。如《记金华的双龙洞》,它就是移步换景,描写了洞口、外洞、孔隙和内洞不同的特点。其三,整体观察与局部观察。整体观察指观察景物的整体全貌和总体特征;局部观察指观察景物的局部细处特点。二者结合,感受逐步深入,也就容易全面表现景物的特征。如《广玉兰》一文第二节侧重整体观察,突出了广玉兰花的洁净高雅,第三节侧重局部观察,特写了同一棵树上广玉兰花的不同形态。

(三) 借景抒情的情和借物喻理的理是这类课文的教学难点

"一切景语皆情语"。作者写景状物都是为了表达自己的情感,因此借景抒情,托物言志。而这个"情"和"志"因为不像景物那么具体形象,往往抽象且具有个性化,是学生难以理解的部分,是教学难点。如《自己的花是让别人看的》从德国人家家户户养花的美景中理解作者的感悟"人人为我我为人人";《梅花魂》中外公的话:"旁的花,大抵是春暖才开花,她却不一样,愈是寒冷,愈是风欺雪压,花开得愈精神,愈秀气。她是最有品格、最有灵魂、最有骨气的!几千年来,我们中华民族出了许多有气节的人物,他们不管历经多少磨难,不管受到怎样的欺凌,从来都是顶天立地,不肯低头折节。他们就像这梅花一样。一个中国人,无论在怎样的境遇里,总要有梅花的秉性才好!"理解梅花的特点品质只是这类课文的表层意思,难点是通过梅花传递的另一层深意。《桃花心木》一文,作者由桃花心木的生长联想到人,表达自己对生活的感悟,告诉我们生命成长的朴素道理。

（四）积累优美词句习得观察方法是这些课文阅读教学拓展内容

写景状物文教学，品味语言不仅是辨物识景、揣摩情感思想的需要，更是学习作者语言文字运用的路径。写景状物类课文描写景物时语言优美，善用多种修辞方法，使得景物形象动人，栩栩如生。如《观潮》"江潮还没有来，海塘大堤上早已人山人海。大家昂首东望，等着，盼着。"（间接描写）"那条白线很快地向我们移来，逐渐拉长，变粗，横贯江面。再近些，只见白浪翻滚，形成一堵两丈多高的水墙。浪潮越来越近，犹如千万匹白色战马齐头并进，浩浩荡荡地飞奔而来；那声音如同山崩地裂，好像大地都被震得颤动起来。"（直接描写）短短几段用了衬托、比喻、夸张等修辞手法，生动精彩。教材课后练习要求背诵这几段作为积累。在积累好词好句时，教学中也可以让学生习得观察方法，比如观察顺序、多角度观察等。

模块三　设计实践

1. 案例反思：经过模块二的学习，你重新评价模块一中的案例，并加以学理说明。

2. 动手实践：

任务一：写景类课文教学设计实践：请你对三下《荷花》进行分课时版教学设计，内容包括教材分析、学情分析、教学目标、重难点、教学过程、板书设计。

任务二：状物类课文教学设计实践：请你对五下《梅花魂》进行分课时版教学设计，内容包括教材分析、学情分析、教学目标、重难点、教学过程、板书设计。

模块四　资料链接

一、推荐阅读

1. 张琼.聚焦作者：写景状物类文本多层对话的核心[J].小学教学参考，2018(22)：46.

在《聚焦作者：写景状物类文本多层对话的核心》中指出教学写景状物这一类文本，就要让学生深入文本中去。张琼学者认为教师要引导学生通过搜集作者相关信息，了解作者生平来与作者进行初步对话；引导学生揣摩作者用意，在援疑质理中与作者进行理性对话；引导学生体悟作者情韵，在鉴赏语言中与作者深入对话。只有让学生做到"知人论世"，才能更好地把握文章内涵，提高学生的核心素养。

2. 颜华旋.浅析写景状物类文章批注式阅读的指导[J].小学教学参考，2017(28)：49.

在《浅析写景状物类文章批注式阅读的指导》中指出,批注法在写景状物散文中具有重要的作用,教师可以引导学生用批注的方法抓住文章的关键词、关键句、修辞处等地方进行批注,来提高学习效率。

3. 佟征.记叙文的语言特点研究[J].中国校外教育,2015(03):78-79.

在《记叙文的语言特点研究》中指出,写景状物记叙文的语言都能做到精炼准确、朴素自然、清新明快、亲切感人。不同作家有不同语言风格特点。有的粗犷,有的细腻,有的豪放,有的婉约。如冰心的柔美隽丽,朱自清的绵密醇厚,叶圣陶的清淡平实……语言风格的不同,是由作家的美学追求、艺术个性不同造成的。

4. 王树华.在多层次对话中欣赏、体会、领悟——写景状物类文本的教学[J].语文教学通讯,2017(33):21-24.

在《在多层次对话中欣赏、体会、领悟——写景状物类文本的教学》中指出欣赏景和物鲜明的外在形象、感受景和物人格化的品质、体会作者的情感和志趣、领悟生活的本真获取审美享受就是写景状物类文本的内容和指向。

二、推荐案例

《白鹭》教学设计[①]

【教学目标】

1. 认识本课14个生字,会写"宜""鹤"等11个生字;理解"适宜""铿锵""嗜好"等词语的意思。

2. 正确、流利地朗读课文,读出对白鹭的喜爱和赞美之情。背诵课文。

3. 细致品味语句,理解"白鹭是一首精巧的诗"的含义,懂得从寻常事物中发现美。

4. 初步体会作者采用比较的表达效果,以及借物抒情的手法。

【教学重点】理解"白鹭是一首精巧的诗"的含义,懂得从寻常事物中发现美。

【教学难点】初步体会比较的表达效果,以及借物抒情的手法。

【教学设计】

第一课时

一、整体观照,通读单元

1. 浏览第一单元,看看包含哪些学习内容。

---

① 孙静.《白鹭》教学设计[J].小学语文教学,2019(27):34-36.

指名汇报:四篇课文,一个口语交际,一篇习作,一个语文园地。

2.观察单元封面,联系四篇课文的内容,你了解到什么?

预设:

(1)单元主题:一花一鸟总关情。

(2)单元学习重点:初步了解课文借助具体事物抒发情感的方法;写出自己对一种事物的感受。

(3)课文内容:关于动物、植物的。

(设计意图:从单元入手,能够让学生在短时间内建立起整体结构意识。从单元视角下看一篇课文,了解编者的意图,更好地把握学习目标和重点、难点。)

二、看图激趣,揭题导入

1.(出示挂图)观察,指名说样子:认识这种鸟吗?

教师简单介绍:白鹭,体长50厘米左右,全身的毛雪白。春夏多活动于湖沼岸边或水田中,主食是小鱼等水生动物。

大诗人杜甫还曾经写过它——齐背"两个黄鹂鸣翠柳,一行白鹭上青天"。

2.郭沫若先生也为白鹭写了一篇优美的文章,这就是我们今天要学习的第1课《白鹭》。(板书课题,齐读)

三、检查预习,落实初读

1.同桌互读互听,协助纠正字音及读得不通顺的地方。争取做到字字响亮、句句通畅。

2.出示生词。

嗜好　清澄　镜匣　长喙　蓑毛　韵味(指名读,齐读。提醒"澄"是多音字)

3.看图理解"蓑毛""喙"。

预设:为什么把白鹭的羽毛叫蓑毛?"蓑"是用草或棕制成的,披在身上的防雨工具。(出示图片)白鹭身上的羽毛又多又长,就像披了一件雪白的蓑衣一样,所以说是雪白的"蓑毛"。

4.提问:作者是从哪几个方面写白鹭的?同桌讨论,集体交流。

预设:第1自然段写白鹭是一首精巧的诗。第2~5自然段写白鹭色素的配合,身段的大小都很适宜。第6~8自然段写白鹭在觅食、栖息、飞行时充满韵味。第9~10自然段写白鹭实在是一首韵味无穷的诗。

(设计意图:在学生充分预习的基础上,通过字词句的朗读检查、理解等环节落实初读。对于难理解的词语,通过看图等方式,建立具象和抽象之间的联系。划分段落实则也理清了全文的写作顺序。)

四、学习外形,感悟精巧

1. 浏览课文,找出能概括全文的句子:"白鹭是一首精巧的诗。""白鹭实在是一首诗,一首韵在骨子里的散文诗。"反复读一读,你读出了什么样的情感。(喜爱、赞美)

2. 读了这两句,你产生怎样的疑问?

预设:明明是动物,怎么能是诗呢?请学生谈谈对"诗"的理解。

预设:美、具有画面感、有节奏、短小精悍……

3. 这节课我们先来体会白鹭的外形是如何精巧如诗的。(出示第2~5自然段,指名4人分读。)想一想作者是围绕哪句话来写白鹭外形的?

(出示第2自然段:"色素的配合,身段的大小,一切都很适宜。")

理解什么叫适宜。

4. 作者是怎样合适而详尽地告诉我们白鹭的颜色搭配和身段大小的?细读文本,想一想作者怎样写出了白鹭色素配合、身段大小的适宜?用不同标记画出相关语句,适当批注。

学生自学,小组讨论,汇报。

预设:

(1)第3自然段为什么要把白鹭与白鹤、朱鹭、苍鹭相比?引导思考,在对比中,白鹭有其独特的美:小巧、玲珑、柔和、平常。这是身段大小的适宜。

(2)第5自然段是具体描写:白鹭颜色的配合、身段的大小真是巧夺天工!

看图,教师相机点拨:

我们来看,白鹭全身只有三种颜色,不多,也不乱,显得很素雅!再看,全身的流线型结构,你又想到了什么呢?

"流线型结构":线条非常流畅,显得很柔和。

"增之一分""减之一分":增一点儿,太长了,就显得怎么样?(瘦弱)减一点儿,太短了,又显得怎么样呢?(笨拙)也不好看!

"素之一忽""黛之一忽":太素了,没有颜色的对比,美吗?(不美)太黑了,黑不溜秋,就不雅致了。可见白鹭颜色的配合、身段的大小,一切都很适宜,恰到好处,完美无瑕,的确非常精巧,如诗般凝练、精巧!

(3)如果改成"不长不短、不白不黑",好不好?(组织学生体会比较)

点出郭沫若对白鹭的描写是借鉴了宋玉的《登徒子好色赋》的写法。出示下面一段话:东家之女,增之一分则太长,减之一分则太短,著粉则太白,施朱则太赤,眉如翠羽,肌如白雪,腰如束素,齿如含贝,嫣然一笑,惑阳城,迷下蔡。

说说感受。(突出颜色、身段的适宜)宋玉用排比铺陈写出了美人之美,郭沫若迁移这样的句式,写出了白鹭外形的适宜,如诗如画般精巧。

5. 指导朗读。

白鹭的"精巧"我们体会出来了,那如何通过朗读把这种精巧给表达出来呢?

指导朗读,发出内心的赞叹。

评价:这就是我们语言的魅力!

(设计意图:从课文对白鹭外形的两方面描写入手,读中体会白鹭外形的美丽。着重紧扣第5自然段具体描写白鹭外形的语言文字,引领学生品词析句,在图文结合中,在充满感情的朗读中感受白鹭美在"色彩搭配和谐",美在"身段大小适宜"。这样,学生对"白鹭是一首精巧的诗"就不难理解了。)

6. 内化语言。

出示填空:白鹭的确是一首精巧的诗,你看它(　　　)。

(联系课文内容,学生填空说话)

五、观察生字,指导书写

1. 仔细观察田字格中的生字"嫌""澄":结构都是左窄右宽,并提醒笔画。

2. 教师适当范写,学生用钢笔描红、临写。

3. 反馈评价。

六、布置作业,课后延伸

1. 写完生字。

2. 背诵课文的第1~5自然段。

3. 进一步自学后半部分,感受白鹭是一首精巧的诗。

第二课时

一、回顾所学,复习导入

1. 听写词语。

嵌入　适宜　白鹤　嫌弃　嗜好　玻璃框　镜匣　望哨　清澄　韵味

2. 回忆:课文是从哪几方面写白鹭的?

3. 检查背诵第1~5自然段。

二、品读文字,感受韵味

1. 人们常说"诗中有画",那白鹭这首精巧的诗中有着怎样的画呢?

(教师配乐朗读课文的第6~8自然段。学生仿佛看到了哪些优美的画面,说一说。)

2. 自读第6~8自然段,根据课文内容展开丰富的想象,给每幅画取一个好听的名字,写在相应的段落旁边,如果觉得有困难,也可以跟同桌讨论。

已经取好名字的,同桌之间可以互相交流。结合课文内容和画面内容讲一讲取名的理由。反馈取名情况。

预设:可以是钓鱼图、望哨图、飞翔图,也可以是垂钓图、望哨图、低飞图,还可以是栖息图、飞行图,主要关注学生的表达是否反映主要内容。也可以利用课堂评价让学生说说哪个更合适。

3. 品读文字,看看哪些描写使得画面如此生动,从而吸引了你。在你认为值得咀嚼的词句下标上记号。

4. 汇报交流。

(1) 出示"钓鱼图"。

① 精读第一句,体会拟人手法的绝妙。白鹭明明是在"捕鱼""啄鱼",作者为什么写它是在"钓鱼"呢?请你仔细观察这幅图,再联系生活实际想想钓鱼给你的感觉。"钓鱼"一词写出了白鹭的悠闲安静,可见作者用词是多么的精当啊!

② 进一步琢磨"玻璃框""镜匣",体会水田的清、环境的美。

③ 总结:通过琢磨关键词,看出了白鹭与环境的和谐,让语句显得如诗如画。

④ 想象并朗读白鹭钓鱼图,指导背诵。

(2) 出示"望哨图"。

① 指点关注"绝顶",体会白鹭所站位置的高和险;关注"像是不安稳""却很悠然",体会白鹭超然物外的淡然之韵。

② 课文最后写"人们说它是在望哨,可它真的是在望哨吗?"很能引起读者的思索。此时,白鹭给你什么样的感觉,如果是在瞭望,白鹭在望什么呢?(指名答)如果它不是在望哨,那它可能在干什么呢?

教师总结:其实,连作者都不清楚白鹭究竟是在干什么,这时候所有的语言都及不上最后这一个问句来得妥帖和恰当。语言的留白往往是最美的,它能够使文章更加耐人寻味!

③ 有感情地朗读本段,尝试背诵。

(3) 出示"低飞图"。

① 白鹭飞行,又给我们什么样的感受呢?(舒展、轻缓、自由自在、很轻松。)

② 放映白鹭飞翔的视频片段,理解"清澄""具有生命了"。

③ 指导朗读体会黄昏天空中白鹭低飞的美。

5. 齐读第6~8自然段,感受韵味无穷的诗意。

① 同时出示以上三幅图,思考这三幅图排列的顺序。(由静到动,动静交融,如歌一样韵律起伏,如诗一般优雅梦幻。)

② 看图背诵。

总结:白鹭的每一个时刻,每一种姿态,都如曼妙的诗歌,给我们无穷想象的空间。

(设计意图:读悟结合,读思结合,图文结合,读中领悟"白鹭诗中有画,韵味无穷"。教学中抓住三幅画面,引导学生读中品味,并根据画面的不同,采用不同的教学策略,使得学生对"白鹭是一首韵味无穷的诗"的理解水到渠成。)

三、回归整体,总结学法

1. 质疑:此时此刻,你觉得白鹭美吗?它美中还有不足吗?

集体交流,体会"白鹭身就是优美的歌",说出自己的内心感受。

2. 理解"铿锵"。追问:白鹭本身就是一首优美的歌,为何还说太铿锵?

3. 教师描述:是啊,白鹭真是如诗、如画、如歌!

出示第10自然段文字,说说对"诗""散文诗""韵在骨子里的散文诗"的认识。联系全文思考:为什么说"白鹭实在是一首诗,一首韵在骨子里的散文诗"?

出示填空:白鹭的确是一首韵在骨子里的散文诗,你看它(　　　)。

(联系课文内容,学生说话)生齐读,发出内心的赞叹——白鹭的确就是一首诗,一首有形、有情、有韵律、自由洒脱而又给我们带来无限遐想的诗。白鹭是这样,郭老的文章也是这样。

(引导发现前后照应、首尾呼应的写法)

4. 总结:作者就是这样,借助白鹭这一寻常事物,抒发表达自己内心的情感。

回顾全文的学习推进层次(方法):(1) 写了什么;(2) 寄托了作者怎样的情感;(3) 是通过什么方式表达这种情感的。

四、总结全课,拓展练习

1. 生活中并不缺少美,缺少的是发现美的眼睛。真诚地祝愿同学们人人拥有一双发现美的眼睛,去捕捉、挖掘生活中像白鹭这样如诗、如歌、如画的美!

2. 课后练习。

(1) 背诵全文。

(2) 抄写自己喜欢的自然段。

(3) 拓展阅读郭沫若的《杜鹃》、郑振铎的《鸬鹚》。

(设计意图:课外拓展延伸,可使学生增加阅读积累、语言积累,养成不动笔墨不读书的好习惯。并使书面语言渐渐内化为学生自己的语言,形成语言表达的特色,为学生终身学习打下扎实的基础。)

第五节 诗歌文言文类阅读教学设计

模块一 课例研讨

案例2-9 《长相思》教学实录[①]

王崧舟

《长相思》

纳兰性德

山一程,水一程,身向榆关那畔行,夜深千帐灯。

风一更,雪一更,聒碎乡心梦不成,故园无此声。

【按】这是一首描写边塞军旅途中思乡寄情的佳作。

天涯羁旅最易引起共鸣的是那"山一程,水一程"的身漂异乡、梦回家园的意境,信手拈来不显雕琢,难怪王国维评价"容若词自然真切"。

这首词更可贵的是缠绵而不颓废,柔情之中露出男儿镇守边塞的慷慨报国之志。一句"夜深千帐灯"不愧"千古壮观"。

【程】道路、路程,山一程、水一程,即山长水远也。

【榆关】即今山海关。

【那畔】即山海关的另一边,指身处关外。

【帐】军营的帐篷,千帐言军营之多。

【更】旧时一夜分五更,每更大约两小时。风一更、雪一更,即言整夜风雪交加也。

[①] 材料来自:https://wenku.baidu.com/view/333fcc70d5d8d15abe23482fb4daa58da1111c7c.html.

【聒】声音嘈杂,使人厌烦。

【故园】故乡。

【此声】指风雪交加的声音。

王崧舟教学实录——《长相思》

执教:王崧舟

【全国第一届经典诗文诵读研讨会】

地点:无锡市大众剧院

时间:10月18号上午

执教:王崧舟教师

师:同学们,在王安石的眼中啊,乡愁是那一片吹绿了家乡的徐徐春风。而到了张继的笔下,乡愁又成了那一封写了又折、折了又写的家书。那么在纳兰性德的眼中乡愁又是什么呢?请大家打开课本自由朗读《长相思》这首词,注意仔仔细细地读上四遍。读前两遍的时候注意词当中的生字和多音字,争取把它念得字正腔圆。读后两遍的时候争取把它念通顺,注意词句内部的停顿,明白吗?好,自由读《长相思》开始。

(学生在齐读)

师:按自己的速度和节奏读。

(学生放声自由朗读老师在一旁巡视,了解学生的读书情况)

(师出示课件《长相思》)

师:好,谁来读一读《长相思》。来,孩子。其他同学注意听这首词当中的一个生字和一个多音字,听他有没有念错。

(学生朗读)

师:读得字正腔圆,真好。"风一更"这个"更"字是个多音字。"聒碎乡心"的"聒"是个生字,他都念准了。来!我们一起读一读"风一更,雪一更,聒碎乡心梦不成。"预备齐!

(生跟着读一遍教师又读一遍带一点感情,学生跟着又读一遍)

师:真好!谁再来读一读《长相思》。其他同学特别注意听词句的中间她是怎么停顿的,读得是不是有板有眼,听清楚吗?好,开始。

(学生朗读)

师:真好,你们有没有注意到这位同学在读"身向榆关那畔行"的时候哪个地方停顿了一下?

生：她在"身向榆关"的后面停顿了。

师：你还有没有注意到她在读"夜深千帐灯"的时候哪个地方又停顿了一下？

生：她在"夜升"后面停顿了一下。

师：真好，你们都听出来了吗？对！这叫读得有板有眼，我们读这两句词"身向榆关那畔行，夜深千帐灯"。预备起！

（学生齐读）

师：再来一遍："身向榆关那畔行，夜深千帐灯"（有感情地读），读。

师：真好！同学们读古代的诗词，我们不但要把它读正确，读得有节奏，而且还要尽可能读出它的味道来。比如《长相思》这个题目我们可以有许多读法，有的读"长相思"（语调平平）。有"长"的味道吗？有"相思"的感觉吗？比如你这样念"长——相——思"（充满感情）有感觉吗？有味道吗？

生齐答：有味道，有感觉。

师：读词争取读出这种感觉和味道，你们自己再试着读一读《长相思》，争取读出你的味道和感觉来明白吗？好，按自己的节奏读。

（学生自由朗读教师在一旁巡视，了解学生的读书情况）

师：谁来读一读《长——相——思》？

（一学生站起来）

师：读出你的味道和感觉来。注意听你听出了什么味道，什么感觉。预备开始。

（学生有感情地朗读一遍）

师：好一个"故园无此声"有味道。谁还想读？来，孩子。

（另一位学生朗读）

师：好一个"聒碎乡心梦不成"！来，我们一起读出你自己的味道和感觉来。《长相思》读！

（学生有感情地齐读）

师：真好！同学们词读到这儿为止，你的脑海里留下了什么印象和感觉？谁来说一说？

生：我感觉到了纳兰性德非常思念家乡。

师：好，你感到了诗人对家乡的思念。谁有别的印象和感觉？

生：我感觉到了纳兰性德他思念家乡的梦都睡不好了。

师：不是梦都睡不好了，是觉都睡不好了，根本就没有梦，是吧。这一点的印象留给你特别深。同学们对家乡的思念,梦都做不成、觉都睡不好。带着这种感觉我们再来读一读《长相思》,把这种感觉读进去,读到词的字里行间去。《长相思》读。

(学生有感情地齐读《长相思》)

师:好!《长相思》作者为什么会如此的长相思?请大家默读这首词的时候,注意仔细地看看书上的插图,仔细地看看书上的注解,然后试着去想一想这首词大概在讲什么意思。明白?默读《长相思》。

(学生默读词并思考词的意思,教师在一旁巡视,了解学生的读书情况。)

师:好了,王老师提两个问题,看看你对这词大概的意思掌握了多少。

(老师板书:身)

师:第一个问题听清楚:作者的"身",身体的"身",身躯的"身"。作者的身在哪里?身在何方?孩子你说。

生:作者的身在前往山海关外。

师:请站着(没让这个学生坐下),山海关外。继续说,谁还有不同的继续说?身在哪?来,请。

生:作者的身在前往山海关外的路上。

师:路上,请站着。继续说。你说。

生:作者的身在山海关。

师:山海关,你站着。谁还有不同的理解身在何方?来,你说。

生:他的身在山海关那边。

师:山海关那畔,那么"山一程"身在哪?还可能在哪?孩子你说。

生:他的身可能在山上。

师:那是怎样的山?

生:是非常高。

师:好,非常高的山上。在崇山峻岭上。那么"水一程"呢?他的身还可能在哪?

生:他的身可能在船上。

师:身可能在船上。是的,那么"夜深千帐灯"呢?他的身又可能在哪?

生:他的身可能在营帐里面。

师:营帐里面,请站着。孩子们,这里站着一,二,三,四,五,六,七位同学。作者的身在哪儿?七位同学就是作者的身经过的七个点。他经过了崇山峻岭,他经过了大河小川,他经过了山海关外,经过了军营的帐篷,他还经过了许许多多的地方。这就是作者的身在何方。一句话:"作者的身在征途上"。

(板书:身在征途)

师:请坐,已经读懂了一半。下面我提第二个问题。

(板书:心)

师:纳兰性德的心(稍做停顿)心在哪儿?

生:他的心在故乡。

(教师连着问了第一排的学生回答都是故乡)

师:用词当中的一个词一起说纳兰性德的心在哪?

生齐答:故园。

(教师板书:心系故园)

师:好,孩子们,身在征途心却在故园把它连起来(把身在征途心系故园用一个圆圈圈起来)你有什么新的发现新的体会?

(看学生没回答,老师一边做手势,一边说)

师:身在征途心却在故园。你有什么新的发现新的体会?

生:我发现了他身却在征途,但心很思念故乡。

师:恩,不错。你说。

生:我发现了纳兰性德他既想保家卫国,但又很想念自己的家人。

师:你理解了更深了一层。你说。

生:我觉得纳兰性德他肯定很久没回家乡了。

师:你的心思真细腻啊!

生:我还觉得纳兰性德他不管在什么地方心里总是有家乡的。

师:好一个"不管在什么地方心总是在家乡"。你说。

生:纳兰性德虽然远离家乡,可是他仍然思念着家乡。

师:一个远离一个思念。同学们就是这种感受,这种感情,这种心灵的回想,我们一起带着这种感觉再来读一读《长相思》。先各自读,试着把作者身和心分离的那种感受,那种心情读出来,各自读。放开声音读,按自己的节奏读,可以轻轻地读。

(学生放声自由朗读)

师:好,谁再来读一读《长相思》?

(指一学生读后,教师放音乐教师范读)

师:一起读,预备起。

（学生齐读）

师：孩子们，请闭上你们的眼睛，让我们一起随着纳兰性德，走进他的生活，走进他的世界，随着老师的朗读，你的眼前仿佛出现怎样的画面和情景？

（教师范读）

师：孩子们，睁开眼睛，现在你的眼前仿佛出现怎样的画面和情景？你仿佛看到了什么，听到了什么，你仿佛处在一个怎样的世界里面？

生：我看见了士兵们翻山越岭到山海关，外面风雪交加，士兵们躺在帐篷里翻来覆去怎么也睡不着，在思念他的故乡。

师：你走进去了。

生：我看见了纳兰性德在那里思念家乡，睡不着那样的情景。

师：你看到了作者辗转反侧的画面。

生：我看见了纳兰性德走出营帐，望着天上皎洁的明月，他思乡的情绪也更加地重了起来。

师：你看到了纳兰性德抬头仰视的画面。

生：我还看到了山海关外，士兵们都翻来覆去睡不着，但是在他们的家乡没有这样的声音，睡得很宁静。

师：你们都看到了，是吗？你们看到了跋山涉水的画面，你们看到了辗转反侧的画面，你们看到了抬头仰望的画面，你们看到了孤独沉思的画面。但是，同学们，在纳兰性德的心中，在纳兰性德的记忆里面，在他的家乡，在他的故园，又应该是怎样的画面，怎样的情景呢？展开你的想象，把你在作者的家乡，在作者的故园看到的画面写下来。

（教师放音乐《一个陌生女人的来信》，学生写片段）

师边巡视边说：那可能是一个春暖花开的日子，在郊外，在空旷的田野上……那也可能是几个志趣相投的朋友围坐在一起，一边喝酒，一边唱吟着什么……那也可能是在暖暖的灯光下，一家人围坐在一起，在……在故园，在家乡，你将会看到很多很多美好的画面和场景。

（学生继续写片段，教师继续巡视）

师：好，孩子们，请停下你手中的笔，让我们一起回到作者的家乡，走到纳兰性德的故园去看看，在他的家乡有着怎样的画面和情景。谁来？

生：我看见了纳兰性德的家乡鸟语花香，纳兰性德的家人在庭院中聊天；小孩子们在巷口玩耍嬉戏;牧童赶着牛羊去吃草;姑娘们坐在家门口绣着花;放学归来的孩童们放下书包,趁着风,放起了风筝;还有的用花朵变成了花环带在了头上,家乡一片生气勃勃。

师:好一个生气勃勃,好一幅乡村乐居图啊!这是她看到的。继续看。

生:我看见了晚上月光皎洁,星星一闪一闪的,他的亲人坐在窗前望着那圆圆的月亮,鸟儿不再唧唧喳喳地叫,外面只听见阵阵呼呼的微风,花儿合上那美丽的花瓣,亲人是多么希望纳兰性德能回到家乡与他们团聚啊!

师:一个多么宁静多么安逸多么美好的夜晚啊!

生:我看到了那个晴朗的天气,妻子正绣着锦缎,孩子们在门外的草地里玩耍,一会儿捉蝴蝶,一会儿逮蚂蚱,汉子们正挑着一桶水回家做饭,做好饭后一家人围坐在一起喝酒,聊天。

师:天伦之乐,温馨融融,多美好的生活。但是现在,此时此刻,这样的画面全都破碎了,这样的情景全破碎了。

(板书:在身在征途心系故园上写"碎")

师:谁来读《长相思》?在这里没有鸟语花香,没有亲人的絮絮关切,在这里有的只是——

(指名学生读《长相思》)

师:在这里,没有皎洁的月光,没有在皎洁的月光下和妻子相偎依在一起的那份温暖,那份幸福,在这里有的只是——

(指名学生再读《长相思》)

师:孩子,听得出,你是在用自己的心在读。在这里没有郊外的踏青,没有和孩子在一起的捉迷藏,没有杨柳依依,没有芳草青青,这里有的只是一起读——长相思。

(学生齐读)

师:长相思啊长相思!山一程,水一程,程程都是长相思!风一更,雪一更,更更唤醒长相思。孩子们,闭上眼睛,想象画面,进入诗人的那个身和心分离的世界,我们再一起读:长——相——思。

(学生齐读)

师:同学们,《长相思》读到现在为止,我们已经非常真切地感受到了作者身在征途,心系故园的那一颗破碎的心。我想,读到现在为止,读到这个时候,你是不是应该问一问纳兰性德。你的脑子里冒出了什么问题?想问一问纳兰性德。

生：纳兰性德，既然你这么思念家乡，那你为什么还要去从军呢？

师：问的好！再来问。

生：纳兰性德，你快点回家吧！你为什么不回家呢？

（学生说不出来了）

师：我知道，你想问纳兰性德，你为什么不早点回家呢？是吧。好，继续问。

生：纳兰性德，如果你想回家，就应该早点用心打仗，为什么不用心打仗？不用心打仗，仗打不好，你还会死在途中。

师：是啊！你身在征途，就一门心思去干你的事业，为什么对自己的故园又要牵肠挂肚，辗转反侧呢？问的好！谁还想问一问纳兰性德？

生：你既然这么想念家乡，那你为什么不把你所想念的，对家人想说的话写下来，让一个老乡帮你送过去呢？

师：好！孩子们，你们都问我是吗？你们可曾知道这些问题纳兰性德也在问自己，就在征途上，纳兰性德还写了一首词，题目叫《菩萨蛮》，其中有这两句就是纳兰性德问自己的，谁来读一读？

（出示课件"问君何事轻离别，一年能几团圆月？"，学生朗读）

师：问的好啊！问自己，孩子，问自己。

（学生朗读）

师：问的好！孩子们，请你们再想一想，除了纳兰性德在问自己以外，还有谁要问一问纳兰性德"问君何事轻离别，一年能几团圆月"？

生：还有深深思念他的妻子。

师：对！你就是纳兰性德的妻子，你问一问纳兰性德，孩子你问。

生：问君何事轻离别，一年能几团圆月？

师：妻子问丈夫，那个"君"字改成——

（学生说问"夫"）

师：好，来，你再问一问。等一下，我们一起到一个地方去问一问，好吗？长亭外，杨柳依依，妻子在送别的路上问纳兰性德——

生：问夫何事轻离别，一年能几团圆月？

师：好一个贤德的妻子。还有谁会问一问纳兰性德？

生：还有纳兰性德的儿子。

师：儿子好。儿子问一问，你现在是纳兰性德的儿子，你问一问，把这个"君"字改成什么?

生:父。

师:"父"好!长亭下,芳草青青,儿子拉着父亲的手问——

生:问父何事轻离别,一年能几团圆月?

师:毕竟是儿子,感受还不是很深。

师:谁还会问纳兰性德?

生:还有他的父亲。

师:还有纳兰性德的父亲是吗?你是纳兰性德的父亲。长亭下,秋风瑟瑟,白发苍苍的老人问纳兰性德:

生:问儿何事轻离别,一年能几团圆月?

师:年纪的确已经很大了。还有谁也还会问纳兰性德?

生:还有他的哥哥。

师:他的哥哥是吧,你是他的哥哥。虽然纳兰性德没有哥哥,但是你可以暂且做他的哥哥。

生:问弟何事轻离别,一年能几团圆月?

师:是啊!孩子们,许许多多的人,他的老父,他的爱妻,他的娇儿,他的长兄,还有他的朋友都在问纳兰性德。我们再一起问问纳兰性德:问君何事轻离别,一年能几团圆月?

生齐问:问君何事轻离别,一年能几团圆月?

师:孩子们,轻离别,你们居然说我轻离别?

(板书:轻?)

师:我纳兰性德真的"轻"离别?再读《长相思》,默读,你从哪儿体会到我纳兰性德没有轻离别呀?我不是轻离别呀!长相思的什么地方让你体会到这一点。

师:我是纳兰性德,我想先问问我的老父:"老父,我是轻离别吗?"

生:不是,我从"风一更,雪一更,聒碎乡心梦不成,故园无此声。"中看出你不是轻离别,而是为了保家卫国。

师:好一位开明的父亲!我再想问一问我的爱妻:"我是轻离别吗?"

生:你不是。风一更,雪一更,聒碎乡心梦不成,故园无此声。你是为了保卫祖国。你离别家乡,是为了到前线去杀敌。所以我不怪你。

师:请坐。好一位贤德的良妻。是的,我何曾是轻离别呀!我是那样的重离别呀!

但是我身为康熙皇帝的一等侍卫,我重任在肩,我责任如山,我不得不离,不得不别啊!长相思,我的重离别,我的重重的离别,我的一切的一切,都已经化在了《长相思》中了。

(学生有感情朗读《长相思》)

师:这就是为什么我身在征途却心系故园的原因所在,这就是为什么我的那个梦会被破碎,我的那颗心会被破碎的原因所在。为了我的壮志和理想,思念家乡的孤独和寂寞,就这样化做了纳兰性德的《长相思》。

(教师出示"长相思"三个字,放音乐《怆》)

师:山一程,水一程,程程都是——(生齐说:长相思)。风一更,雪一更,更更唤醒——(生齐说:长相思)。爱故园,爱祖国,字字化做——(生齐说:《长相思》)。

师:下课!谢谢同学们!

生:谢谢老师!

问题讨论: 任务1:把这份课堂实录转化成教学设计形式,分步骤撰写。

任务2:读了这则课例,你对诗歌教学有哪些认识?

模块二 学理阐释

一、文体特点

"诗是一种语词凝练、结构跳跃、富有节奏和韵律、高度集中地反映社会生活和表达思想情感的文学体裁。"[①]因此,诗歌的特征表现为语言的高度凝练,集中反映对生活的认识;逻辑结构的跳跃,可以遵循想象情感逻辑由这一端跳到另一端,"无理而妙";节奏韵律性,古代时,诗歌是用来吟唱的一种形式,是诗、乐、舞三者为一体的,诗歌的音乐性外在表现为平仄、韵律、节奏等的形式特点;诗言志,我国古代诗歌是一种庙堂之学,《毛诗序》中提出"在心为志,发言为诗。"

二、课标及教材解析

(一)课标对诗文教学要求

第一学段:

1. 诵读儿歌、儿童诗和浅近的古诗,展开想象,获得初步的情感体验,感受语言的优美。

---

① 童庆炳.文学理论教程[M].北京:高等教育出版社,1999:170.

2.背诵优秀诗文 50 篇(段)。

第二学段:

1.诵读优秀诗文,注意在诵读过程中体验情感,展开想象,领悟诗文大意。

2.背诵优秀诗文 50 篇(段)。

第三学段:

1.阅读诗歌,大体把握诗意,想象诗歌描述的情境,体会作品的情感。

2.诵读优秀诗文,注意通过语调、韵律、节奏等体味作品的内容和情感。背诵优秀诗文 60 篇(段)。

(二)统编诗歌编排特点

在教育部统编的小学语文教材中,古诗(词)达 75 首(含"日积月累"部分所收 8 首),近体诗占了 63 首(绝句 60 首,律诗 3 首)。统编小学语文教材中所收古诗主要有两大类:一是浅显平易、通俗明快的咏物(写景)。咏物(写景)诗主要手法是描写,比如骆宾王《咏鹅》,从鹅的声音写到头颈、羽毛和脚掌,活泼生动,栩栩如生。优秀的咏物(写景)诗或以咏物精细、比喻贴切生动、极富想象力见长,如李峤的《风》、王维的《画》、贺知章的《咏柳》、杜甫的《绝句》(两个黄鹂鸣翠柳)、刘禹锡的《望洞庭》、王安石的《元日》等,或以托物喻志,在咏物中蕴含某种哲理或精神而著称,如白居易《草》、苏轼《饮湖上初晴后雨》、朱熹《春日》、杨万里《晓出净慈寺送林子方》等。二是即事(即景)而发的抒情诗。即事(即景)抒情类的古诗,在小学语文教材中的比例也非常高,如李白《赠汪伦》《黄鹤楼送孟浩然之广陵》《静夜思》、贺知章《回乡偶书》、王维《九月九日忆山东兄弟》《送元二使安西》、贾岛《寻隐者不遇》、孟浩然《春晓》,等等。

三、诗歌阅读教学设计要点

(一)诗歌阅读教学误区

1.过渡肢解,逐句串讲。

很多老师在诗歌教学时,没有抓住诗歌文体特征,按照一般文章进行教学,生字词解释、诗歌内容理解,因诗歌语言抽象,就引导学生逐字逐句翻译,再是情感体验,把诗歌当成散文教学。如温儒敏先生在一篇文章中批评的一年级下册《静夜思》教学案例:[①]

---

① 温儒敏.小学语文中的"诗教"[J].课程.教材.教法,2019(6):4-11.

第一步,兴趣导入。有的教师在教学时用了多媒体,展示月亮、夜空;有的教师甚至让学生听马思聪的《思乡曲》,希望引发他们的兴趣,然后转入课文教学。

第二步,初读课文,包括"知作者""解题意""学生词"等。有时教师要花很多时间去讲解生词,让学生做"扩词"练习,如要学生用《静夜思》的"思"来扩词。

第三步,逐字逐句串讲诗歌内容,让学生理解每句是什么意思,整首诗又表现了什么思想情感,有哪些画面最美,等等。

这种教学似乎把整首诗理解了,程序安排得很琐碎,把作品割裂了,破坏了学生对诗歌的整体感悟。学生始终缺少沉浸式阅读,缺少整体感悟,缺少完整的审美。

2. 滥用多媒体,限制学生想象。

诗歌的文体特征是想象和联想,构成画面,引发学生的想象思维和直觉思维,需要学生借助文字去体悟感受。但很多教师习惯于多媒体课件,以播放画面代替学生想象,本末倒置。我们读"白日依山尽,黄河入海流,欲穷千里目,更上一层楼",会想象自己一个人登临层楼时看到的那种苍茫雄浑的景象,但那种感觉可能是高逸旷远的,也可能是悲怆肃穆的,可能独与天地往还,也可能思人生之短暂,等等。怎么可以用一个固定的多媒体画面给"定格"了?"飞流直下三千尺,疑是银河落九天",无论怎样用照片或者视频来表现,都很难表现出诗歌所传达的那种气势,反而可能"限制"学生的想象力,因为诗歌中有些感觉和气氛,是很难形之于画面的。

(二) 诗歌教学设计要点

1. 吟诵涵咏,体会诗歌的韵律美

《毛诗序》云:"诗者,志之所之也,在心为志,发言为诗,情动于中而形于言,言之不足,故嗟叹之,嗟叹之不足,故咏歌之,咏歌之不足,不知手之舞之,足之蹈之也。情发于声,声成文谓之音。……故正得失,动天地,感鬼神,莫近于诗。"[1]可见,诗歌本质上是诗人内心情感的自然兴发与表达,即诗人情感的律动通过语言文字传达出来。近体诗在格律声韵上的严格要求,使之读起来抑扬顿挫,朗朗上口,和谐动听,呈现出极为强烈的声韵之美。因此,要指导学生声情并茂的诵读,理解诗意,领会诗情,增强记忆,感受诗歌韵律之美。

朗读的方式最好采取吟诵的方式,把诗的平仄押韵表达出来。叶嘉莹先生也说:"诗歌是非常精练的语言,它以最短的语言符号引起我们的注意,可是还隐藏了很多没

---

[1] 李学勤.十三经注疏·毛诗正义[M].北京:北京大学出版社,1999:6.

有说出来的意思。如果你就这样泛泛地读过去,对那些没有说出来的意思就不能体会;而当你拖长了声音来吟诵的时候,那个没有说出来的意思就慢慢透过你拖长的音调而表现出来了。"①

比如陆游的《示儿》:"死去元知万事空,但悲不见九州同。王师北定中原日,家祭无忘告乃翁。"用的是"东"韵,声音宽宏。试想一个垂死之人是何等的虚弱,但是一想到国家大事,声音慷慨激昂,实在让人热泪盈眶。叶绍翁的《游园不值》:"应怜屐齿印苍苔,小扣柴扉久不开。春色满园关不住,一枝红杏出墙来。"第一句和第二句的字音大多带有"i"这个音,"i"的开口度非常小,因而这两句的声音就都纤细,读起来让人有一种宁静、沉思之感。

2. 想象联想,理解诗歌的意境美

意象是我国古典文学中不可缺少的表达技巧与文化符号,很多意象自《诗经》开始便是我国文人表情达意的经典符号,看似优美的写景状物,其中往往蕴含着诗人丰富的情感与思想。诗人往往以这些意象为点睛之笔,达到凝练表达、含蓄抒发、余韵悠长的效果;学生通过学习中发现的规律理解意象,明白意象背后的内涵,便可更加准确地反推诗人的情感。自然界中的动植物和自然现象,如花鸟虫鱼、风云日月、雨雪风霜等,在中国古典诗歌中都被赋予了特殊的含义,通过比兴象征的手法,它们与人的某种情感意绪、精神品格、价值理念等对应起来,成为建构诗歌意境的重要元素。

在小学的诗歌教学中,并不需要学生知道意象这个概念,教师也不必讲述这个术语,可用景物代替,让学生找到诗歌中的景物,展开联想形成画面,体会诗情画意。

示例:

王崧舟《枫桥夜泊》教学实录

师:愁眠啊愁眠,因为愁眠,这个晚上张继看到了什么?咱们一样一样地说,读读第一句诗,看到了什么?

生:月落。

师:(板书:月落)因为"愁眠",张继看着月亮渐渐地升起,又看着月亮渐渐地落下。当月亮完全落下的时候,天地之间,一片幽暗,一片朦胧。在一片幽暗和朦胧中,诗人在江边看到了什么?

生:枫树。

---

① 叶嘉莹.叶嘉莹说诗讲稿[M].北京:中华书局,2018:149.

师：(板书：江枫)想象一下,那是怎样的江枫?

生：红红的。

师：那是被霜打过的缘故。秋风吹过,你看那江边的枫树——

生：在瑟瑟摇动。

生：落叶飘了下来。

师：落叶飘零,江枫瑟瑟。多么凄清,多么孤寂的画面啊！那么,诗人在江中又看到了什么呢?

生：渔火。

师：(板书：渔火)找一个词来形容你想象中看见的渔火。

生：忽明忽暗的。

生：若隐若现的。

生：一点一点的。

师：改成"星星点点"的也许会更好,这些是张继因为愁眠而看到的。愁眠啊愁眠,因为愁眠,张继又听到了什么?

生：乌啼。

师：(板书：乌啼)几声凄厉的乌啼,打破了夜的沉寂,但是,当乌啼声飘过,茫茫秋夜反而变得更加沉寂。还听到了什么?

生：钟声。

师：(板书：钟声)是的,姑苏城外寒山寺的夜半钟声。(板书：姑苏城外寒山寺,夜半钟声到客船)请把"钟声"圈出来。

生：(圈出"钟声")

师：看到了,听到了,愁眠啊愁眠,因为愁眠,张继还感到了什么?

生：霜满天。

师：(板书：霜满天)大家知道,霜是覆盖在地上的,所以,李白才写过这样的诗句,床前明月光——

生：(接答)疑是地上霜。

师：对呀！霜怎么可能满天呢? 难道是张继的感觉出了问题?

生：因为张继愁眠,所以感觉霜满天。

在上述《枫桥夜泊》的教学片段中,王崧舟老师以"诗人看到了什么""在江边看到什么""在江中看到什么""诗人听到了什么""诗人感到了什么"几个问题,引导学生自己说出意象,并用恰当的词语形容修饰景物,从而让学生感受体会诗中营造的孤寂凄清的氛围。

3. 品字析句,感受诗歌的语言美

诗歌的特征之一是用词高度凝练。唐代诗人卢延让在写诗时常有"吟安一个字,捻断数茎须"的心酸苦楚,杜甫更是持"语不惊人死不休"的创作态度。比如王维的《送元二使安西》:"渭城朝雨浥轻尘,客舍青青柳色新。劝君更尽一杯酒,西出阳关无故人。"可谓每一个字、每一个词都饱蘸深情,必须仔细品读方可。我们这里只分析第一、二句。读者得首先了解"渭城"在哪里。"渭城"就是现在的陕西省咸阳市,在长安(今西安)西北大约五十公里处,也就是说,王维当时不是在长安城外送元二,而有可能是将元二一直送到了百里之外的咸阳,这本身就足以说明两人的情感之深。再如李白的《黄鹤楼送孟浩然之广陵》:"故人西辞黄鹤楼,烟花三月下扬州。孤帆远影碧空尽,唯见长江天际流。"第三、四句中的"孤、远、尽、唯",亦都值得品读。"孤",帆本无所谓孤独不孤独,所谓帆之孤独,实则是诗人李白内心孤独情感的一种外显;"远""尽""唯"三字,说明李白在这里驻足长留,一直到白帆越来越远,与天空融为一体,再也看不到了,他还没有离去,最后所见只有江水滔滔奔向未知的远方。只有通过对这些字的品读,方可深切体会到李白与孟浩然的情感之深。

(三) 教学时注意问题

1. **不求甚解与适当讲解**

小学第一学段讲究会意。古代诗论有一个很著名的说法:"诗无达诂"就是说,对于诗歌的词句内容,很难做出也不宜做出完全符合其义的解释。特别是小学第一学段学生的理解能力相对较低,但想象力可能比大人丰富,对于诗词内容与审美的理解体会可能多种多样。教师可以适当引导,让学生自己去读,反复诵读,能理解多少是多少。到了第二三学段,可以适当讲解,补充资料等。如古诗的表达特点。就整首诗(绝句)而言,有实写(前两句)、虚写(后两句)或写景、写情的规定性。无论是五言绝句还是七言绝句,都是如此。如古诗的用语现象。用语现象,包括倒装、单音节等。至于倒装,既有词(或词组)的倒装,也有句的倒装。如,"孤帆远影碧空尽/唯见长江天际流","天际流"即"流天际";"家家乞巧望秋月/穿尽红丝几万条","乞巧望秋月"即"望(着)秋月乞巧";"两个黄鹂鸣翠柳/一行白鹭上青天","鸣翠柳"即"(在)翠柳(上)鸣(叫)"……这些,都属于词的倒装。句子倒装,如"相看两不厌/只有敬亭山",即"只有敬亭山/相看两不厌"。如古诗的写作背景,讲写作背景就是要让学生知道作者是在什么时候或者什么情况下写这首诗的。这是理解诗意、把握诗情的重要手段,非讲不可。如《泊船瓜洲》,如果不讲王安石是在被罢免之后又得到应召的情况下写这首诗的,学生就很难理解"明月何时照我还"的意思。如古诗所包含的相关知识。古诗所包含的知识,如绝句、律诗、押韵、通假、古今异义、传说、风俗等。绝句有五言绝句、七言绝句;律诗有五言律诗、七言律诗;押韵就是字的韵母相同或相近,双句押韵,单句不押韵,首句可押可不押;通假字,如"天苍苍/野茫茫/风吹草低见牛羊"中的"见"(通"现")。当然,诗歌的讲解在不破坏学生整体感知情况下,适当穿插,避免串讲和肢解。

2. 小学古诗教学是否要文化渗透

这个也是在教学中,特别是第一学段教学中经常碰到的问题。一方面,过多归纳文化意义,害怕教学中任意拔高,另一方面,不适当渗透学生一知半解。实际上,文化包括许多方面,并不单指抽象的伦理意义。如古诗中的汉字文化、风俗文化(重阳登高),更多的许多美好的传统文化。如陆游《示儿》的抗战爱国、杜甫《闻官军收河南河北》的爱国思想情怀等。中高年级适当渗透,有利于更好理解诗情诗韵。

模块三　设计实践

1. 案例反思:经过模块二的学习,你重新评价模块一中的案例,并加以学理说明。

2. 动手实践:

任务一:请你对二上《古诗二首》(《登鹳雀楼》《望庐山瀑布》)进行分课时版教学设计,内容包括教材分析、学情分析、教学目标、重难点、教学过程、板书设计。

任务二:请你对三下《古诗三首》(《元日》《清明》《九月九日忆山东兄弟》)进行分课时版教学设计,内容包括教材分析、学情分析、教学目标、重难点、教学过程、板书设计。

任务三:请你对六下《古诗三首》(《寒食》《迢迢牵牛星》《十五夜望月》)进行分课时版教学设计,内容包括教材分析、学情分析、教学目标、重难点、教学过程、板书设计。

任务四:小组研讨小学第一、二、三学段诗歌教学设计的差别。

模块四　资料链接

一、推荐阅读

1. 温儒敏.小学语文中的"诗教"[J].课程.教材.教法,2019(6):4-10.

论文首先论述文学教育的意义和思维训练。认为文学教育符合核心素养的审美与鉴赏,诗歌中的想象有利于培养学生的想象和直觉思维。第二部分论述诗教的方法,强调"整体感受",反对肢解诗歌。第三部分论及"诗教"的功能和作用。提倡现代意味的"诗教",就是提倡让学生在小学阶段多读一些古诗词,让他们多感受汉语的语言之美,培养精练多义的语言感觉,同时加强他们对于祖国传统文化的感性了解,开拓想象力,这对于激发学生对语文学习的兴趣,打好汉语学习的基础,是非常有帮助的。另外,学生在小学阶段记忆力最好,即使不是很懂一些诗词的含义,但多读、多背诵,也能记得牢,能为其一生的语文素养打好底子。这也是统编小学语文教材特别重视古诗词的原因。最后论述在实施"诗教"过程中需要注意的问题。(一)重视诵读与涵咏。(二)讲求会意与感悟。(三)不过度使用多媒体手段,少一些"任务驱动"。(四)教师自己要诘诗,并尽可能喜欢诗。

2. 章师亚.基于核心素养的古诗教学六大策略[J].小学教学参考,2019,000(001):16-18.

认为采用以下六大策略(或谓六字方针)。一、讲:讲字词用法、讲诗歌表达特点等。二、读:读出节奏、重音和语调。三、解:(一)精准与模糊相结合;(二)自学与辅导相结合;(三)理解与表达相结合。四、悟:悟就是"悟诗情",即感悟或感受一首诗所表达的情感。五、整:整就是"整合",即把教材中的所有古诗(如课标本33首)进行统一施教,可称作"课程微整合"。六、拓:拓就是"拓展",即依据教材中的一首诗,再增加一首或几首进行教学。拓展的目的,一是为了"顺应"(教材建设之大趋势),二是为了"满足"(古诗教学整合之需)。

3. 吕俐敏.立足文本"自足性"的小学诗歌学习活动设计[J].语文建设,2019(18):4-9.

认为背景解读逐渐固化为教师解读诗歌的重要方式,反映在教学中就是"明诗题—知作者—解诗意—悟诗情"的格式化语言和课堂程序,或者引入无限多的背景资源,导致课堂的膨胀。这些学习方式泯灭了学生对诗歌天然的热爱、对诗歌词语天然的感知,切断了学生通往诗歌之美的语言道路。对诗歌的学习活动设计提出三点建议:(1)遵循诗歌体式的共性,帮助学生掌握近体诗诵读的基本规律。(2)在类聚与类比中,揭示诗歌语言的感受密码和表现密码。(3)在词语的情味体验中培养语感,积累和丰富对诗歌的感受。

4. 徐锋,李声智.寻找小学现代诗歌教学的基点[J].教学与管理,2015(32):40-41.

认为作为一个语文教师要具备文体意识,针对不同文体的话语体式与结构方式去定位文本、走进文本,以文本特有的路径针对不同学段的要求寻找教学的基点,引领学生走进文本,感受不同的文本风格,最终达到提升学生语文素养的目的。教学的基点含义应有两层,一是明白教什么;二是选择什么教学策略来达成教学目标。通过多篇同类文体的阅读,能将阅读的理念浸润到课堂、延伸到课外,培养学生良好的阅读习惯。不同诗人作品的阅读,有助于学生感知诗歌表现的共性和差异,积累诗歌的语言形式。因为语言的学习运用是一个日积月累的过程,学生的阅读能力就是在阅读文质兼美的课文时,接触大量各具特色、富有表现力的语句、段篇之后才能变成自己的财富。

二、推荐案例

《静夜思》教学设计[①]

教学目标:

1. 认识九个生字,会写"思、前、低、乡、床、光、故"七个生字。

2. 正确、流利、有感情地朗读古诗,背诵古诗。

3. 感受诗歌所描绘的美好意境,体会诗人的思乡之情,激发对中华传统文化的热爱之情。

教学重点:

1. 识字写字,理解诗歌内容。

2. 反复吟诵,背诵诗歌。

教学难点:

感受诗歌所描绘的美好意境,体会诗人思念故乡的心情。

课前预习:

1. 借助拼音,尝试认读生字、朗读全诗。

2. 了解有关李白的故事、李白的其他诗作等。

教学流程:

第一课时

一、猜谜导入,揭示课题

1. 导言:同学们,你们喜欢猜谜语吗?今天,老师就给大家带来了一个谜语,请大

[①] 孙静.《静夜思》教学[J].小学语文教学,2018(Z1):84-86.

家猜一猜,看谁最聪明。(出示)

有时落在山腰,有时挂在树梢,

有时像面圆镜,有时像把镰刀。

2. 一轮明月冉冉升起,望着月亮,许多人都会思绪万千,想起许多令他们思念的东西。今天,我们就来学习一首有关月亮的古诗——《静夜思》。(师板书课题,生书空)

3. 指导认读生字"静""夜",把课题读准。课题的这三个字你们认识吗?是怎么认识的?能给它们找找伙伴吗?(根据学生口头组词,相继板书:安静、夜晚、思念)

二、看图,介绍诗人

1. 演示秋夜李白望月图,引导学生看图:这是什么时候?谁?在干什么?学生看图,说一说图上的内容。

2. 课文简介:《静夜思》的作者是我国唐朝伟大的诗人李白,这首诗是他离开家乡、离开亲人后,在一个安静的夜晚,面对皎洁的月光产生思念之情的作品。

三、初读古诗,识记生字

1. 播放古诗朗诵课件,请学生认真听记古诗内容。

2. 学生先自读诗句,边读边在诗中画出生字条里的生字,画好生字后多读几遍,再与小伙伴合作识记不认识的字。

3. 检查生字学习情况。

(1) 出示生字卡片:夜、思、床、光、疑、举、望、低、故。

(开火车试读,要求读准。请"小老师"领读)

(2) 组织学生交流多种识字方法,教师相继指导。找出在题目中刚认识的两个字"静、夜",请小老师领读。

(3) 自读"床、光、望、乡",说说发现。相机理解"举"字:请学生把铅笔"举"起来;请"举"手。

(4) 通过反义词的方法理解"低"。联系诗句内容"望明月",理解"望"是"看"的意思。

4. 这些字都会读了,古诗是不是也能读正确呢?

指名读古诗,其他学生认真听,准备给同学正音。读后正音。

四、朗读古诗,提出疑问

1. 读古诗我们还应该注意什么?

(出示画有停顿符号的诗句,让学生在书上标一标。教师范读,学生练读)

2. 这首诗讲的是什么意思呢?小组讨论交流,不懂的地方互相问一问。

(指名说说。提出不懂的地方)

五、指导写字

1. 引导学生观察田字格中的示范字。你发现了什么？你认为哪几笔该是给大家提个醒的？

2. 教师范写,学生书空。重点指导"低"左窄右宽,"床"半包围结构,"前"上扁下长。

3. 学生独立描红、临写。教师巡视,并让学生注意写字时的坐姿与执笔姿势。

4. 展示学生作业,肯定优点,指出不足。

第二课时

一、复习巩固

1. 认读生字,听写生字并改正。

2. 指名朗读古诗,齐读古诗。

二、细读古诗,明诗意

学习第一句：

1. 指名读整句诗,说说自己对这句诗的理解。

2. 相继指导："明月光"是怎样的月光？(明亮的月光)

3. 出示：明亮的月光照在诗人床前。

指导学生有感情地朗读诗句。

学习第二句：

1. 指名读整句诗。组织学生交流对诗句的理解。

2. 出示图片,相继理解"霜"：你在哪儿见过霜？(天冷的时候,玻璃上、地上会结出一层白白的冰晶,那就是霜。)并与月光下的景象对比。

3. 鼓励学生连起来说说第一、二句诗的意思,用上"什么好像是什么"的句式。(明亮的月光照在诗人的床前,好像是铺在地上的白霜。)

4. 生活中,还有什么像什么？

练习说话。

学习第三句：

1. 做动作理解"举头"的意思。"举头"还可以说成什么？(抬头)

2. 指名读整句诗,说说自己对这句诗的理解。(诗人抬头望着天上明亮的月亮)

学习第四句：

1. 指名读整句诗,说说自己对这句诗的理解。引导学生用动作表示"低头"的意思。

2. 诗人看着挂在天空中的明月,会想到什么呢?指导说话。

三、再读古诗,化情感

1. 出示图片,配乐:在这个安静的夜晚,月亮是圆圆的。圆月象征着团圆,而诗人却独自一个人漂泊在外。此时此刻,他的心情是怎样的呢?(难过、伤心)

教师范读,学生一边欣赏画面,一边体悟情感。

2. 诗人看着挂在空中的明月,又会想到故乡的什么呢?指名回答。

3. 指导有感情朗读。

4. 播放音乐,创设情境背诵:此时此刻,你就是诗人李白。你远离家乡,远离亲人,在一个静静的夜晚,独自站在窗前望着圆月……

指导学生做动作,背诵。通过多种方式背诵积累这首古诗。

四、拓展延伸

1. 出示《古朗月行》。

李白还有很多诗作都写到了月亮,我们来欣赏其中一首。(播放配乐朗诵《古朗月行》音频)

2. 引导学生找一找、背一背李白的其他诗歌。

文言文类文本阅读设计

模块一 课例研讨

案例2-10 《司马光》第一课时(三年级上册)

宁波大学2017级小学教育专业 吴逸宣

教材分析:

本课是三年级上册第八单元的第一篇课文,也是统编版教材的第一篇文言文,这篇文言文,篇幅短小,写了司马光"砸缸救友"的故事,表现了司马光机智聪明、遇事沉着冷静的优秀品质。统编版教材共编了四篇文言文,五年级下册的《杨氏之子》、六年级上册的《伯牙绝弦》、六年级下册的《学弈》和《两小儿辩日》,其意图是更早地让学生认识优秀的传统文化,吸收民族文化智慧。基于三年级学生的学情,是很难把课文读出节奏的;在明白意思的基础上,虽然课后给出了"庭、瓮、皆、光、迸"字的注释,但要学生结合这些注释理解课文意思还是很困难的。学生的疑难处就是教学点,结合本单元语文要素,教师要解决的就是引导学生把课文读出节奏、明白意思,借助注释,让学生用自己的话把故事分享给别人听。

教学目标：

1. 认识"司、跌"等5个生字。

2. 读通课文，注意读好停顿，在熟读课文的基础上背诵课文。

3. 能借助多种方式了解课文大意；了解文言文的语言特点。

教学过程：

一、激趣导入，引出故事

1. 播放视频小短片，介绍本篇课文的出处和形式。

2. 考察同学文言文积累，并介绍文言文的含义：中国古代的一种书面语言组成的文章。

3. 通过观察课题引出注释，点明：借助注释理解文言文的意思是学习文言文的好方法。

二、阅读课文，扫清字词

1. 教师范读课文，出示任务：老师范读课文过程中，把不认识的字或者不熟悉的词划出来。

2. 自由朗读课文，借助拼音扫清文中生字词，读准文中"瓮、跌、皆、迸"等生字。

3. 开小火车检验同学们对生字词的掌握程度，再次提醒平翘舌音和前后鼻音的发音。

(1) "司马光"的"司"是平舌音，而"众、持"两个字是翘舌音。

(2) 在读"庭、登"两个字的时候要注意后鼻音。

4. 指导重音和停顿，体会文言文的节奏美；通过朗读示范感受文言文的语调和表达美。反复诵读，体会学习文言文的第一要义就是多读。

三、读炼字，结合注释理解文言文的文意

1. 具体介绍通过结合注释学习文言文的方法。

如"群儿戏于庭"

"庭"这个字上面有个小标，这就是课堂刚开始我们学习的注释，课文下面序号②中的解释就是对这个字的解释。结合注释理解文言文的意思是学习文言文的重要方法。

2. 通过组词扩词、换词的学习方法理解文言文中词句的意思。

A. 组词、扩词

释中把庭解释为"庭院"，一个字变成了两个字，这像不像我们的组词练习？我们可以把文言文中一个字组成词以便于理解，扩词和组词也是我们学习文言文的好方法。（戏：嬉戏）

B. 换词

用组词的方法可以将文中的"儿"转化为现在常用的词语"儿童",但是在我们日常讲话时会说儿童吗?如果远处有几个像你们一样大的学生,老师应该怎么称呼他们呢?我会说:那边的小——?对,当我们在日常生活中遇到年纪比较小的人,我们经常会称呼他们为"小孩子"。如果用组词的方法不太合适,我们可以把它换成日常生活中常用的词语,这种方法我们把它叫做换词。

3. 结合插图,形象、直观地感受文言文用词的精炼。

结合课文插图,理解"光持石击瓮破之,水迸,儿得活"的意思并试着说一说。

4. 出示图片,让学生感受流和涌的区别,体会作者用词的巧妙。

四、概括归纳,总结文言文特点

比较现代语言和文言文,体会了解文言文简练、表意丰富的特点,感受文言文的魅力,通过反复朗读,让学生体会文言文韵味。

五、板书设计:

司马光
结合注释
组词扩词
换词简练表意丰富
结合插图

问题讨论:文言文教学与现代文教学有何差异?古人强调"串讲",你怎么看?

模块二 学理阐释

一、文言文概念及特点

文言文是指以先秦口语为基础而形成的上古汉语书面语言以及历代作家仿古作品中的语言,是一种相对于口语而言的书面语言。[1] 从先秦的诸子散文到明清时代为仿古而作的八股文,都属于文言文的范畴。第一个"文"字乃修饰之意。"言"字,表述、记载之意,"文言文"的意思即"美好的语言文章"。

文言文特点:首先是"言",文言作为古代的书面语言,是以先秦汉语为基础形成

---

[1] 王力.古代汉语[M].武汉:崇文书局,2010.

的,虽然口头语言在不断地发展变化着,但是作为书面语言的文言文在两汉之后就已基本成型,很少变化。文言与现代汉语的差别主要体现在词汇和语法方面,如一词多义、古今异义、词类活用等。这就给学生理解文言文造成了不小的困难,导致部分学生"畏文言如虎",还未开始学习文言文就有"畏"在先。所以,文言文的学习要加强学生对古代汉语的学习。其次是"文",文言文处处附着传统文化以及古人的思维方式,体现着当时的社会风气和价值观,学习一篇文言文,如不立足于当时的时代背景,不充分了解作者的思想性格,就难以理解并领悟整篇文章,这会给学生学习文言文带来了不小的难度。所以文言文的"文"包含了文章、文学、文化。

二、课标对文言文教学的规定

《义务教育语文课程标准(2011年版)》在小学阶段没有直接提及文言文教学的要求,只在"优秀诗文"的教学中提出了泛泛的要求:诵读优秀诗文,注意通过语调、韵律、节奏等体味作品的内容和情感。读对、读顺、读出韵味,是文言文最基本的学习要点。统编教材文言文课后习题中,也有相关的要求,例如三年级上册《司马光》中的"跟着老师朗读课文,注意词句间的停顿",三年级下册《守株待兔》中的"把课文读通顺,注意读好'因释其耒而守株'",四年级上册《王戎不取道旁李》及之后的每一篇文言文,都明确提出"正确、流利地朗读课文"。

三、统编教材文言文编排特点

(一) 篇幅较为短小。

入选的文言文字数基本控制在百字内,字数最少的《司马光》只有30字,相对较长的,例如《两小儿辩日》,也不过119字。

(二) 内容易于学生接受。

教材里选入的文言文分为以下几类,有学生熟悉的成语故事,例如《守株待兔》《囊萤夜读》《铁杵成针》等;有表现古代儿童智慧与品行的故事,《司马光》《王戎不取道旁李》《杨氏之子》等;还有的是古典名著的节选,如《论语》《朱熹》《曾国藩》等。学生对于这些内容很熟悉,也很亲切,不会因为太过陌生而产生畏惧、排斥的心理。

(三) 符合学生认知规律。

三至六年级,文言文的单篇字数呈上升趋势,篇数也逐渐增多,再参考每篇文言文,如下表2-2。

年级	册数	文言文篇目	字数	单元语文要素(阅读)
三	5	《司马光》	30	学习带着问题默读,理解课文意思
	6	《守株待兔》	39	读寓言故事,明白其中的道理
四	7	《王戎不取道旁李》	50	了解古诗情节,感受人物形象 简要复述课文,注意顺序和详略
	8	文言文二则: 《囊萤夜读》 《铁杵成针》	33 45	从人物的语言、动作等描写中感受人物的品质
五	9	《古人谈读书》 《论语》节选 《朱熹》节选 《曾国藩》节选	33 65 78	阅读时注意梳理信息,把握内容要点
	10	《杨氏之子》	55	感受课文中巧妙的对话和风趣的语言
六	11	文言文二则: 《伯牙鼓琴》 《书戴嵩画牛》	83 93	借助语言文字展开想象,体会艺术之美
	12	文言文二则: 《学弈》 《两小儿辩日》	70 119	体会用具体事例说明观点的方法

表 2-2　小学语文课本中文言文篇目

四、文言文阅读教学设计要点

(一) 熟读炼字,理解文言的"言"和"文"

文言文是先秦以来的书面语言,与我们现在的现代汉语读音字义语法等表达有很大差异,小学生对于古代文章内容的理解也会有一定难度,因此,可以通过各种朗读理解文言的语言和内容。可设计各种朗读方式:

1. 比照读,读准"句读"。比如《守株待兔》中的"因释其耒而守株"是一个朗读难点,学生读成"因释/其耒/而守株"的占多数。一是因为读惯了现代文,以常理理解"因释"应连着读;二是对于"因""释其耒"不理解。在范读比照后,再辅助词句理解,必然会找准"句读"。

2. 平仄读,读出紧张感。汉字本身就有平仄音调的特点。平声,节奏舒缓而悠长;仄声,节奏紧张而迫切。文言文的诵读,如果也加入此方面的指导,会有意想不到的收获。比如,《司马光》一文的朗读,当读到"群儿戏于庭"时,"庭"字为平声,此处的"庭",字音适当延长,就有了追逐嬉闹的轻松快乐感。可紧跟着的"一儿登瓮"与"光持石击瓮""水迸","瓮"与"迸"都为仄声,读来短促,更能营造情况紧急、救人心切的紧张感。当读到"儿得活"时,"活"字的拖长,给学生无限的想象,一儿获救后的庆幸,大家喜极而泣后的欢悦,都在这个平声字。

3. 快慢读,读出节奏感。《两小儿辩日》中的辩斗实为有意思。熟读课文后,教师创设情境,以分小组、分男女、分角色的形式,以先慢后快的速度进行"两小儿辩日"。每个学生都积极参与其中,在多次不同形式、不同速度的朗读中,激发起"辩"的兴趣,体会"辩"的乐趣。

4. 表演读,读出趣味性。除了诵读理解,还可对古今差异大的词语进行解读。例如,《守株待兔》中"田中有株"中的"株"和"释其耒"的"耒"。由于意思的表述偏于书面化,学生依然无法真正理解。教师要抓住这两个陌生的字,巧妙地借助插图进行形象化的理解。

5. 情境对读,读出内在性。情境对读是让学生在情境中反复运用文中的语言应对场景以达到语言内化的方式。比如教学《自相矛盾》时,教师分别以老农、士兵、书生、樵夫等身份前来询问,而学生在一遍遍夸耀"吾盾之坚,物莫能陷也""吾矛之利,于物无不陷也"中不但熟练地记住了句子,还充分理解了"誉之"的意思,深刻感受了语言自相矛盾的荒谬。

(二) 游戏精神,启蒙文言文学习的法宝

文言文因为离我们时代较远,学生对文言文学习有畏难情绪,因此在教学中要发扬游戏精神,使学生克服畏难情绪,教学文言文要在"巧""趣"上下功夫。针对不同课文特点,巧妙理解课文内容。如《自相矛盾》可采取板画形式形象理解自相矛盾,也可用思维导图的方式,展现楚人说话"自相矛盾"思维过程。教师在教学中要合理利用课文内容,用多种方式来激发学生学习文言文兴趣,让课堂变得生动有趣,使学生产生情境感,在情境中学习文言文。

示例:

《两小儿辩日》片段[①]

王崧舟

师:怎么才是辩斗呢?同桌之间分好角色,放开声音辩斗,把这味读出来。

同桌辩斗。

师:好了,哪两位小儿来辩斗辩斗?(请了两名学生)这是小儿1,这是小儿2,咱们听一听两小儿是怎样辩斗的,看看有没有辩斗的味。

两小儿辩斗。

---

① 材料来自:王方全《返璞归真语文——王崧舟〈两小儿辩日〉教学品鉴》.

师：辩是辩了，只是没有斗的味。

又请两小儿辩斗。

师：一个是急性子，一个是慢性子。下面，我做一小儿，你们推荐一位胆子大点儿，做另一小儿。

（学生推荐一位男生上台去）

师：你身子稍微向着同学们，但眼睛要看着我，因为你跟我辩斗。

（学生按老师要求站好）

师：我以日始出时去人近，而日中时远也。

生：我以日初出远，而日中时近也。

师：日初出大如车盖，及日中，则如盘盂，此不为远者小而近者大乎？

生：日初出沧沧凉凉，及其日中如探汤，此不为近者热而远者凉乎？

师：日始出时近，日中时远。

（语速加快）

生：日初出远，日中时近。

（生的语速也相应加快）

师：非也，日始出时近，日中时远。

生：非然也，日初出远，日中时近。

师：非也，非也！日始出时近，日中时远！

生：非然也，非然也！日初出远，日中时近！

在王崧舟老师执教的《两小儿辩日》的片段中，他采取了让学生进行角色扮演的方式来感受两个小孩在争辩太阳远近的问题上人物语言的特点，感受辩论的氛围和思辨思维，让学生在情境中学习文言文，故事情节清晰，人物形象清晰可见，栩栩如生，从而激发了学生学习文言文的兴趣。

(三) 言语实践，感受文言文之美。

反复诵读，体会文言文节奏美。语言练习，理解文言文表达美。

示例：

《司马光》教学实录片段[①]

师：（边讲述边指着相应的文字）"戏于庭"不能直接翻译成"游戏在庭院里"，它是

---

① 钱娟.小学文言文学习活动设计举隅[J].语文建设，2020(04)：28-31.

文言文中特殊的句子,表示"在庭院中游戏"。我们试着换一换,如果是群儿在乡村里嬉戏,该怎么说呢?

生:群儿戏于村。

师:你觉得还可以在哪儿做游戏?

生:群儿戏于园。

生:群儿戏于野。

师:咱们再看这句"群儿戏于庭",想想除了在庭院里做游戏,还可以干什么?

(生答唱歌、跳舞、读书、散步、种树……)

师:如果将这些行为代入这句话中,可以怎么说?

生:群儿步于庭。

生:群儿歌于庭。

这样多层次的句子训练,目的就是更好地理解文言中"于"的用法,并学会运用。也可以采取仿写,如教者设计了这样几个教学环节:首先将钟子期说的两句话对比读,在学生发现其语言规律后,不急于句子模仿,而是进行四字词语训练:"伯牙心里想着什么?你能用文中的叠词说出这个事物吗?"学生说出"皎皎明月""依依杨柳""皑皑白雪"等。最后出示完整的句式:伯牙鼓琴志在,钟子期又曰:"_____。"学生再仿写这样的训练有层次、有铺垫,降低了仿写的难度,使学生在模仿想象中也能感受艺术美。①

(四)意义阐发,体味文言文文化之美。

语言是思想的载体,文言文传递着古代传统文化之美。文言文承载着中华传统文化,它的教学价值不仅仅在于语言文字的学习与积累,更担负着传承民族传统文化、民族精神的重任。教师在引导学生学习文言文时,不要拘囿于文字,还要发掘文本中蕴含的精神能量。如《精卫填海》告诉我们坚持不懈的精神,《伯牙鼓琴》表达着知音文化,《守株待兔》《学弈》是先秦时期的寓言,用"比喻"方式告诉人们道理,是先秦时期常用的说理方式,体现了古人偏感性的说理方式。

五、单篇文言文教学设计注意点

(一)因学段而定标

以"理解文言文的句子意思"这一目标为例,三个学段有相同之处,那就是要求能

---

① 钱娟.小学文言文学习活动设计举隅[J].语文建设,2020(4):28-31.

"用自己的话说一说句子的意思",但对怎么"说一说"的要求不同。第二学段,每一册都有文言文。此阶段,激发学生的学习兴趣是重点,同时引导学生掌握一些学习文言文的方法,通过借助注释、看插图、联系语境、组词等方法来理解句子的意思。第三学段除了引导学生学习借助注释、插图、组词等方法,还必须能较熟练地借助语境、资料等,自主理解句子的意思。这些资料,部分源于教材内编排的资料,如《伯牙鼓琴》之后的"资料袋";另外也要鼓励学生自主搜集课外资料,来帮助理解相关的文章。

(二) 因文体而不同

文言文与现代文语体不同,但作为文章,它同样拥有多种多样的体裁,有传、序、文、记、论、书、赋、说、表、铭等,还有神话、寓言。选入统编小学语文教材的大多节选自某些小说、人物传记等,还有神话、寓言,甚至还有题跋(《书戴嵩画牛》)。文言文文体不同,教学的落脚点也不同。《杨氏之子》《王戎不取道旁李》等文,选自《世说新语》的笔记小说,既有真实人物可考,又充满传奇性质,教学中可紧扣小说的要素(人物、情节、环境),展开故事教学,品味从中智慧。《精卫填海》是神话故事,可以引导学生进行神奇的想象。

模块三 设计实践

1. 案例反思:经过模块二的学习,你重新评价模块一中的案例,并加以学理说明。
2. 动手实践:

任务一:请你对三下《守株待兔》进行分课时版教学设计,内容包括教材分析、学情分析、教学目标、重难点、教学过程、板书设计。

任务二:请你对六下《学弈》进行分课时版教学设计,内容包括教材分析、学情分析、教学目标、重难点、教学过程、板书设计。

任务三:小组研讨第二三学段小学小古文教学设计的差别。

模块四 资料链接

一、推荐阅读

1. 陈步华.小学文言文教学的定位与策略.语文建设,2019(12):8-13.

论文认为小学文言文教学的定位在于一是文字意义的适当发掘,如古今异义、通假字等;二是文学形式的适量认知;三是文化历史的适度熏陶。文章认为小学文言文教学的策略,因学段而定标,因主题而设法,因文体而辟径。

2.周新霞,陈红.基于单元要素和学情差异开展文言文教学[J].语文建设,2019(24):4-7.

文章首先提出统编教材的特点为篇幅短小精悍;体裁丰富多样;内容贴近学生生活。其次文章指出要审视小学文言文现状,主要表现为:轻视单元要素差异,教学目标不准确;忽视学生年段差异,教学方法设计不当;无视阅读基础差异,拓展内容选择不当。最后,文章基于单元要素和学情差异教学文言文提出以下策略:紧扣单元要素,精准确定教学目标;依循年段特点,精当设计教学方法;关注阅读基础,精心选择拓展内容。

3.孙建龙,王冰.小学阶段文言经典的文化价值及其实现途径[J].教学与管理,2018(02):34-36.

文章结合《伯牙绝弦》的教学实践,讨论如何使文言经典中作为"公共的存在"的文化经由"唤醒"的过程而影响当代儿童的精神与生活。而"唤醒"的基本途径为诵读、涵咏和启发。

4.钱娟.小学文言文学习活动设计举隅[J].语文建设,2020(04):28-31.

文章指出,小学文言文教学旨在培养学生对文言文的兴趣,初步了解语言表达形式,并适当作好与初中学习的衔接。小学文言文教学需以"巧"为先导,落实目标,其包括:巧妙朗读,感受文言魅力;巧妙理解,明了文言内容。小学文言文教学需以"趣"为核心,体悟韵味,其包括:角色体验,趣品人物;结合注释,趣说故事;融入表演,趣演情节。小学文言文教学需以"实"为根本,实践语言,其包括:仿写句子,实实在在训练语言;补写留白,切切实实感悟情感;改编故事,扎扎实实运用语言;生活创编,确确实实提升语感。

二、推荐案例

《杨氏之子》教学设计[①]

一、教学目标

1.借助多种形式,正确、流利地朗读课文,初步感受文言文的音韵、节奏。

2.初步学会参考注释,联系上下文,通过猜想、互助等学习方式了解课文的大致内容。

[①] 莫国夫.小学文言文如何教,教什么——《杨氏之子》教学设想与设计[J].小学教学参考,2017(19):3-5.

3.通过对比、假设等方式,发现文本遣词造句和布局谋篇的密码,体会文言文简洁、准确的表达特点,初步领略文言文言简义丰、惜墨如金的表达魅力。

二、教学过程

(一)解题:初感文言韵味

1.教师和学生相互背诵描写小朋友的古诗。

2.古诗是中国文化中的璀璨明珠。在几千年的历史中,我们的祖先还用文字留下了许多不朽之作。其中,有一本书叫做《世说新语》,记载了汉朝末年到魏晋这个时代一些名人的有趣故事。接下来,让我们一起走进《世说新语》去认识一位古代的孩子。老师想和大家一起来玩个游戏。谁来回答老师的第一个问题?

3.请一个学生来读题。

4.齐读课题,理解"杨氏之子"的字面意思。"氏"在古代是家族的意思,那"杨氏"就是——"杨家"的意思。"之"在这里是"的"的意思,那么杨氏之子就是——

5.请问你姓什么名什么?那么在古代你就是——

(二)初读:读准字音停顿

1.这是一篇古文。古文就是古时候的人写的文章。第一次接触古文,同学们赶紧拿起书来读一读,感受一下。

2.刚才我们和古文有了第一次亲密接触,说说它给你留下的第一印象怎么样。

预测:难读、难理解、短小精悍……

3.第一次接触古文,刚才大家说的这些困难,其实都非常正常。其实,古文真学起来是很有意思的。现在,老师先带着大家来读一读。请大家特别注意句子中的停顿。

(教师逐句领读,视情况决定领读的遍数)

4.大家读得很认真。接下来,请你自己学着老师的样子读一读,碰到难读的地方可以多读几遍,争取把它读通顺。

5.刚才读的过程中有难读的地方吗?

预测1:孔君平诣其父。

(1)谁知道这个"诣"是什么意思?你是怎么知道的?

点睛:学习古文,很重要的一个方法就是对照下面的注释进行学习。等下我们在学习过程中,一定要用上这个方法。

(2)文中指谁拜见谁?"其"在这里指谁?(相当于现在的"他""他的")

(3)为什么不直接写杨氏子,而用"其"?(感受文言讲究简洁、惜墨如金的特点)

预测2：孔指以示儿曰："此是君家果。"

跟着老师一起来念念。

这是古文，要真正读通顺可不容易。（老师请一位同学来读全文，随机校正）

预测3："未闻孔雀是夫子家禽。"

要注意把"家禽"分开来读。这里的"家"和"禽"各自表示独立的意思。现在的"家禽"指的是家里饲养的鸡、鸭、鹅等动物的总称。

但似乎还缺点味道，速度放慢一些，加点表情。谁再来试试？

请举手的孩子读一读。

（三）释义：初步学会语言转换

1. 思考一下，文中哪几句在写"孔君平"，哪几句在写"杨氏子"。接下来我们要玩第二个游戏了。我们合作着来读课文，我来读描写"孔君平"的话，你们读"杨氏子"的话，看看我们能否默契地合作。

2. 师生合作读课文。

提问："为设果"为什么写的是杨氏子？谁为谁设果？你是怎么知道的？

小结：联系上下文是学习古文的另一种十分重要的方法。

3. 联系上下文，再对照下面的注释，看看自己能不能把每个句子的意思学懂。

（学生自主学习，然后尝试同桌相互说）

交流预测：

（1）梁国杨氏子九岁，甚聪惠。

在梁国，有一户姓杨的人家，家里有个九岁的孩子，非常聪明。

提问："甚"和"聪惠"的意思是什么？

追问：说说你是怎么学会的。

（2）孔君平诣其父，父不在，乃呼儿出。

有一天，孔君平来拜见他的父亲，恰巧他父亲不在家，孔君平就把这个孩子叫了出来。

提问：这里的"其"指谁？孔君平为什么要"乃呼儿出"？

（3）为设果，果有杨梅。

既然是孔叔叔来了，杨氏子就为他端出一盘水果，其中有杨梅。

（4）孔指以示儿曰："此是君家果。"

孔君平指着杨梅给孩子看，并说："这是你家的水果。"

提问:"此"指的是什么东西?你怎么知道的?"君家"指谁家?

小结:"君家"是古代的一种表示尊重的称呼。

提问:孔君平为什么说杨梅是杨氏之果?

板书:杨梅杨家。

过渡:再看小孩怎么回答他。齐读——

(5)儿应声答曰:"未闻孔雀是夫子家禽。"

孩子马上回答说:"我可没听说孔雀是先生您家的鸟。"

提问:"未闻"是什么意思?"闻"是什么意思?

拓展:以前学过的还有哪些词中的"闻"也可以解释为"听说"?

追问:怎么样的回答叫"应声答"?

(四)品读:模拟交际,把握文本主旨

1. 接下来咱们就来玩第三个游戏。文中最后两句很有意思,我们一起来表演当时的场景。老师做孔君平,谁来做杨氏子?

师生分角色朗读感受。

提问1:你觉得这像杨氏子说的话吗?你忘了什么是"应声答"?

提问2:你能边读边想象杨氏子说话的样子吗?(自信、机灵、微笑着、眼睛咕噜一转、淘气可爱、故作疑惑状)

2. 对话文白互换,考察对"应声答"的理解。

3. 从杨氏子的回答中,你觉得他是个怎样的孩子?

预测:非常聪明。

提问:你从哪里体会到他的聪明?

小结:孔君平在姓氏上做文章,孩子也在姓氏上做文章,由孔君平的"孔"姓想到了孔雀,而且还是"应声答",脱口而出,足见这个孩子思维敏捷。

追问:但他为什么不直接说"孔雀是夫子家禽"?

比较体会:"未闻孔雀是夫子家禽"与"孔雀是夫子家禽"两句话,哪一句更妙?

小结:加上"未闻"采用了否定的方式,说得很婉转。这样表现了应有的礼貌和教养,又表达了"既然孔雀不是您家的鸟,杨梅岂是我家的果"这个意思,使孔君平无言以对。

(五)统整:感受文本的布局魅力

1. 文中哪些地方也可以看出他有礼貌、有教养?(为设果)

过渡:这九岁的小孩真是了不起啊!所以,课文一开头就说——"梁国杨氏子甚聪惠。"

2. 聚焦"惠"。这个"惠"在古代不仅同"慧",表示"聪明",还有善良、教养、仁爱的意思。我们一起来认认真真地写这个字。写好这个字,要注意卧钩卧倒,"心"字底要写大点。我们不仅把它写在纸上,也要刻在心里,像杨氏子一样做个聪明、有教养的孩子。

3. 看到这样的孩子,孔君平心里又会怎样想呢?

小结:因为孩子的聪慧有教养,孔君平四处宣传杨氏子的聪慧过人,于是有人就把他的故事写了下来,收录在《世说新语》这本书里,流传至今。

提问:老师奇怪的是为什么课文没有把孔君平当时说的、做的、想的写上去,而是这样戛然而止呢?

小结:这就是小古文的特点,常常是言已尽而意无穷。比如,呈现《世说新语》中的"七步成诗""咏絮之才""道边苦李"等故事,全是如此。

4. 让我们永远记住杨氏之子吧!看能不能把文章背下来?

第六节　说明性文本阅读教学设计

模块一　课例研讨

案例 2-11　蟋蟀的住宅(四年级上册)

宁波市江北外国语艺术学校　田静

一、教材分析

本文是一篇文艺性事物说明文,作者运用拟人的手法和多种说明方法,生动、详实地介绍了蟋蟀的住宅及其修建过程。全文通俗易懂、亦诗亦画的散文笔调,及温暖的人性关照,使枯燥乏味的科学知识变得趣味横生。

本文选自《昆虫记》一书。该书是作者法布尔依据其毕生从事昆虫研究的经历和成果,向人们介绍了自己观察、研究、定名的一百多种昆虫的外部形态、本能习性、繁衍死亡等,详细深刻地描述了小小的昆虫恪守自然规则,为了生存和繁衍进行着不懈的努力的特点,在传播科学知识的同时,表达作者对生命和自然的热爱和尊重,体现了作者观察细致入微、孜孜不倦的科学探索精神。书中还收录了一些讲述经历、回忆往事的传记性文章,表现了法布尔痴迷昆虫研究的动因、生平抱负、知识背景和生活状况等。《蟋蟀的住宅》是《昆虫记》第 6 卷的第 13 章的内容,原名《蟋蟀的地洞和卵》,选作课文时截取了蟋蟀的住所这一部分内容,并改名为"蟋蟀的住宅",主题更集中,特色更鲜明。

作者以"蟋蟀的住宅"为说明对象,从"构造特点"和"建造过程"两个方面入手介绍了住宅的特点。在住宅构造这一部分,作者按由外到里的顺序,介绍了住宅的出口、门口的平台、大厅、卧室等场所,突显了蟋蟀住宅外部"向阳倾斜、光照温和、排水优良、顺势而建、大小适宜、门洞隐蔽、平台平坦"等特点,以及住宅内部"简朴干燥、清洁卫生"的特点。介绍住宅的建造时,则从"选址、选时、使用的工具、劳作方式、持续的修整"等几个方面入手,表现了蟋蟀建造住宅时的慎重精心、坚持不懈以及它的建筑才能,引导学生从另一个视角体会蟋蟀住宅的特点。

本文的写作特色非常鲜明:

(一)通篇拟人化的表达,使阅读乐趣无穷。

首先,给予拟人化的称谓。作者将蟋蟀称为"主人",将它的巢穴称为"住宅""房子""家",甚至是"伟大的工程";与之相对应的,巢穴入口处的一丛野草成了"一座门",住宅里当然还有"大厅""卧室"。这些称谓,让读者感到蟋蟀就像是我们熟悉的邻人,读蟋蟀的故事,就像是在读我们身边人的故事,可亲近,有趣味。

其次,赋予拟人化的性情。在蟋蟀身上随处可见人的性格、情绪和情感:"蟋蟀和它们不同,不肯随遇而安""它常常慎重地选择住址""它的舒服的住宅是自己一点儿一点儿挖掘的"等等,蟋蟀表现出来的慎重、一丝不苟,完全是人的性情、思想和价值取向。

其三,呈现拟人化的举止。"这就是蟋蟀的平台。当四周很安静的时候,蟋蟀就在这平台上弹琴""蟋蟀钻到土底下干活,如果感到疲劳,它就在未完工的家门口休息一会儿,头朝着外面"。写的是蟋蟀,但读者分明看到的是人的自得其乐,劳逸结合,安居乐业的情状。

拟人手法的使用,既逼真贴切地描绘出蟋蟀的形象,给读者留下鲜明深刻的印象,又能让读者体会到作者对蟋蟀的喜爱,以及细致入微的观察给作者带来的乐趣,让读者忘了在眼前出现的不过是只小虫,而是有着丰富的生活状态和性格情态的生命,值得去了解,值得去品味,值得去尊重。

(二)多种说明方法的综合运用,让认知立体深刻。

1."作比较"凸显蟋蟀的住宅轮廓,让读者一步步明晰住宅的主要特点。"作比较"是本文用得最多的说明方法。作者信手拈来,拿蝉跟蟋蟀比名声,蟋蟀胜出;拿愿意寄人篱下或是鸠占鹊巢的昆虫比蟋蟀的不肯随遇而安,蟋蟀胜出;拿技术专家跟蟋蟀比工具的柔弱,蟋蟀胜出;拿作者观察两个钟头的不耐烦跟蟋蟀比长时间修整住宅的耐性,蟋蟀胜出。不同事物、不同维度的比较,表现了蟋蟀对住宅的严格要求和在住宅上花的大量工夫。在作者一系列不厌其烦的比较中,蟋蟀住宅的轮廓日臻清晰,线条逐步明朗,特点也日亦显现,读者对蟋蟀以及它的住宅的喜爱之情也油然而生。

2."举例子"表现蟋蟀的建筑才能。本文有不少地方用了举例子的说明方法,突出住宅的地理优势、修整时间之长、住宅的清洁干燥卫生等,让读者由衷地感受到蟋蟀的敬业、勤劳以及它高超的建筑才能。

3."列数字""打比方"感受细节的品质,让读者进一步感受到蟋蟀住宅的构造精致,布局合理,隐蔽简朴,光滑舒适的特点,从而激起读者对蟋蟀的钦佩之情。

(三)真实准确的用词,表现敏锐细致的观察。

1.动词运用精准而丰富。

这个特点在第七自然段中表现得尤其突出。挖掘并刨开泥土、剥落附着在泥土上的草、砂砾等需用较大力气的活,非有力的前足不可完成,而一个"扒"字,囊括了上述一系列的高难度、高强度举动;钳子比较坚硬,又有可以开合的构造,用它来"搬掉较大的土块",可谓物尽其用;后足强而有力,又因其特殊的生理位置,用于夯实泥土特别合适;而后腿上的两排锯,因为有一定的硬度,又因其锯齿细密,用来平整、梳理、铺开泥土甚是方便。正是这些工具协调有序地工作,才建造出"不同凡响"的"伟大的工程"。这一系列的描写基于作者持之以恒的细致观察,让读者感受蟋蟀建筑才能的同时,也感受到作者观察时的认真。

2.说明性用词尺度把握恰到好处。

作为昆虫学家,法布尔是清醒而理性的。他根据观察得来的大量的第一手资料,在将昆虫鲜为人知的生活习性生动地揭示出来之时,始终记得自己科学家的身份,因此,他在陈述观察得到的事实时,没有任何增添,也没有什么忽略,充分体现科学家笔下科普文用词的严谨准确。如"别的昆虫大多在临时的隐蔽所藏身""蟋蟀盖房子大多是在十月,秋天初寒的时候",这两处"大多"不可或缺;"大体上讲,住所是很简朴的,清洁、干燥,很卫生"中的"大体上"和"住宅的重要部分快完成了"和"重要部分"同样不可缺失。

3.描绘性形容词真实细致。

对住宅中涉及到的隧道、洞穴等描述很真实而且细致,如"隧道顺着地势弯弯曲曲""一丛草半掩着"等,而这一切,都需要以精心观察作为基础。

本文作为第三单元的最后一篇精读课文,其教学价值旨在引导学生通过准确生动的表达,感受作者连续细致的观察,体悟作者如何将事物最鲜明的特点用准确生动的语言表现出来的方法。

二、教学目标

1. 学会本课"宅、临、慎、选、择"等14个生字,理解"住宅、骤雨、住址、倾斜、隐蔽、慎重、排水优良"等词语的意思。

2. 了解蟋蟀的住宅"排水优良、光照温和、简朴干燥、清洁卫生"的特点以及精心细致的修建过程。

3. 通过比较,体会作者在行文时采用拟人化的表达的好处。

4. 感受文本准确生动的语言与作者连续细致的观察。

三、教学准备

教学课件、学生人手一个遥控器。

学生预习:

1. 根据拼音,正确认读生字新词。

2. 记下自己想提的问题。

四、教学过程

(一)导入课题,引发期待。

1. 出示课题,齐读。

2. 教师简介作者。

3. 教师呈现课前收集到的学生最集中的一个问题:为什么将蟋蟀的洞穴称为"住宅"呢?学完课文之后再来回答。

(二)检查预读,整体感知。

1. 检查预读情况。

(1)出示题目。

同桌轻声读下列词语,选出读音正确的一项。(　　　)

A. 住宅(zhái)　　骤(jù)雨　　住址(zhǐ)　　倾(qīng)斜

B. 搜(sōu)索　　隐蔽(bì)　　慎(shèn)重　　毫(háo)不可惜

C. 简朴(pǔ)　　隧(suì)道　　宽敞(chàng)　　排水优良(liáng)

D. 挖掘(jué)　　耙(pá)扫　　扒(bá)土　　抛(pāo)出泥土

(2)学生选择。

(3)挑人说一说错误选项错在哪个词语。

(预设:第一项:错在"骤(jù)雨";第三项错在"宽敞(chàng)",第四项错在"扒(bá)土"。)

(4) 齐读四组词语。

2. 梳理信息,整体感知。

(1) 把这些选项中的词语放到课文中再去读一读,你有什么发现?(都是关于蟋蟀住宅的词语)

(2) 交流(补充)自己圈画出来的其它关于蟋蟀住宅的词语,完成——

阅读任务一：默读课文,圈画出介绍蟋蟀住宅信息的语词,按一定的顺序排列、归类。

(3) 小结：作者就是从"构造特点"和"建造过程"两个方面入手介绍了住宅的特点。在住宅构造这一部分,作者按由外到里的顺序,介绍了住宅的出口、门口的平台、大厅、卧室等场所,突显了蟋蟀住宅外部"向阳倾斜、光照温和、排水优良、顺势而建、大小适宜、门洞隐蔽、平台平坦"等特点,以及住宅内部"简朴干燥、清洁卫生"的特点。介绍住宅的建造时,则从"选址、选时、使用的工具、劳作方式、持续的修整"等几个方面入手,表现了蟋蟀建造住宅时的慎重精心、坚持不懈以及它的建筑才能,从另一个方面说明了蟋蟀住宅的特点。

蟋蟀的住宅

结构
- 外部
  - 地理位置：朝阳的堤岸
  - 顺势而建：倾斜的隧道
  - 出口(门)
  - 平台
- 内部
  - 大厅
  - 卧室

住宅的特点
- 排水优良、光照温和
- 隐蔽、安全

建造
- 选址：慎重不随遇而安
- 选时：秋天初寒
- 使用的工具
  - 前足：扒土
  - 钳子：搬动
  - 后足：踏地
  - 后腿上的两排锯：推、铺
- 劳作方式：钻到地底下干活,劳逸结合
- 持续整修：抛出泥土

简朴、清洁、干燥、清洁、卫生

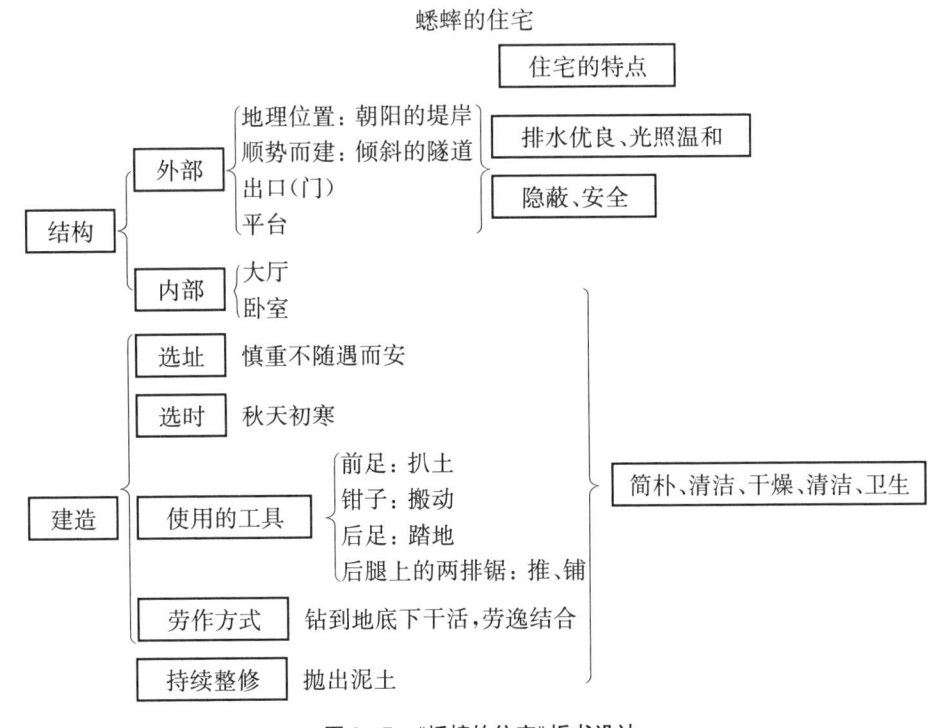

图 2-7 《蟋蟀的住宅》板书设计

（三）体验观察，感受严谨。

1. 快速浏览课文，想一想作者是怎么观察的？从文中找到相关语句，小组合作完成：

阅读任务二：快速浏览课文，想一想作者是怎样进行观察的？

（1）学生自读。

（2）组内分享。

（3）全班交流。

（预设："大多、常常、一连看了两个钟头、从十月到整个冬天"说明作者的多次观察、持久观察，"儿童时代、现在"更是说明作者对昆虫的观察旷日持久，不是三分钟热度的兴之所致，更不是一蹴而就；对蟋蟀洞穴体量的两个数据的呈现说明作者观察的细致；"即使有骤雨"等几处举例子说明作者观察克服了许多困难，不惧风雨。）

（4）小结：观察是表达的基石。观察不仅要细致，更需要持续进行。正是因为法布尔进行细致入微地观察和孜孜不倦地探索，才能把蟋蟀的住宅介绍得这么全面，特点呈现得如此鲜明。

2. 师生合作朗读相关的语句。

（四）比较研读，体会生动。

1. 默读英国生理学博士、牛津大学生物学讲师麦加文写的《昆虫》一文片段中的内容，与课文内容相比较，完成——

阅读任务三：读下面的片段，想想与课文的表达有什么不一样，你更喜欢哪一种？

> 蟋蟀体形微扁，头部圆形，触角长、呈线状。有翅时，翅平叠于躯体上。多数体色呈褐色或黑色，深浅不一。雄虫利用位于前翅基部的脊产生求偶鸣声。多数雌性的产卵器很显著，呈筒状或针状。
>
> ——选自英国麦加文的《昆虫》

2. 学生自读，交流。

（预设：拟人化的称谓，如"住宅、住所、主人、伟大的工程"等；人化的情绪，如"蟋蟀和它们不同，不肯随遇而安""它常常慎重地选择住址""它的舒服的住宅是自己一点儿一点儿挖掘的"；拟人化的举止，如"这就是蟋蟀的平台。当四周很安静的时候，蟋蟀就在这平台上弹琴""蟋蟀钻到土底下干活，如果感到疲劳，它就在未完工的家门口休息一会儿,头朝着外面")。

3. 小结:课文的作者从"拟人化的称谓""拟人化的情绪""拟人化的举止"逼真贴切地描绘出了蟋蟀的形象,给我们留下了深刻的印象,同时又能让读者体会到作者对蟋蟀的喜爱之情(现在应该找到了作者题目中用"住宅"一词的用意了吧),以及细致入微的观察给作者带来的乐趣,让我们读者在阅读时,忘了在眼前出现的不过是只小虫,而是有着丰富的生活状态和性格情态的生命,值得去了解,值得去品味,值得去尊重。

(五)拓展阅读,丰富体验。

1. 分享课堂学习的收获。

2. 课外阅读法布尔的《昆虫记》和比安基的《森林报》,完成:

阅读拓展:课外阅读法布尔的《昆虫记》和比安基的《森林报》,与同学分享你的阅读收获。

(六)文本图解

蟋蟀的住宅

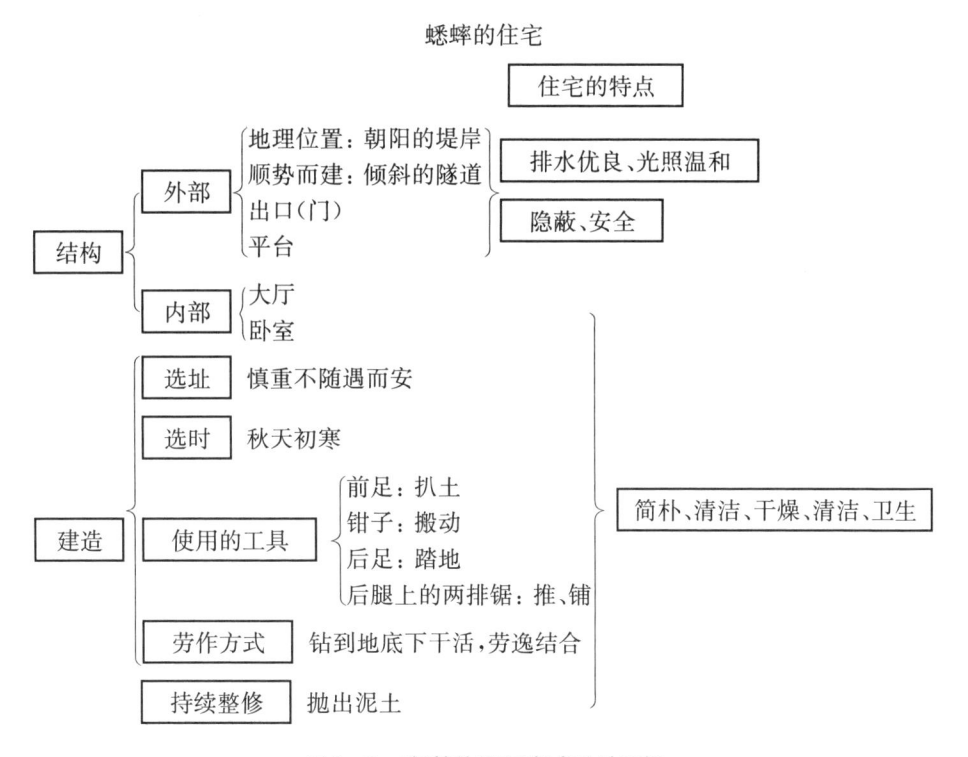

```
                              ┌ 住宅的特点
                              │
        ┌ 外部 ┌ 地理位置:朝阳的堤岸
        │      │ 顺势而建:倾斜的隧道 ── 排水优良、光照温和
        │      │ 出口(门)
结构 ┤      │ 平台                ── 隐蔽、安全
        │
        └ 内部 ┌ 大厅
                └ 卧室

        ┌ 选址 ── 慎重不随遇而安
        │
        │ 选时 ── 秋天初寒
        │
        │           ┌ 前足:扒土
建造 ┤ 使用的工具 │ 钳子:搬动        ┐
        │           │ 后足:踏地        ├ 简朴、清洁、干燥、清洁、卫生
        │           └ 后腿上的两排锯:推、铺 ┘
        │
        │ 劳作方式 ── 钻到地底下干活,劳逸结合
        │
        └ 持续整修 ── 抛出泥土
```

图 2-8 《蟋蟀的住宅》板书设计图解

问题讨论:对照课标,第二学段的说明性文章教学设计有何特点?

模块二 学理阐释

一、说明性文章界定

夏丏尊曾对说明文做过界定:"解说事物,剖释事理,阐明意象,以便使人得到关于事物、事理或意象的知识的文字,称为说明文。"可见,说明文文章就是以说明为主要表达方式,对客观事物或事理进行介绍解说,阐明其本质和规律,使人获得相关知识的文章。根据夏老的定义,通常可将说明文分为事物说明文和事理说明文。事物说明文主要就事物的形态特征展开说明,包括形状、构造、性质、特点、用途、功能等,让读者理解该事物;如三上《赵州桥》、五上《松鼠》事理说明文主要论述抽象的道理,阐明其内在的成因、关系、发展规律及本质特征,使读者既知其然又知其所以然。四上《蝙蝠和雷达》根据语言特点又可以分为平实说明文和文艺性说明文。

说明文按说明对象分可以分为事物说明文和事理说明文。事物说明文主要介绍某一事物的形体特征,如三下的《赵州桥》和五上《松鼠》;事理说明文直呼要解释事物本身的道理或内部的规律,如四上《蝙蝠和雷达》。按语言风格风,说明文可以分为平实说明文和生动说明文。平实说明文直截了当地说明对象,一般是以解释科学原理,说明制作过程、步骤,或介绍建筑物等为主的文章。适用于说明科学性及条理性较强的说明文,更多的是给读者以理性认识,例如五上《太阳》,《风向袋的制作》;生动说明文又叫文艺性说明文、科学小品文、知识小品文,常常用较为形象得手法来说明事物,使被说明的事物具有生动性和形象性,易于引起读者的兴趣。

二、课标及教材分析

1. 课标分析:

(1)总目标:在发展语言能力的同时,发展思维能力,学习科学的思想方法,逐步养成实事求是、崇尚真知的科学态度。

(2)学段目标:第三学段读说明性文章,能抓住要点,了解文章的基本说明方法。

2. 教材分析

第二学段课本,研读单元导语和单元内的课文可以发现,在总共32个单元中,带有整组意味安排学习的说明性文章就有10个单元之多,涉及《富饶的西沙群岛》《大自然的声音》等等30篇之多,这些课文中,除《大自然的声音》《带刺的朋友》《昆虫备忘录》《纸的发明》《小虾》《我们奇妙的世界》《纳米技术就在我们身边》外,其余课文都是人教版教材中保留的内容,不过被编入新的单元承担着新的学习目标要求。到了第三学段,按照课标要求,"了解文章的基本说明方法"。如统编版五年级上册第五单元主要学习说明性文章,该单元的语文要素是"阅读简单的说明性文章,了解基本的说明方法。"

三、说明性文章教学设计要点

(一)误区:说明性文章教学只讲说明方法

很多老师一看到说明文教学,马上想到说明方法,马上想到列数字、作比较、打比方等说明方法。教学时,一个劲地叫学生找出说明方法,分析一下说明方法,课程结束。说明文教学确实会涉及说明方法,但说明文教学内容不仅仅是说明方法,否则说明文教学内容就会简单的重复。另外,说明文的说明方法也要跟说明文内容、课文特点紧密相连,才能明了方法的适宜与否。实际上,《课程标准》高年段的阅读教学目标中单列出来——抓住要点,了解文章的基本说明方法。统编版教材四年级上册《飞向蓝天的恐龙》一课为例,该课第四自然段作为文章的主体,叙述了科学家推测出的恐龙飞向蓝天的过程。这一段篇幅长,内容多,还有不少生字词,学生阅读起来有一定难度。教师在教学时可以通过设计句子填空引导学生把握要点,例如:

第一种恐龙(   )

数千万年后(   )

其中,一些猎食性恐龙(   )

它们中的一些种类(   )

基于说明方法的只有在五六年级的说明文教学中涉及到。

(二)内容:说明对象、说明顺序、说明语言、科学精神等

1. 明确说明对象。

明确说明对象并准确把握说明对象的特征,应是阅读说明文的前提。明确说明对象可以从标题着手。大多数说明文的标题直接揭示了所要说明的事物或事理,其次,在说明文阅读的过程中还需要注意准确把握说明对象的特征。说明对象的特征是本事物区别于其他事物的标志,准确把握说明对象的特征需要注意以下几点。一是观察文章的标题。二是着眼于首尾段和关键句。说明文往往运用首尾段及关键句来突出所要说明对象的特征。

2. 厘清说明顺序。

说明文常见的说明顺序有时间顺序、空间顺序和逻辑顺序。厘清说明顺序是阅读说明文的关键,有助于读者更好地把握文章的结构。时间顺序以时间的变化来阐述事物发生发展的情况,其语言标志是表示时间的词。空间顺序重在描述事物的方位,阐述事物的形貌、特征等。逻辑顺序重在阐释事物或事理中各部分之间的内在关系,表现思维认知的发展变化。如《花钟》一文,作者采用了时间顺序,揭示了花开时间的特征。

3. 辨别说明方法。

说明文中常用的说明方法主要包括下定义、作比较、举例子、打比方、分类别、画图表、列数字、作引用等。辨别说明方法,也是说明文阅读过程中需要特别关注的内容。如表 2-3 所示:

表 2-3 说明文中常用的说明方法

基本说明方法	定　　义
举例子	为了说明事物的情况或事理,有时候从道理上讲我们不太理解,这就需要举些既通俗易懂又有代表性的例子来加以说明。
列数字	为了使所要说明的事物具体化。引用的数字一定要准确无误,即使是估计的数字也要有可靠的根据,并力求近似。
打比方	就是通过比喻的修辞方法来说明事物特征的相似之处,以突出事物的形状特点,增强说明的形象性和生动性。
作比较	说明某些抽象的或者人们比较陌生的事物,可以用具体的或者大家比较熟悉的事物进行比较。
分类别	将被说明的事物依照不同类别,一类一类地加以说明。
下定义	用简明的语言对事物的本质特征作概括的说明方法。下定义能准确揭示事物的本质,是科技说明文常用的方法。

4. 体悟说明语言。

说明文的语言具有准确、简明、有条理的特点。在阅读说明文的过程中,我们应注意感受其语言的准确性、简明性和条理性。首先是准确性,即用准确的语言如实地反映事物的特征、本质及规律,它是说明文语言最本质的要求。优秀的说明文,语言必然准确而周密,在遣词造句上甚至要求非如此不可的程度。二是简明性。说明文的语言简明干净,没有多余的字句,避免语言的啰嗦重复,能让读者快速把握文章要领并理解文章内容。三是条理性。说明文为了体现条理性,必须遵照一定的条理安排说明顺序,使之眉目清楚,有条不紊。

例1：统编版教材四年级下册《飞向蓝天的恐龙》

课后安排了一道这样的作业题：

课文中的不少语句表达很准确，如"科学家们希望能够全面揭示这一历史进程。"找出这样的语句读一读，说说自己的体会

例2：统编版教材五年级上册《太阳》

设置了如下课后练习：

读下面的句子，结合课文内容，说说作者是运用哪些说明方法介绍太阳的，体会这样写的好处。

太阳离我们约有一亿五千万千米远。

约一百三十万个地球的体积才能抵得上一个太阳。

到太阳上去，如果步行，日夜不停地走，差不多要走三千五百年；就是坐飞机，也要飞二十年。

例3：统编版教材五年级上册《松鼠》

读下面的句子，找出课文中相应的内容，体会表达上的不同。

松鼠体型细长，体长17—26厘米，尾长15—21厘米，体重300—400克。

松鼠在树上筑巢或利用树洞栖居，巢以树的干枝条及杂物构成，直径约50厘米。

松鼠每年春、秋季换毛。年产仔2—3次，一般在4、6月产仔较多。

以上课后练习的设置能够帮助学生体会说明文语言的准确性、简明性和条理性，教师在教学过程中要利用好课后练习，抓住关键语句，让学生体悟说明文的语言特点。

5. 感悟人文情感与科学精神。

阅读说明文，还应注意感悟其中蕴含的人文情感与科学精神。叶圣陶在《文章例话》中说："说明文不一定就是板起面孔来说话，说明文未尝不可以带一点儿风趣。"

(三) 方法：提取信息画图列表比较辨析

抓住关键词，提取信息。事理说明文以分析事物的因果关系、介绍科学道理为主，其文本信息具有科学的理性，相对比较抽象。学生必须具备一定的信息提取能力，才能在阅读时快速地抓住文章要点。但是，在平时的教学过程中，教师常常只注重学生信息提取的结果，没有关注提取的过程，往往把提取文本信息的环节变成纯知识的讲解，忽略了获取信息的方法指导。由此导致一部分学生阅读不得法，不能快速而准确地提取所需信息。在教学中，教师应当有意识地培养学生掌握获取信息的基本方法。抓关键词，便是一种很实用的信息提取方法。

示例：

胡春燕老师执教《松鼠》一课的教学实录[①]片段

师：刚才大家解释了"乖巧"有"机灵""做事巧妙""讨人喜欢"等意思，解释得还不是很透彻，我相信通过进一步的学习，你们会理解得更清楚的。接下来想请松鼠们来完成这样一个问题。

师：请你们用原文的一句话概括松鼠的特征。

生：我觉得是第一句——"松鼠是一种漂亮的小动物，驯良，乖巧，很讨人喜欢。"

师：那你能不能顺便说一下，漂亮、驯良、乖巧在文章里是怎样体现的呢？

生：第二段写松鼠的漂亮，第三段写驯良，第四、五段写乖巧。

师：第六段呢？

生：写松鼠有用。

师：写松鼠的经济价值，对人类很有用，所以可以照应开头的——

生：很讨人喜欢。

师：好，请坐。最后一段与开头首尾呼应，你们写的结构布局很严谨，回答得不错。

在这个教学片段中，教师引导学生抓取关键句"松鼠是一种漂亮的小动物，驯良，乖巧，很讨人喜欢。"来提取松鼠的基本特征，使学生能够快速把握松鼠的特点。

模块三 设计实践

1. 案例反思：经过模块二的学习，你重新评价模块一中的案例，并加以学理说明。

2. 动手实践：

任务一：请你对统编版五年级上册《太阳》进行分课时版教学设计，内容包括教材分析、学情分析、教学目标、重难点、教学过程、板书设计。

任务二：比较第二学段和第三学段说明性文章教学设计的异同，可参考课标要求。

模块四 资料链接

一、推荐阅读

1. 叶苍岑.说明文教学通论[M].北京：北京师范大学出版社，1982：1-9.

[①] 胡春燕，黄厚江.说明文教学：以虚拟情境的方式——《松鼠》一课的教学实录及评析[J].教育研究与评论(课堂观察)，2015(12)：68-74.

在《说明文教学通论》一书中提出要加强说明文基本知识与基本技能的训练,以提高学生在学习和科研工作中的语文能力。讲究教学的计划性,并主张在有计划的阅读教学中落实知识教学,落实读写听说能力的培养,实现智力的发展和思想政治教育。

2. 王宛磬主编.语文教学通论[M].河南大学出版社,2003:330.

在编写的《语文教学通论》中,对说明文的教学目的也有明确的要求:培养学生掌握抓住事物特征进行说明的能力。学会常见的说明事物的方法。掌握根据说明对象的不同,所采用的各种说明的顺序。掌握说明文的语言特点,提高运用说明语言的能力。

3. 魏本亚.说明文教学现状及相关思考[J].语文建设,2017,(1):4-7.

在《说明文教学现状及相关思考》提出教师最关注的是说明方法,究其原因,是教师对说明文教学内容的不确定,不把说明文当作说明文来教,具体表现为读课文——理课文思路——了解说明方法——说说情感价值的教学过程,这样的教学过程与其他文体的教学过程无异。

4. 陈剑峰.问题群导学设计理路管窥——以教学《松鼠》为例谈说明文教学内容的确定[J].语文教学通讯,2018(05):54-55.

问题群导学设计理路,为课堂教学提供了符合课程设计原理、教学科学规律和学习心理本质的基本路径与原则。问题群设计的基本教学理念,可以概括为教学目标的进阶性、教学内容的层递性与问题群的逻辑性要高度一致相融共生。开展问题群导学教学,必须在分析课程、教材和学情的基础上,设计有利于启迪学生思考并提出问题的教学情境,以及由这种情境外化出来的教学策略或教学方案。

二、推荐案例

《太阳》教学设计[①]

【教材分析】

《太阳》是统编教材五年级上册第五单元的一篇说明文,语言平实、通俗易懂。文章使用了列数字、作比较、打比方等说明方法,具体准确地介绍了太阳远、大、热的特点,说明太阳与人类有着非常密切的关系。学习《太阳》一文,旨在引导学生理解并初步使用最基本的说明方法把某一事物介绍清楚,并为该单元"介绍一种事物"的习作训

---

① 辛雅.《太阳》教学设计[J].小学教学参考,2019(25):9-10.

练打基础。

【教学目标】

1. 了解阅读简单说明文的基本方法,理解列数字、作比较等说明方法,感知太阳远、大、热的特点。

2. 能选择用恰当的说明方法,把某一种事物介绍清楚。

【教学过程】

一、引入情境,检查预习

1. 用与太阳有关的神话故事导入。教师出示四幅图片:后羿射日、夸父逐日、羲和洗太阳、太阳神阿波罗,引导学生简单地说一说图片的内容。

2. 天上的太阳到底能不能被后羿射下来呢?

3. 引入课题。

(板书课题:太阳)

(设计意图:语文教学要注重激发学生的好奇心、求知欲,发展学生的思维,培养学生的想象力。以神话故事导入,不仅为课堂增添趣味性,还能调动学生学习的积极性。)

二、初读课文,整体感知

1. 自由读课文。

2. (出示小短文)预习检查,让学生在活动单上填写文章重点词语。

太阳离我们有一亿五千万千米远。它看起来不大,但实际上一百三十万个地球的体积_____得上一个太阳。太阳是个大火球,表面温度有五千五百度。太阳和人类关系非常密切,植物的生长、动物的_____、我们吃的_____、埋在地下的_____等都离不开太阳。太阳光还有_____的能力,人类可以利用它来和_____疾病。没有太阳,就_____我们可爱的世界。

(1) 相继指导,在横线上订正一遍。

(2) 说一说,短文从哪些方面介绍了太阳。

(3) 同学们都谈到太阳远、大、热的特点以及太阳与人类的关系密切。我们先来感受太阳的三大特点。

(板书:远大热)

(设计意图:使用学习活动单,有助于教师检查学生自主识字以及在语境中书写和运用词语的能力。同时,通过互动,直接聚焦本堂课的教学目标,有利于提升学生的概括表达能力、自读课文的能力,帮助学生理清文章的思路。)

三、学习太阳特点,理解说明方法

1. 默读文章一至三自然段,思考课文是怎样把太阳的三个特点写清楚的。选择一个你最感兴趣的特点仔细阅读,圈出关键词句并在旁边做批注。

(学生默读课文,圈画批注,教师巡视)

2. 分组交流,学生汇报。

(1) 太阳之远。

① "一亿五千万千米"有多远?课文怎么说出来的?

② 填空:

太阳离我们有_____千米远。到太阳上去,如果步行,日夜不停地走,差不多要走_____年;就是坐飞机,也要飞_____年。

③ 比较:"太阳离我们非常非常远"一句和教材的表达有什么不同。

④ 明确:课文使用列数字的说明方法,直观准确地写出了太阳与我们距离之远,使文章更有说服力。

(板书:列数字)

⑤ 在写太阳远的特点时,作者为什么要引用后羿射日的传说?

明确:突出说明文的趣味性。

⑥ 指导朗读第一自然段。

(2) 太阳之大。

① "一百三十万个地球体积才能抵得上一个太阳。"预设学生可能会说列数字的说明方法,予以肯定。

② 教师用图片演示一个太阳等于一百三十万个地球。让学生说说自己体会到了什么,作者为什么不拿太阳和木星、火星作比较。

明确:"把太阳和地球放在一起比较,更能突出太阳的体积之大。地球是为大家所熟悉的物体,用人们熟悉的物体作比较说明,更容易让读者理解。"

③ 学生齐读第二自然段,并加入适当的肢体动作感知太阳的"大"。

(3) 太阳之热。

① "太阳会发光,会发热,是个大火球"用了什么手法?

② 说一说:"把太阳比作大火球,你仿佛看到了一个什么样的太阳?这样写有什么好处?"

明确:"比喻这种修辞手法在说明文中叫'打比方'。打比方可以生动形象地介绍事物的特点,让说明文增添趣味性。"

③ 除了把太阳比作大火球之外,作者还用什么方法让我们感知太阳温度高?

仿写句子:"太阳的温度很高,表面温度有五千五百摄氏度,就是_____碰到它,也会_____。"

④ 指名读,强调重读关键词。

(设计意图:学生在学习上有了自主选择权,他们的积极性就会很高。这一环节的教学目标明确,重在让学生把握文章说明思路的基础之上理解说明方法。)

四、归纳太阳作用,梳理文章内容

1. 虽然太阳离我们很远,但是和我们人类的关系非常密切。请同学们用心读读课文,找出最能表现太阳与人类关系密切的一句话。指名读。

2. 请同学默读文章第四至第七自然段,圈画关键词句,根据课文内容,用下面的句式练习说话。

"如果有了太阳,地球上就_____。"

"如果没有太阳,地球上就_____。"

"没有太阳,就没有_____。"

教师相继引导学生理解作者从正反两面论述太阳与人类关系的密切。

3. 总结:课文讲了太阳对地球生物、人类生活、自然天气等方面的作用,作者最后写道:"没有太阳,就没有我们这个美丽可爱的世界。"(学生齐读)

(设计意图:这一部分内容较分散,不易于学生对作者说明思路的把握。给定不同的句式进行说话练习,一是锻炼学生提取信息的能力,二是为学生提供分析文章的支架,锻炼学生概括信息的能力。)

五、学以致用,介绍事物

1. 出示相关事物的资料,让学生选择自己最感兴趣的一个事物,试着用多种方法来说明它的特征。

2. 交流分享,教师相继点评,强化说明方法。

(设计意图:语文课程是实践性课程,应该让学生多读多写,学以致用。同时,语文学习也应该注重听说读写的相互联系,注重语文与生活的联系。)

六、作业超市

1. 课后自主查阅有关太阳的文字、视频资料,自主拓展学习。

2. 小练笔：以太阳自述的形式改写文章,200字左右。

第七节　单元整体设计和阅读策略单元设计

单元整体设计

模块一　课例研讨

案例2-12　二年级下册第二单元整体设计①

一、内容简介

这是一组用爱心串起来的课文。分别是《泉水》《雷锋叔叔,你在哪里》《我不是最弱小的》《卡罗尔和她的小猫》。不要说雷锋叔叔那样平凡而伟大的光辉典范,就是那一路奉献甘甜和快乐的泉水,甚至用雨衣给蔷薇花挡雨的五岁萨拉,也同样有着一颗清纯而美丽的爱心。有爱才会甘于奉献,有爱才会乐于助人。我们应该和学生一起去细细地品味这些充满爱的诗文,再联系实际想一想,我们应该怎样献出爱心,在家爱爸爸妈妈,在学校爱老师、同学,在社会上关爱别人,愿意帮助别人。

二、总体构想

第一部分：教科书教学

　模块一：识字与写字

　模块二：朗读指导

　模块三：积累与运用

第二部分：整本书阅读——《我的爸爸叫焦尼》

第三部分：语文实践活动——爱的奉献

第一部分：教科书教学

学习目标

1. 会认识本单元49个字,会写33个字。

2. 能够正确、流利、有感情地朗读课文；背诵5、6课。

3. 巩固识字方法,鼓励学生按照发现的识字规律识字。

---

① 材料来自：http://xiaoyu.pep.com

4.在阅读过程中,引导学生抓住重点词语理解课文,感受"助人为乐,乐于奉献"的精神;树立"保护弱小"的意识。

5.指导学生在理解的基础上朗读,通过表演等方式加深理解,提升朗读水平,积累词汇。

6.在实践活动中展示自我,认识自我,增强"助人为乐、乐于奉献"的信念。

模块一　识字与写字

第一课时

一、谈话导入,揭示主题

1.出示残疾人的图片,5·12地震中救助被困的视频。

引导谈话:我观后的想法。

2.过渡:"只要人人献出一份爱,世界将变成美好的家园。"现在就让我们一起走进第二单元,进一步感受"助人为乐,乐于奉献"的精神吧!

设计意图:选取与单元主题相关的图片,创设情景的妙地,激发了学生的情感参与,为后面的自主学习做了铺垫。

二、感知内容,认读生字

1.播放本单元朗读课件,学生边听边欣赏画面。

2.自读本单元课文,标出不认识的字,请教同伴,读不通顺的地方多读几遍。

3.分组试读,互相帮助,力求把课文读正确。

4.小组汇报不能读准的生字,班内交流,查字典解决。

5.汇报朗读,相继正音。

设计意图:课件情景的渲染,激发了学生学文的兴趣,小组合作查字典的形式,给了学生克服困难的阶梯,更大程度地激发了学生的自主参与。

三、整体感知,把握内容

1.感知内容,自读课文交流认识;小组说说最喜欢哪篇课文,这篇课文写了什么。

2.班内交流汇报,相继评价。

设计意图:此环节可以使学生进一步了解文本的内容,整体感受文本丰富的精神内涵,同时也加深对生字的巩固。

第二课时

一、生字分类

1.教师每人发一张练字纸。

2. 一起回顾汉字的结构,进行归纳:

独体字;左右结构;上下结构;半包围结构;左中右结构。

3. 学生自主给字分类并写下来。

独体字:瓦。

半包围结构:迈、迷。

左右结构:结、脆、塔、杜鹃、该、滴、洒、泥泞等。

上下结构:泉、然、省、盛、季、需、雷、冒、芬芳等。

上中下结构:密

4. 小组交流,对照是否正确。

每个人分别读一读自己写下来的字。有不会读的字,小组内互相教一教。

设计意图:给生字分类,为下一环节的探索写字规律做好了铺垫。

二、分类书写

(一)写左右结构的字。

1. 引导学生观察各部件所占比例的大小。

如:股、塔、杜鹃、锋、滴、洒、泥泞等均属左窄右宽的字;而"叔"则左宽右窄,"弱"则左右相等;重点指导写好"鹃""弱",如"月"在下时撇变为竖。

2. 示范书写。

3. 设置音乐背景,书写本单元生字;师巡视,纠正不良的书写姿势;提醒学生顿笔。

4. 引导欣赏:

自我欣赏:用"小梅花"圈画出写得比较满意的字。

组内欣赏:组内成员互相看看,相互学习。

集体欣赏:老师边对学生进行指导、边挑选有典型性的作业,最后用实物投影展示并评析。

(二)其他类型字的书写。

1. 运用第一节的方法观察上下结构的字。

2. 交流汇报:"芳、泉、冒、芬"是上短下长的字;"雷"则上下相等,重点指导"冒";"然"为上长下短。

3. 观察半包围结构的字和独体字。

4. 交流汇报的基础上重点指导"迹""瓦"等。

评价方法同上。

设计意图：语文是工具性学科,要让学生习得方法的同时,培养一种习惯。低段写字应教给学生正确的书写方法,培养良好的书写习惯,体会汉字的优美。重要的是让学生明白写字也是有规律可循的。掌握规律,仔细观察,用心去想,这是写好字的前提。培养学生观察汉字间架结构的意识。

三、巩固写字

1. 小组长给学生分类听写；组长批阅,学生修改。

2. 一个小组制作一组卡片。把这些字分成类,制作出颜色不同的卡片,一类一种颜色,贴在小组识字展示栏中。

设计意图：学生相互检测,再次落实了学习中的主体地位,激发了写字的兴趣。展示栏提供了写字交流的平台,学生在交流中得到肯定,取长补短,激发一种书法热情。

模块二　朗读指导

一、初步感受爱与奉献

用几句话介绍自己经历的或看到、听到的好人好事。评一评,哪个同学说得好。

设计意图：这个环节的设计,不是简单的导入。一是通过学生的表述,了解学生对好人好事描述的实际水平,确定学习起点；二是通过相互评价,让学生对助人为乐有更深刻的认识。三是激发学生兴趣,愿意把身边的好人好事介绍得更好,产生探究学习的动力。

二、具体感受爱与奉献——基础学习

（一）感受爱与奉献——学习《泉水》《雷锋叔叔,你在哪里》

1. 课件激趣,揭示课题。

小朋友,你想认识泉水吗？在"泉水小站"里收集了许多介绍泉水的文字,请大家自由浏览一下,喜欢的地方大声读一读。（泉水的产生、水质、来源、流向及一些著名泉水的介绍。）

浏览了"泉水小站",你对泉水的认识更深了吧,那你想和泉水交朋友吗？和它打声招呼,读课题。

2. 品读赏析,理解感悟。

自读课文,读正确,读生动。讨论交流：你觉得泉水怎样？喜欢他吗？读一读最喜欢的段落。任由学生根据自己的感受选出其中的一段精读。这一段中还有哪些句子能看出泉水很甜很甜？怎样读好这句话？把泉水的无私助人读出来。

小结学法：通过读和抓重点句子来理解课文内容。

小组合作学习，像刚才那样交流其他段落。

展示学习成果。鼓励用自己喜欢的方式表达对泉水的热爱。

3. 课内句子拓展训练。

明确：泉水弹着琴，又流到哪里去了呢？发生了哪些动人的事情？

泉水流过_____，看到_____，泉水说_____。

4. 总结提升。

学完了课文，你觉得应该怎样向泉水学习。朗读最喜欢的段落，背给好朋友听听。

熟读课后小韵文，然后小组合作朗读表演。

（二）学习《雷锋叔叔你在哪里》

1. 激情导入。

泉水为别人带来了欢乐，从而自己也感到快乐。在我们的现实生活中也曾有这样一个人：他的一生都是在以帮助别人为快乐中度过的。（出示雷锋的画像）看他是谁？板书：雷锋叔叔。他离我们已经很多年了，我们到哪里去寻找他呢？

板书：你在哪里？

交流雷锋生平，了解毛泽东和周恩来的题词。

2. 朗读感悟。

自读课文，读正确，读流利。让学生有选择地阅读其中的某一节，并有所发现。把自己的发现再说给同组听，然后指名在班里交流。

3. 质疑探究，理解诗意。

让学生提出还不明白的问题，教师相继点拨、引导，使其表达得更好。用这样的句式来启发学生联想："我不仅在小溪旁、小路边找到雷锋叔叔，还在……看到雷锋叔叔的身影。"理解雷锋是一个时时处处关心人、帮助人的好榜样。

4. 感情朗读，深悟诗情。

通过多种形式读出好词佳句的美感，读出诗歌的韵味，读出呼唤的语气和回忆雷锋光辉事迹时的深情，从而领悟作者对雷锋高尚品格的赞美。

5. 拓展升华。

读雷锋的话。

"人的生命是有限的,可是为人民服务是无限的,我要把有限的生命投入到无限的为人民服务中去。"

三、学习《我不是最弱小的》《卡罗尔和她的小猫》

自读课文,读正确,读流利。

1. 分组学习 18 课。

出示思考题:雨衣是怎样在萨沙一家人中间传递的?为什么?找出相关的句子读一读。默读《卡罗尔和她的小猫》,你觉得哪些地方写得有趣。

喜欢《我不是最弱小的》一课的同学为萨沙组,探究第一问题;喜欢《卡罗尔和她的小猫》探究第二问题,为卡罗尔组。合作交流。

2. 班内汇报。

萨沙组汇报过程中鼓励卡罗尔组也积极参与,让学生体会到"妈妈——托利亚——萨沙——蔷薇花"表面上在传递雨衣,实际是传递了一种关爱,抓住重点句子感悟。

四、总结提升

1. 交流四课学习后的心得。

2. 总结:如果我们关爱地球上的植物,植物就会给我们创造绿色的生命。如果我们关爱地球上的动物,动物就会和我们和谐相处,如果我们真诚地关爱他人,他人也会真心地关爱我们。希望身边的每一位同学都拥有一颗博爱的心,面对生活,面对生命中的一切。

模块三 积累与运用

第一课时

一、回顾人物的奉献精神

自由交流,从哪些事情可以看出泉水、雷锋的精神。从哪些事情可以看出人们对植物和小动物的关爱。

设计意图:该环节的设计在于进一步回顾探究人物的奉献精神,为下一环节的领悟表达做好了铺垫。

二、出示例句,领悟表达

例一:回顾表现泉水甘于奉献的句子。泉水说:"照吧,照吧!我的水很清很清,像一面明亮的大镜子。"

1. 思考:作者是怎样写出泉水甘于奉献的。

2. 交流：(1) 比喻句。"像一面明亮的大镜子。"(2)"照吧,照吧!""很清很清"等词表现了泉水乐于助人的精神。

3. 朗读升华：读出泉水的乐于助人。

例二："萨沙掀起雨衣,轻轻地遮在蔷薇花上。"

1. 思考：你从这句话体会到了什么？（萨沙对蔷薇花的爱）

2. 思考：作者是怎样写萨沙对蔷薇花的爱。

交流：通过"掀起""轻轻地""遮"可以看出萨沙对蔷薇花的关心和爱护之情。

3. 朗读升华：表演读,读出萨沙对蔷薇花的关爱。

设计意图：该环节的设计,旨在给学生一个品析语言、领悟表达的拐杖,为学生自主体会表达打下基础。

三、自读感悟,交流汇报

总结学法：找出表现人物助人为乐,奉献爱心的句子。想想并谈谈自己的感受,作者是怎样写出来的？并试着把这种感受读出来。

1. 自读自悟。

2. 小组合作,交流自己感受最深的句子。

3. 班内汇报,交流感受,情景朗读,相继拓展。

设计意图：该环节在已有学法的基础上迁移学习,引领学生自主地领悟作者的表达技巧,起到了授人以渔的作用,为口语交际做好了铺垫。

四、积累语言

1. 抄写本单元的好词佳句。要求字迹整洁、工整。

2. 展览读书笔记,互相借鉴学习;分类整理。

3. 以小组为单位,默读自己摘抄的美词佳句。

设计意图：积累语言落实到写,另外,鼓励学生分类整理,可以使学生的语文学习思维也具有条理性、系统性。

第二课时

一、回顾识字方法

1. 回顾识字方法——熟字加偏旁。

如：才——材、列——烈、本——笨。（注意字音声调的变化）

2. 回顾识字方法——减一减。

如：议——义、塘——唐。生举例。（为园地一的学习做铺垫）

3. 平时,你还运用到哪些识字方法,举例说明,交流归纳。再如:生活中识字、猜谜语、编儿歌、变一变等。

设计意图:这个环节的设计不是简单的导入,帮助学生回顾学过的识字方法,便于对学生头脑中的信息进行整理,为下面的分类识字打下基础。

二、合作识字

1. 生自读课文,标出仍有认读困难的生字,制成字卡。

2. 合作识字,交流识字方法。对字卡上的字进行归类记忆。

3. 班内汇报。

如:熟字加偏旁识字:牺、牲、需、缝、篌、糊、蹭等。

熟字换偏旁识字:鹊——鹃、股——没、瓣——辨等。

熟字减一减识字:兔——免、赠——曾、橱——厨等。

熟字相加:贫、炭、始、科、粉、妹、赠、欲、呆等。

做动作识字:按、托、掀、蹭、递等。

猜谜语识字:兔、觅等。

汇报过程中,教师就各小组汇报的难字进行重点点拨。比如:"集""普"等。师更应引导发现汉字构字规律,帮助学生识记。比如:缝、绒为什么是绞丝旁。

设计意图:回顾、发现识字方法,引导发现汉字构字规律,就等于给了学生一个识记生字、揣摩字义的拐杖。而难字的汇总,则使交流和指导更加有的放矢。

三、巩固识字

1. 隐去拼音,开火车读生字,相继正音。

2. 应用中巩固,扩词。出示相应句子,进行情景识字。

3. 字卡游戏。小组互查生字。比如:认读,遮半边猜字,找同偏旁的字等。

设计意图:通过检查,同一个字反复呈现,在学生的自查和互查中得到了巩固和提高。然而识字量较大,可将字的巩固持续教学到三、四模块的学习中。

第二部分　读整本书
《我的爸爸叫焦尼》

——"读整本书"教学设计

一、阅读目标

1. 共同读一本书《我的爸爸叫焦尼》,感受文中的情感与细节。

2. 体会书中人物的丰富情感,感受爸爸与儿子间深厚的父子之情。

3. 能看图讲出故事情节,并能流利地复述故事内容。

二、活动准备

1.《我的爸爸叫焦尼》插图。

2. 与爸爸之间"爱"的插曲。

三、活动过程

(一)谈话导入

1. 师:在我们的生活中一定有这样的人,陪伴着你,教你穿衣服、学走路、拿筷子,这样的人带给你无数的记忆,你这时会想到谁?

2. 师:我们常常会想到母爱,但是,父亲也会时常陪伴着我们,默默地关心着我们,带给我们感动。提到父亲,你会想到什么?

3. 小结引出图画书。

(二)看图讲故事

1. 教师讲述。

观看插图:在检票口,一位留着胡子的伯伯把两张票合在一起撕了。"这是我爸爸!我跟爸爸一起看电影!他叫焦尼!"

大胆想象,狄姆会对检票的伯伯说什么?"这是我爸爸,他叫焦尼。"

2. 学生看图讲述。

到了站台上,我对爸爸说:"我要在这儿等着妈妈来接我。"爸爸看了一下车票:"没事,还有两三分钟呢!"说完,就抱起我上了火车。猜猜,爸爸抱狄姆上火车会做什么?

3. 继续讲述。

4. 观看插图。

设计意图:先由老师导入故事,让学生有一个进入状态的过程;通过老师的讲,让学生感受"焦尼和爸爸"的感情。

5. 总体感受。学生交流感受

设计意图:此环节是让学生对上述故事的内容有一个整体的感受,又锻炼学生的语言组织能力。

(三)回顾故事

师:我们再一次回到图画书中看一看,说说为什么会给你留下这样的印象。

1. 品读儿子的语言。

2. 品读爸爸的语言。

出示:这孩子,是我的儿子。最好的儿子。他叫狄姆!爸爸同样在表达着对儿子的爱。

(1) 爸爸的动作。

爸爸动作看似那么简单,可整整的一天,没有离开儿子半步,而且把儿子放在怀中保护,把儿子放在掌心疼爱。

(2) 爸爸的眼神。

爸爸作为成年人,对儿子的爱藏在自己的动作中,藏在自己的眼睛里,藏在自己的心里。

设计意图:先由老师导入故事,让学生有一个进入状态的过程;中间再由学生看图讲述故事,既让他们动脑思考,又锻炼他们的语言组织能力;最后再回顾这本书的精彩之处,让学生对故事的细节加深印象,体会书中的"父子情"感受书中的浓浓深情。

第三部分 语文实践活动

爱 的 奉 献

——语文实践活动教学设计

一、活动目标

1. 乐于去帮助身边的人。

2. 怀有一颗感恩的心。

3. 通过表演,体会生活中处处都有爱。

二、活动过程

(一) 复习导入

上节课,我们认识了一些新朋友,不知道你们还记得吗?(泉水、雷锋、萨沙、卡罗尔等)你最喜欢谁?为什么?交流中大家各抒己见。

(二) 谈话导学

1. 读本单元的导语。书上的伙伴这么热情地帮助身边的朋友,在我们的生活中你遇到过需要我们伸出双手的事吗?学生交流,师选择,相继板书。

2. 是啊,在生活中,我们每个人都可能遇到困难,如果遇到困难的是你,你希望周围的人怎么帮你？如果你刚好能帮上别人，你会为他伸出热情的手吗？你会怎么做？想一想，在小组内演一演，或说一说。

小组交流，师巡回指导。

(三) 交流反馈

上台表演。其他同学当评委，仔细听听他们是怎么说、怎么做的？你有没有不同的想法、做法。

(四) 创设情景，练习对话

情景一：一个老爷爷在路边病倒了，你会怎样做？学生表演过程中，学会与人交流，如请旁边的大人帮助；打120求救。

情景二：当你十分忙，别人又急需你帮忙时，你该怎么办？通过讨论，交流思想，进行对话练习。

(五) 制定爱心计划

1. 议一议。小组内商量，开展一次献爱心的活动。就帮助谁、怎样帮等问题发表自己的看法，听听同伴的意见。

2. 情感升华，播放歌曲《爱的奉献》。

设计意图：该环节的设立，旨在通过情境的创设，使学生的交际能力得到锻炼，促进交际活动的展开与深入，将其认识转化为爱心行动。

问题讨论：1. 你认为单元整体设计与单篇教学有何区别？

2. 你认为单元整体设计要注意什么？

模块二 学理阐释

一、课标对单元整体设计的规定

2017年高中语文课标提出语文学科核心素养，强调在真实情境中学习解决真实问题，获得真实体验，获得学生语文素养的真正提高。高中课标要求以学习任务群的形式内容进行教学，任务群教学更多强调情境中的教学整合，突破了单个知识点的教学，教学设计要从设计一个知识点或课时转变为设计一个大单元。高中、初中、小学语文都在尝试单元整体设计。传统语文教学设计是按照单篇单篇课文进行设计的。语文教材的编排虽然是选文型教材，但是每一个单元的课文之间课文与口语交际，与语文园地后面的口语交际习作等等都是相关的。整个单元有一个共同的语文素养，语文要素和人文要素分别落实到每篇课文当中，每一篇都是有侧重点的。

所以我们可以尝试着进行单元整体设计，为初中的专题学习、高中的学习任务群打下基础。

二、单元整体设计要点：

（一）研读教材，提炼、挖掘单元主题

单元主题包括人文主题和语文要素主题，小学一二年级教材需要自己确定人文主题和语文要素，三年级开始统编教材有明确的人文主题和语文要素，都需要课前认真研读教材，归纳提炼单元主题。

1. 第一学段：

以王爱华老师设计的二上第四单元为例[①]：

二年级上册第四单元选用了古诗、散文、说明文等多种体裁，编排了《古诗两首》（《登鹳雀楼》《望庐山瀑布》）《黄山奇石》《日月潭》和《葡萄沟》四篇课文。单元的选文与编排可谓独具匠心，学生从中可以领略到中华大地上的旖旎风光，从华夏民族的母亲河黄河到中华名楼鹳雀楼，从匡庐奇秀甲天下的庐山瀑布到雄奇秀险的黄山，这些名山大川无不是中华民族的象征与骄傲。学生放眼纵览，从东海中的宝岛台湾，到大西北的新疆吐鲁番，定能感受到中华大地幅员辽阔。课文内容从古至今，从东到西，越过海峡，穿过大漠，勾画了一幅祖国山河的壮美景象。"我爱阅读"中的《画家乡》则从儿童的视角描绘了自己的家乡——海滨、山村、平原、草原及城市——的美好景色。学生阅读整个单元，必将产生热爱祖国、亲近家乡的情感。因此，本单元提炼了"美丽中国"的主题情境。

2. 第二三学段：

四年级下册第六单元的人文主题是"成长"，语文要素是"学习把握长文章的主要内容"，安排了《小英雄雨来》《我们家的男子汉》《芦花鞋》三篇长文章，从不同角度、不同时代展示了少年儿童的故事。本单元口语交际的话题是"朋友相处的秘诀"，习作话题是"我学会做"，学会与人相处、学会做事也体现了本单元的人文主题。如何统整单元目标？我们确定的大单元学习主题是"讲讲童年精彩的故事"，对本单元的内容、顺序进行了改编与调整。抓住"学习把握长文章的主要内容"这一语文要素进行统整。

---

① 王爱华.大单元教学：语文素养发展的佳境[J].语文建设，2019(4)：18-21.

(二) 围绕目标,统筹思考单元的情境

语文核心素养就是学生在积极的语言实践活动中积累与建构起来,并在真实的语言运用情境中,表现出来的语言能力及其品质。指向语文核心素养的单元整体设计,打破了传统单元按教材编排顺序进行教学的模式,在新的教材单元基础上,提炼出一个任务群,以该主题为统领,创设一个具体可行的真实情境,学生在一定的情境中进行语文活动,完成具有内在联系的语文学习任务,提升学生的语文素养。

1. 第一学段:

美丽中国"幅员辽阔,山河壮丽,"我"想去看看,让人自然想起了"旅行"。本单元以"我的旅行手账"为总的任务情境,将单元内容整合成三个任务,将识字与写字、课文朗读与背诵、字词句运用、写话等内容有机整合在"我的旅行手账"这一真实情境中,把学习经历转化成一次有意义的开放性的任务。如图 2-9:①

```
                ┌ 任务一:我的旅行路线 ┬ 景点我知道
                │                      ├ 我们出发了
                │                      └ 画下旅行路线
                │                      ┌ 我在诗词中看到的风景
我的旅行手账 ┤ 任务二:慢慢走,欣赏啊 ┼ 我的黄山奇石摄影展
                │                      ├ 画日月潭游览图
                │                      └ 逛葡萄沟
                │                      ┌ 说说我的发现
                └ 任务三:请到我的家乡来 ┼ 介绍我的家乡
                                       └ 请你来做客
```

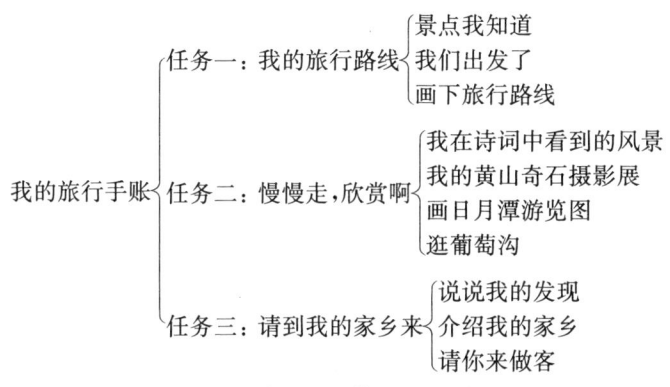

图 2-9　二年级上册第四单元任务框架

2. 第二三学段:

四下第六单元情境②:

为学生创设了一个大情境:"列小标题,用接龙的方式,讲讲小英雄雨来、卖了101双芦花鞋的青铜,还有自己读过的女孩故事,发现一样的童年,却有着不一样的精彩。讨论男子汉的标准,与作家王安忆笔下的男子汉比一比,写写自己心目中男子汉的故事,感受童年的美好与成长的快乐"。如图 2-10:

---

① 王爱华.大单元教学:语文素养发展的佳境——以统编教材二年级上册第四单元为例[J].语文建设,2019(08):18-21.
② 秦艳.指向学生言语实践活动的大单元教学[J].语文建设,2020(4):4-8.

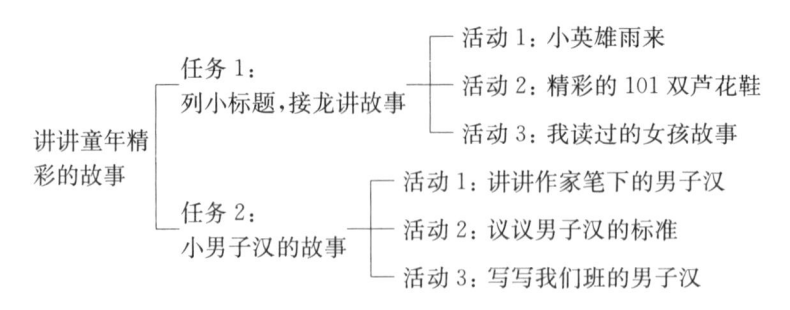

```
                              ┌─ 活动1:小英雄雨来
              ┌ 任务1:         ├─ 活动2:精彩的101双芦花鞋
              │ 列小标题,接龙讲故事 └─ 活动3:我读过的女孩故事
讲讲童年精
彩的故事     │
              │                ┌─ 活动1:讲讲作家笔下的男子汉
              └ 任务2:         ├─ 活动2:议议男子汉的标准
                小男子汉的故事  └─ 活动3:写写我们班的男子汉
```

图 2-10　第四单元情景结构

(三) 综合分析,设定任务活动

每个任务下面,在设计具体活动。如任务二中设计了三个活动。活动一:"我在诗词句中看到的风景"。设计了"登高望远""庐山观瀑"两个环节,引导学生通过读诗句、想画面、画画面、说画面等方式描绘诗中景色,读懂诗中意,积累诗句和词语。活动二:"我的黄山奇石摄影展"。设计了"我欣赏到的奇石""我收藏的奇石""我心中的奇石"三个环节。活动三:"日月潭游览图"。在"我画游览图"环节中,引导学生阅读课文,了解日月潭的地理位置,朗读描绘日月潭景色的语句,简要画出游览示意图。活动四:"逛葡萄沟"。主要设计了"品炫彩葡萄""揭秘葡萄干"两个活动。第三个任务是"请到我的家乡来",设计了"说说我的发现""介绍我的家乡""请你来做客"三个相互联系的活动,引导学生阅读语文园地里的"字词句运用""写留言条""我的发现""日积月累"等内容。

(四) 综合测评,多样化考核方式

综合测评注重真实情境的创设、活动任务的设计、训练内容的整合,重点考查学生的高层次思维能力,在真实的情境中运用语言文字解决问题。

模块三　设计实践

1. 案例反思:经过模块二的学习,请你重新评价模块一中的案例,并加以学理说明。

2. 动手实践

任务一:请对统编版二年级下册第七单元展开单元教学设计,要求课题、教学目标、教学过程以及教学评价等要素齐全。

任务二:请对统编版五年级上册第三单元展开单元教学设计,要求课题、教学目标、教学过程以及教学评价等要素齐全。

模块四　资料链接

一、推荐阅读

1. 李怀源.小学语文单元整体教学的概念、特征及应用[J].小学语文教学,2020(07).

单元整体教学的设计可以分成四个步骤,即目标、内容、实施和评价。第一步是整合学习目标,确定一个核心目标是关键;第二步是整合学习内容,注意设立一个大的框架结构,再深入思考整个单元的具体教学;第三步是设计学习活动,其中细化为三点,分别是创立整体学习情境、设立具体学习任务和有可见的学习成果;第四步是设计学习过程,目的即教会学生提取信息、整合解释以达到反思评价。

2. 戴晓娥.聚焦学科育人,提升语文核心素养——义务教育统编语文教材大单元教学设计策略[J].语文建设,2020(12):29-32.

语文大单元教学是从素养出发的语文学习方案,根据语文素养形成的条件和特征,以学生的学习为主线,统筹内容、目标、情境、任务、评价、技术,合理安排学习活动。为切实提升学生核心素养、提高教学质量,提出以下三个主要设计策略:其一,坚持课程设计与教学设计的统一;其二,坚持内容设计与学习行为设计的统一;其三,坚持教学设计与评价设计的统一。

3. 顾琴."双线组元"理念下单元整体教学的思考与建议[J].江苏教育,2019(17):64-67.

基于"双线"("人文主题"和"语文要素")编排单元教材内容,并对其进行整体设计和架构,有助于实现单元教学效益的最大化和学生发展的最优化。在"双线组元"的理念指导下,可以从以下四个方面着手开展单元整体教学:其一,目标统整,凸显单元教学的核心价值;其二,双线并行,实现单元教学的整体构建;其三,三位一体,架构单元教学的阅读体系;其四,方式变革,促进单元教学的有效转型。

4. 吴忠豪.单元整体教学:改变语文课程的教学形态[J].小学语文教学,2020(07).

单元整体教学为语文教学发展现状做出了四个方面的贡献。第一,单元整体教学改变了逐篇讲读课文的语文教学形态,这是语文课程改革中带有革命性的变革;第二,这一研究探索出语文课程6个年级12个学期的目标系列,解决了教学目标过于笼统、教学内容模糊不清这一深层次问题;第三,单元整体教学突显了语文课程实践性的特点,从根本上改变教师主宰语文课堂的顽疾;第四,这一研究对语文课程"人文性"特点做了创造性的解读,改变语文课程与教学的人文性窄化的现象。

二、推荐案例

素养为本的单元整体设计[①]
——以统编小学语文教材第一册第一单元为例

一、研读教材,提炼、挖掘单元主题

统编小学语文教材第一册第一单元是学生入学以来学习的第一个集中识字单元,文化内涵丰富,传统意味浓郁。

第一课《天地人》以傅抱石先生的国画《一望大江开》为背景,展现了"天地人,你我他"6个汉字,引导学生认识世界、了解世界。"天"覆盖万物,"地"负载万物,天地之间以"人"为贵。

第二课《金木水火土》向我们揭示了古人认识世界的一种思维观念,即以自然界的五种物质——金、木、水、火、土,作为构成宇宙万物及各种自然现象变化的基础。而"天地分上下,日月照今古"则体现了古人对宇宙、对时间的思考。

第三课《口耳目》通过看图识字让学生认识简单的身体部位,并提供了与身体部位有关的两句俗语,呈现生字"站、坐",让学生形象地感知坐、立的规范,引导学生养成良好的生活习惯。

第四课《日月水火》利用图画、象形字与今天的汉字的对比设计,呈现了生活中常见的8个象形字,便于学生理解字义,识记字形,初步了解象形的造字方法,感受古人造字的智慧。

第五课《对韵歌》则选择了传统文化中的蒙学内容,以自然景物为题材,借助对韵歌的形式,让学生在识字的同时初步感受汉语的音韵节奏,提升学习语文的兴趣。

"语文园地一"中的"识字加油站",采用了谜语诗的形式,数字"一、二、三、四、五、六、七、八、九、十"巧妙地镶嵌在谜语诗中,读起来节奏鲜明,饶有趣味,也能让学生初步了解汉字的文化内涵。

整个单元的内容渗透了中华优秀传统文化天人合一的思想,蕴含着人与自然、人与人之间和谐相处的理念,为学生的成长打下了精神的底子;同时,本单元渗透了韵语识字、看图识字、象形字识字、对对子识字等多种识字方法。作为拼音教学前的识字单元,在传播弘扬中华优秀传统文化的同时,编者尤其注重引导学生关注对汉字的认识:

[①] 蒋琳.素养为本的单元整体设计——以统编小学语文教材第一册第一单元为例[J].基础教育课程,2019(10):17-21.

中国文字是方块汉字,书写要做到横平竖直,有一定的顺序;汉字是由音、义、形三个要素组成的;字形是由笔画、偏旁、部首三个方面构成的。基于对教材的全面认识和理解,我们把本单元的主题确定为"中国人,方块字",以此来统领整个单元的学习。

二、综合分析,设定合理的教学目标

对于刚入学的新生来说,本单元的教材内容容量大,难度也大。因此,在单元整体教学设计时,需要分析课程标准、学情和教材,立足学科核心素养,合理设置学习目标。

识字写字教学是低年级语文教学的重点,激发兴趣尤为重要,课程标准中也明确提出"喜欢学习汉字,有主动识字、写字的愿望"的目标。对于刚刚进入小学的学生来说,第一单元的集中识字教学还是有一定的难度的,所以教学目标的设定门槛不能高,坡度不宜大,要着力培养学生对祖国语言文字的感情和想要学习汉字的愿望。另外,教师应有时刻培养学生良好习惯的意识。例如,在识字教学中渗透听说读写的训练,帮助学生逐步形成良好的语感;生字的书写要从写好基本笔画开始,再到笔顺规则的认识,并督促学生养成良好的用笔和坐姿习惯。

本单元教学内容文化内涵丰富,还辅以许多中国风的插图,凸显了中华民族的传统文化。所以,在识字写字教学中必须进行适度的文化渗透和熏陶,明确"有文化自信""尊重中华民族的优秀文明结果,能传播弘扬中华民族的优秀传统文化"是每一个中国人的责任和使命。

基于这样的思路,本单元确定了以下学习目标:

① 喜欢汉字,有主动识字的愿望,知道"我是中国人",方块字是祖国的文字,逐步培养热爱祖国语言文字的感情。

② 在游戏中识字,在生活场景中识字。在"天地人"这一真实而又自然广阔的情境中,认识"天地人"等45个生字,会写17个字和10个笔画,了解汉字从上到下、先横后竖的书写特点。

③ 认识基本笔画,尝试书写汉字,注意横平竖直,感受汉字方方正正的特点。

④ 喜欢阅读,能在阅读中初步感知韵文。能和家长一起进行课外阅读,和同学说说自己阅读的大致内容。

⑤ 能根据要求观察,有好奇心,能说说自己的观察所得。尝试用普通话交流,会大声地说、认真地听。

三、围绕目标,统筹思考单元的情境与任务

1. 创设单元的学习情境在"中国人,方块字"这一单元的主题下,选择创设"天地人"作为学习情境是比较符合学生的真实生活和单元学习内容的。

首先,"天地人"是一个真实的生活情境。在这样的情境中学习天、地、人,以及与此相关的一些文字,比简单地就字认字更有利于学生的学习。学生把天地人以及相关的具体事物、大脑里已形成的关于这些事物的表象和概念,与表示这些事物的文字符号有机地联系起来,文字在这样的学习过程中轻松而又有效地融入了他们的认知结构之中,学生认字的过程成为认知发展的过程,同时也成为认识世界、认识自我的过程。

其次,"天地人"是一个内涵丰富的情境。虽然学生还不能体会和理解其中蕴含着的天地人三才的思想、人与自然和谐相处的理念,但是,教师带着他们一起聊聊《盘古开天辟地》的故事,一起欣赏国画《一望大江开》所创设的情境,会给他们熏陶和感染,让他们隐隐约约感受到人就像盘古一样站立在天地之间。

因此,本单元的学习把学生带入"天地人"这个真实而又广阔的情境。用"我认识'人'了""'人'在'天地'间""我会读儿歌、写汉字"三个学习任务,整合教材第一单元的学习内容。玩游戏、朗读儿歌,能引导学生认识自我与他人;听神话故事、欣赏书画,能让学生感受天地与日月,感受"人"在"天地"间;读对韵歌,学用多种方式识读生字,正确书写中国汉字,能激发学生喜欢中国文化、喜欢学习汉字的兴趣……一个大情境,三个任务,几个活动,学生在玩中学,在学习中享受汉字的乐趣,学习的过程同时也成为认识人、认识世界、接受中华传统文化熏陶的过程。

2. 实现单元学习情境中的任务驱动学习

单元情境的设计是与学习任务的设计统筹考虑的。在"天地人"情境中,用"我认识'人'了""'人'在'天地'间""我会读儿歌、写汉字"三个学习任务,整合教材第一单元的学习内容,实现了真实情境下的任务学习。

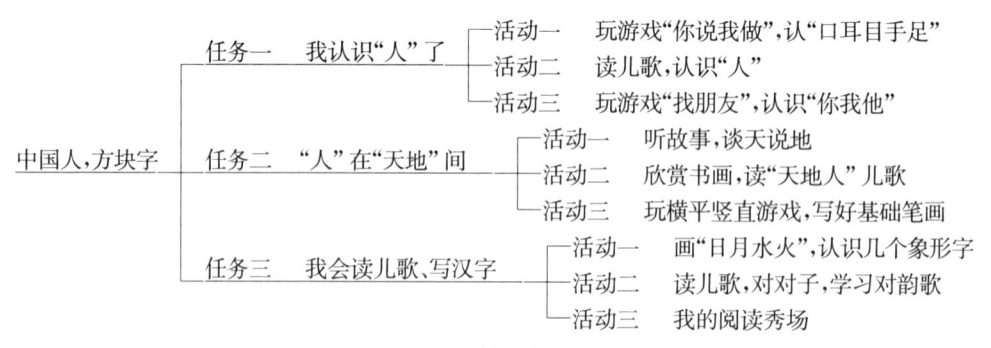

```
                      ┌─ 活动一  玩游戏"你说我做",认"口耳目手足"
         任务一 我认识"人"了 ─┼─ 活动二  读儿歌,认识"人"
                      └─ 活动三  玩游戏"找朋友",认识"你我他"
                      ┌─ 活动一  听故事,谈天说地
中国人,方块字─ 任务二 "人"在"天地"间 ─┼─ 活动二  欣赏书画,读"天地人"儿歌
                      └─ 活动三  玩横平竖直游戏,写好基础笔画
                      ┌─ 活动一  画"日月水火",认识几个象形字
         任务三 我会读儿歌、写汉字 ─┼─ 活动二  读儿歌,对对子,学习对韵歌
                      └─ 活动三  我的阅读秀场
```

图 2-11　单元情景设计

第一个任务"我认识'人'了",结合学生刚刚入学的特点,在玩中学是实施教学的最好方式。教师可以把本单元的口语交际"你说我做"调至教学初始,让学生在游戏中学会交流,并围绕认识自己身体的典型器官,来进行识字。这样的设计贴近学生的生活,也是学生进行自我认识的第一步。朗读儿歌《人有两个宝》、介绍自己和伙伴,这些活动让学生对"人"有了比较全面的认识,也在语言实践活动中理解并运用了"你我他"。

第二个任务"'人'在'天地'间",要让学生明白"天地人"之间的关系,对这一传统文化的渗透必须采用学生比较容易接受的方式展开教学。教师可以引入学生熟悉的神话故事《盘古开天辟地》,让学生随着故事情节感受天、地、人的来历。"盘古抡起斧头劈开了混沌,轻而清的东西,缓缓上升,变成了天,重而浊的东西,慢慢下降,变成了地。他头顶着天,用脚使劲蹬着地,天地逐渐形成了。"这个任务的实施还需要用好教材中的插图——傅抱石的《一望大江开》,引导学生从中感受"天地人"的特点:天在上,覆盖万物;地在下,衍生万物。人是天地之间的精华,是万物之灵。然后,在此基础上读好《金木水火土》。

第三个任务"我会读儿歌、写汉字",采用看图识字、象形字识字、韵语识字、对对子识字等多种方法学习汉字。"画一画",看似很简单,但这一活动让学生把眼中的事物和文字符号建立了联系,从自己的经验中真切感受象形字的内涵;"读一读""对一对",是一个整合教学的环节,通过对《对韵歌》的朗读,引出本单元其他儿歌、古诗的朗读,让学生初步感受对韵的特点。最后一个"阅读秀场"活动,可以用设计"阅读银行卡"、制作阅读书签、举办交流会等形式,引导学生爱阅读、爱分享、爱积累,形成良好的语文学习习惯。

四、设计活动,坚持以学习为中心

1. 在游戏体验中学习

"我认识'人'了"中的第一个活动是"玩游戏'我说你做',认'口耳目手足'"。教师和学生一起玩"我说你指""我摆你指""我说你做"的游戏。听一听,指一指,读一读,说一说,做一做……在师生、生生游戏互动的过程中,学生发现原来汉字就在我们的生活中,在平时对话中;原来"口耳目手足"就是"嘴巴、耳朵、眼睛、手和脚"。游戏体验,既让学生在交流的过程中互相熟悉,学会倾听和应答的语言交际活动,又帮助他们逐步感受口语和书面语表达的区别,能够知道人有"口耳目手足",在头脑中建立汉字符号与真实世界的联系。

2. 在分享互动中学习

"天地人"三才之道是我国流传了几千年的传统文化,怎样让学生理解这一文化内涵呢?第二个任务"'人'在'天地'间"把神话故事《盘古开天辟地》和学生的真实生活引入课堂,采用线上、线下混合的学习方式,让学生在真实的学习过程中真切地感受"天地人"。听故事、看绘本、边讲边猜,让学生七嘴八舌地聊一聊,感知祖先对"天地人"的认识,激发学生探究世界的兴趣;或者走出教室拍一拍生活中的"天地人",并分享自己的照片,丰富的图片资源让学生自然而然地把汉字与真实的世界编织在一起,这样,学生对"天地人"的理解就更加丰富、多元了。

3. 借助工具自主学习

"阅读秀场"是一个长线的读书活动。学生可以自己设计"阅读银行卡",每天记录自己的阅读情况;可以绘制阅读书签;可以摘录自己喜欢的词语或句子……画一画、记一记,这些看似简单的学习方法,让学生学会了用工具记录自己真实学习的过程,有助于养成良好的思维习惯和学习习惯。

阅读策略单元设计

模块一 课例研讨

案例2-13 江北直播课三年级语文《猜测与观察的乐趣》第二课

《总也倒不了的老屋》——预测及预测的依据

宁波江北区教育局教研室 崔丽霞

(一)教学重点:了解预测策略,尝试有依据的预测。

(二)教学时间:40分钟

(三)教学过程设计:

1. 看动画片,猜故事情节。完成下列选择题:

(1)这是什么声音?

① 怪兽的叫声 ② 新同伴的呼唤 ③ 打雷的声音 ④ 东西掉落了

(2)小鸟们对于大鸟什么态度?

① 欢迎 ② 讨厌 ③ 嘲笑 ④ 冷漠

(3)小鸟们准备做什么?

① 把大鸟拉上来 ② 不管大鸟,自己飞走了 ③ 把大鸟从电线杆上赶走

④ 笑话大鸟的狼狈

(4)接下来会发生什么事?

① 大鸟生气地飞走了。

② 大鸟摔在地上受伤了。

③ 其它的小鸟劝说两只小鸟不要再啄大鸟了。

④ 其它情况。

2. 了解阅读中的预测策略。

(1)结合看动画片时的提问与思考,找一找课本第45页中的哪些词语、句子能对预测做出解释。

(2)在阅读过程中进行预测有什么意义?

出示课本61页"交流平台"中的三人对话,找找哪一个人说出了你心里的想法。

(3)教师小结：预测是通过已知的内容去猜测文本后面的内容;预测没有对与错;预测是否准确,可从阅读文本得知;预测文本的发展能帮助学生投入阅读。

3. 看看别人是怎样预测的。

(1)"老屋总也倒不了,是被施了魔法吗?"

这个预测是读者读了什么内容后产生的?

① 图画。

② 题目。

③ 第一段。

④ 第二段。

教师小结预测方法1：阅读题目,预测故事的内容。

(2)"图中的老屋看上去那么慈祥,它应该会答应吧!"

读者根据什么产生了这个预测?

① 图画。

② 题目。

③ 生活经验。

④ 故事内容。

教师小结预测方法2：借助插图,预测故事的发展。

(3)"我想老屋可能会不耐烦了。"

读者这么预测的原因是什么?

① 老屋已经下定决心要倒下了。

② 再坚持21天,实在太长了。

③ 老屋已经没有力气再帮助别人了。

④ 不断地被别人打扰,实在很烦。

你是否认同他的预测?

① 同意。

② 不同意。

你不同意他的预测的原因是什么?

① 帮助别人是件很快乐的事情。

② 再站21天,也挺好的。

③ 我应该尽力去为别人做点事,哪怕只能坚持几天也是好的。

④ 老母鸡很可怜,我应该为它做点事。

教师小结预测方法3:结合自己的生活经验和生活常识,预测故事的可能性。

(4)"一读到这句话,我就知道一定又有谁来请老屋帮忙了"。

读者这么预测的依据是什么?

① 图画。

② 题目。

③ 生活经验。

④ 故事内容。

教师小结预测方法4:通过前面的阅读理解,预测后面故事的发展情节。

(5)"我猜到了老屋会怎么回答。"

你猜到老屋会怎么回答了吗?

① 不行,我到了倒下的时候了!

② 好吧,我就再站一个晚上。

③ 好吧,我就再站二十一天。

④ 好吧,我就再站一会儿。

你的预测依据是什么?

① 阅读题目,预测故事的内容。

② 借助插图,预测故事的发展。

③ 结合自己的生活经验和生活常识,预测故事的可能性。

④ 通过前面的阅读理解,预测故事后面的情节。

(6)"老屋可能还会遇到其他需要帮助的小动物""估计老屋不会倒了"。

你同意这两个关于情节与结果的预测吗?你的依据是什么?

教师小结预测方法 5：根据故事的情节变化,预测故事的结局。

4. 总结预测及预测的依据。

预测是通过已知的内容去猜测文本后面的内容,预测文本的发展能帮助读者更投入,更有效的阅读。

读者可以凭借"题目、插图、生活经验与生活常识、前面的故事情节、个体的阅读理解"等,进行阅读预测。

问题讨论：你认为阅读策略单元应该如何落实阅读策略,与一般的阅读教学有何区别?

模块二　学理阐释

一、编排理念

教材特点：克服学生在阅读中不能自发形成有效的阅读策略和阅读效率低下的问题。引导学生掌握必要的阅读策略,提升学生理解水平和速度,最终达到学生成为积极主动的阅读者的目的。小学语文教材中一共包括 4 个阅读策略单元。分别是预测、提问、提高阅读的速度和有目的地阅读。如表 2-4 所示：

阅读策略单元的编写单元结构体例与阅读单元基本相似,由精读课文、略读课文、识字写字、课后思考练习题、习作、语文园地(三年级的有口语交际)。

二、阅读设计要点

(一)策略教学设计误区

1. 按照普通文章进行教学

策略单元课文教学还是按照普通文章进行,情境导入、生字词教学、文本分析、情感态度挖掘等。策略单元的课文教学更多的是以帮助学生掌握阅读策略为主要目标,当然也要重视对课文内容的理解。不管了解、习得哪个阅读策略,都应在对课文内容有个基本了解的基础上进行,并在阅读理解的过程中,认识、获得并实践该阅读策略。还要引导学生将获得的阅读策略,迁移运用到以后的阅读实践中,培养学生运用阅读策略的意识和基本能力。例如：四上《蝙蝠和雷达》的课后练习：生活中还有哪些发明

表2-4 小学语文教材阅读策略单元安排

预测猜想	三年级上册 第四单元	1.《总也倒不了的老屋》 2.《胡萝卜先生的长胡子》 3.《不会叫的狗》 口语交际：名字里的故事 习作：续写故事 语文园地	猜测与猜想，使我们的阅读之旅充满了乐趣。 1. 一边读一遍预测，顺着故事情节去猜想 2. 学习预测的一些基本方法 3. 尝试续编故事
提问	四年级上册 第二单元	5.《一个豆荚里的五粒豆》 6.《蝙蝠和雷达》 7.《呼风唤雨的世纪》 《蝴蝶的家》 习作：小小的动物园 语文园地	1. 阅读时尝试从不同角度去思考，提出自己的问题 2. 写一个人，注意把印象最深的地方写出来
阅读要有一定速度	五年级上册 第二单元	5.《搭石》 6.《将相和》 7.《什么比猎豹的速度更快》 习作："漫画"老师 语文园地二	1. 学习提高阅读速度的方法 2. 结合具体事例写出人物的特点
有目的阅读	六年级上册 第三单元	9.《竹节人》 10.《宇宙生命之谜》 11.《故宫博物院》	1. 根据阅读目的，使用恰当的阅读方法 2. 写生活体验，试着表达自己的看法

是受到了动物的启发？五上《搭石》的课后练习：从哪些语句中可以体会到乡亲们美好的情感。课后练习所示，策略学习为主，兼顾人文要素。

2. 教学安排无序

一种阅读策略的掌握，需要经历学习、练习、运用的过程。统编教材安排实际上就是按照这样的思路来编排的，精读课文重在学习习得策略，略读课文重在一种练习策略。课后练习设计了许多迁移和运用策略。所以教学应该是循序渐进的，非常有序。比如说预测单元。精读课文《总也倒不了的老屋》旨在学习预测，略读课文《胡萝卜先生的长胡子》旨在练习预测，《不会叫的狗》旨在独立预测。三篇课文作为一个整体呈现，训练目标，层层递进。

（二）策略单元课文设计时需把握

1. 策略单元教学目标定位——准确性和层次性

（1）准确性，与普通单元的区分

指向阅读策略的学习指导学生学习并掌握策略的基本方法，是本单元的主要目标,而不是阅读教学中的字词学习、课文内容理解、语言特点把握、语言实践与运用等。如三上第四单元预测阅读策略单元,精读课文《总也倒不了的老屋》作为单元的第一课时,重点引发学生的预测意识,使学生了解预测方法、学习预测方法。《胡萝卜先生的长胡子》重在预测方法的练习和运用,巩固预测的意识、掌握方法,进一步提高学生的能力。《不会叫的狗》重在引导学生预测三种不同环境下故事的结局,根据文本中的线索对预测思路进行调整,并试着运用预测策略进行独立阅读。

(2)层次性,体现策略习得的过程

从广义来说,普通阅读单元中的课文没有十分严格的先后顺序,而阅读策略单元中的前一篇课文是学习后一篇课文的前提与基础。单元编排体现出"学习预测—练习预测—独立预测"的渐进发展过程,教学目标体现出层层递进的特点。第一篇精读课文中"学习预测"十分重要,将直接影响后两篇略读课文的学习。在教学精读课文《总也倒不了的老屋》时,教师要对预测的基本方法多做一些解释、示范与指导。

2. 策略单元教学方式定位——知识性和趣味性

策略教学是一种认知教学,具有逻辑思辨性。而小学生学情又要求我们的教学具有趣味性。学会阅读的前提是爱上阅读,而体验到阅读的快乐才会爱上阅读。阅读的快乐体验就是阅读者带着初始期待,然后在一次次的策略得到验证之后,获得的趣味和快乐,同时获得对策略的认知和兴趣。例如,教学《胡萝卜先生的长胡子》一课时,教师可以让学生想象"浓密的胡子给胡萝卜先生带来了哪些烦恼?"充分调动学生的生活经验,提高学生参与的积极性,激发学生的兴趣。"胡萝卜先生的胡子一直长,还会发生什么有趣的故事呢?"续编故事会促使学生提取出生活中相关的经验,融合在故事当中,生动性、趣味性不言而喻。

3. 策略单元评价检测——策略迁移运用

学习一种阅读策略的最终目的是为了提高学生的阅读能力,而我们在教学中往往只关注学生在课堂上是否掌握了这种阅读策略,却忽视了课外学生对这种阅读策略的使用情况。这样就导致了课堂上为了策略而策略,看似有效果,但如果没有课后、甚至在课堂上一些迁移和运用手段跟进的话,学生还是没有把这种阅读策略通过运用转化为自己的一种阅读能力。如《不会倒的老屋》课堂快结束时一位教师的设计:邀请童话作者写出故事的结尾,课堂上请同学们预测作家写的结尾,巧妙地创造了一个真实预测的实践机会。有的老师甚至在上预测课之前,找些课外阅读文章,比如《15岁的小船长》《再见,不勇敢的我》等等,按照兴趣学生分组来派组长来取书。然后当预测策略教学快结束的时候,让学生对课外读物中相关的情节进行预测。这些都是为了体现策略教学的迁移运用能力的应用。

模块三 设计实践

1. 案例反思:经过模块二的学习,你重新评价模块一中的案例,并加以学理说明。

2. 动手实践:

任务一:请对统编本六年级上册第9课《竹节人》行教学设计,内容包括教材分析、学情分析、教学目标、重难点、教学过程、板书设计。

任务二:请对统编本六年级上册第10课《宇宙生命之谜》进行教学设计,内容包括教材分析、学情分析、教学目标、重难点、教学过程、板书设计。

模块四 资料链接

一、推荐阅读

1. 王荣生.阅读策略与阅读方法[J].中国教育学刊,2020(07):72-77.

关于阅读策略教学,王荣生有以下三点建议。其一,整本书阅读指导应适度引进作为学习内容的"阅读策略"。研究表明,中小学生普遍存在着阅读策略的"产生式缺陷",即意识中存在着有效策略却无法自主、准确地将其运用到特定情境。美国、加拿大等国家的小学语文课程,教师在阅读过程中缺乏相应阅读理解策略的指导,而过分注重阅读之后的图、框、表,将辅助阅读理解的手段错当成目的,这对于学生阅读能力的提升并无助益。其二,课文教学的重心应该是文学和文章主要语篇类型的阅读方法。阅读理解策略的学习不能取代阅读方法的教学,应更加重视阅读方法的有效训练。其三,语文学科的阅读教学应有计划地在学段全程加入"阅读理解策略"的元素。一方面借"阅读理解策略"这一概念加深学生对阅读方法的理解,另一方面要注重策略的针对性,即针对不同的语篇类型,阅读理解策略的侧重点应该不同。

2. 曹鸿飞.统编教材中语文要素的理解与教学应对[J].基础教育课程,2020(12):33-41.

阅读策略单元的教学重点是在阅读实践中学习阅读策略,可以采用"1+X"联读的方法,把握好课文学习与多篇练习巩固、整本书阅读的互动性,体现"课文学习—多篇练习—整本书阅读运用"的学习过程,并让学生经历"学习—练习—运用"的阅读过程,从而达到策略单元的教学目标,增强学生运用策略进行阅读的兴趣和信心。

3. 黄志军,王晓诚.国内外中小学阅读策略教学研究进展述评[J].上海教育科研,2020(06):76-80.

教师在教学过程中很少花时间教给学生阅读策略。当前阅读教学过程中学生存在的主要问题有以下四点:其一,学生阅读程序死板,阅读方法单一;其二,很少能根据文体特点采用相应读法;其三,大多学生主要使用细读法,略读较少;其四,不会运用预测策略,阅读时缺乏明确目标,自检意识差。而相关研究表明,小学生阅读策略运用虽受个体认知习惯的影响,但受教师教学方法和要求影响更大。我国小学教师阅读教学策略意识亟待提高。

4. 滕春友.统编小学语文教科书阅读策略单元的教学策略研究[J]课程·教材·教法,2020(07).

教师普遍对策略单元的理解和把握不到位,将策略单元与普通单元混为一谈,常凭经验和直觉开展相关教学活动,其教学行为与教科书的编写理念之间相差甚远,策略单元的编排作用无从体现。面对全新的单元编排体系,教师需要明确策略单元的特殊性,关注"学生是怎么读懂的",把握好教学的基本定位。在教学中,教师应做好以下三点。第一,教师要以"本"为凭:深入研读教科书,紧扣语文要素,统筹单元整组;第二,教师要以"生"为基:突出学生主体,落实还学于生,改进教学方式;第三,教师要以"语"为境:把握真实学情,联结儿童生活,浸润语言实践。

二、推荐案例

统编教材五年级上册《搭石》教学实录[①]

一、单元篇章页为引子,初步意识到提高阅读速度的必要性

师:同学们,今天我们要进入第二单元的学习。仔细看看单元篇章页,你能发现本单元的主题吗?

生:阅读要有一定的速度。

师:平常我们都说要细细地阅读、深入地阅读,可这个单元为什么要我们加快速度来阅读呢?好好想一想。

[①] 徐莺莺.意识为先 习惯为链 方法为要——以《搭石》为例谈提高阅读速度策略的教学[J].小学教学参考,2020(19):9-11.

生1：课文变长了，读一遍还挺费时的。

生2：读到五年级，我发现阅读练习的文章数量增加了，篇幅变长了，如果不快的话，根本来不及做。

师：看来，提高阅读速度对于我们高年级的学生来说非常有必要！

二、以课文导语为把手，初步意识到提高阅读速度的重要性

师：现在请你再细细读一读本单元四篇课文的导语，看看你能发现它们的相同之处吗？（出示表2-5）

表2-5　四篇课文的导语

课　　文	导　　语
《搭石》	用较快的速度默读课文，记下所用的时间。读的时候集中注意力，遇到不懂的词语不要停下来，不要回读。
《将相和》	用较快的速度默读课文，记下所用的时间。尽量连词成句地读，不要一个字一个字地读。
《什么比猎豹的速度更快》	借助关键词句，用较快的速度默读课文，记下所用的时间。
《冀中的地道战》	带着问题，用较快的速度默读课文，记下所用的时间。

生：我发现每一课都要求"用较快的速度默读课文，记下所用的时间"。

师：为什么都要求快速默读呢？《搭石》语言质朴，意境优美，《将相和》人物语言多，都是非常适合朗读的课文呀！同桌之间商量一下，想想理由。

生1：默读是不出声的读，朗读是要有声音、有感情地读，默读的速度要比朗读快得多。

生2：默读对思考更有帮助。

……

师：通过对导语的比较，我们发现默读是加快阅读速度的基础，较快地默读很重要、很实用。

三、以检测效果为焦点，进一步意识到提高阅读速度的核心

师：现在请大家快速默读课文《搭石》，读完之后根据大屏幕上计时器的显示写下你所用的时间，计时开始。

（学生快速默读，用时从46秒到2分10秒不等）

师：现在请你合上书。完成下面学习单的第一题。（出示）

> 一、根据课文内容判断对错(每题2分)
> 1.每年汛期,山洪暴发之后,家乡就会出现搭石。( )
> 2.每到夏季,人们会早早地将搭石摆放好。( )
> 3.搭石其实就是天然石块,踩上去难免会活动,要慢慢走才能保持平衡。( )
> 4.村里的年轻人十分尊敬老人,总会背老人走搭石。( )
> 5.作者写《搭石》主要是为了赞美搭石默默奉献的精神。( )

图2-12 教学幻灯片

(满分率7.7%,优秀率19.2%,合格率38.5%,不合格率34.6%)

师:同学们,第一次快速默读,大家的答题情况不是很理想。你能分析一下原因吗?

(交流中,引导学生发现得分率与阅读速度、阅读质量密切相关。有的学生读得快,但理解不够准确,提取信息不全面;有的学生读得慢,但理解的准确性较高,信息提取也较全面;有的学生读得慢,理解还不够准确,信息提取仍有遗漏;有的学生读得快,理解准确,提取信息全面)

师:囫囵吞枣地读会让我们错过关键的信息,蜗牛式慢慢读会让我们没有效率。看来,阅读速度和阅读质量都很重要!

(一)链接生活体验

师:同学们,导语中对阅读习惯提出了要求——读的时候集中注意力。你觉得为什么要养成这个习惯呢?

生1:因为当你注意力集中的时候,阅读的速度就会特别快。

生2:注意力集中的时候,我读到内容比较多。

生3:集中注意力读,我的理解会比较准确。

……

师:那你们有集中注意力阅读的好方法吗?

生1:我觉得可以捂住耳朵,把自己跟外界隔离开来。

生2:我喜欢带着问题去读,这样我会集中精力找答案。

生3:我一般会圈画一些重要的信息。

……

(二)链接内容阅读

师:同学们介绍了许多实用的好方法,现在请你用上这些方法再次快速默读课

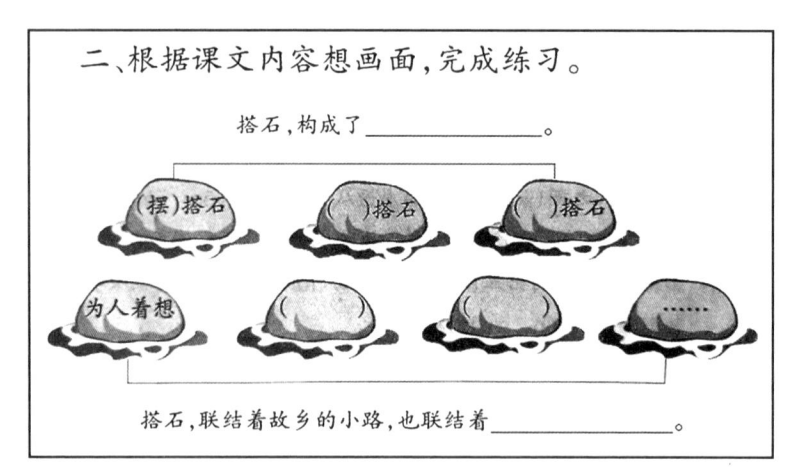

文,完成学习单第二题,真实记录自己的用时。(出示)

```
二、根据课文内容想画面,完成练习。
         搭石,构成了_____。
  (摆)搭石    (  )搭石    (  )搭石
  为人着想                        ……
  搭石,联结着故乡的小路,也联结着_____。
```

图2-13　教学幻灯片

师:交流一下你们的阅读成果吧。

(交流过程中,主要采用比较分析法。引导学生比较自己两次默读的时间,比较自己与同学之间的默读时间,比较答案的准确性。总结发现,集中注意力阅读不仅能加快速度,同时还能提高答案的准确性)

师:借助这幅图介绍一下课文的主要内容吧。

(三) 链接语言品读

师:课文中给你留下印象最深的是哪个画面?画面中的哪些语句让你体会到乡亲们美好的情感?请你集中注意力一边默读一边圈画关键词句,特别有感受的地方还可以做做批注。限时5分钟。

师:交流一下大家的阅读感受吧。

生1:我印象最深的是"老人摆搭石图"。其中"无论、只要、一定、再"这几个关联词与连接词让我感受到老人们就像整个村子的家长,想着为年轻人摆好搭石,这样他们赶路就会很安全。

生2:我最喜欢"一行人走搭石图"。这部分的语言读起来像诗一样,特别有节奏感,尤其这里用了比喻的修辞手法,用了"协调有序、清波漾漾、人影绰绰"等四字词语,我觉得非常有意境。

……

师:短短的5分钟,同学们有了这么丰富深刻的感受,真了不起!同时,老师也发现了一个问题:同样的阅读时间,有的同学只品读了一幅图,有的同学品读了三幅图。互相交流一下,能找到其中的原因吗?(学生互相交流分析原因,总结方法。一是限时阅读不要紧张;二是把握好时间,集中注意力快速阅读;三是阅读欣赏的能力不够,平时要多读多想多批注,提高自己的阅读能力)

1. 认识方法

师:同学们,你知道"不回读"这种方法吗?

生:就是不能回头重读。

师:对,学习这种方法的时候我们就像一个勇往直前的士兵,一直不断地往前读。平常阅读的时候,你试过"不回读"吗?

生:很难做到,因为碰到不理解的内容时会回读。

2. 习得方法

师:方法说来简单,实践起来却不容易。那就让我们来看看有哪些好办法能帮助我们"不回读"。

方法一:跳读。

师:读读课前导语和课后习题小伙伴的对话,你能找到"不回读"的方法吗?

生:遇到不懂的字词跳过去,只要把握主要意思就可以了。

师:这种方法就叫"跳读"。遇到不会读的字词,不理解的字词,只要不影响你理解课文内容,就可以跳过它,继续往下读。那这些字词是不是就可以不用管了呢?

生1:可以读后去查一查读音和意思啊!

生2:有时候有不理解的词,不用着急,往后读也能理解。比如,"汛期"这个词,读到后面"山洪暴发,溪水猛涨"就能理解了。

师:说得真好!这样既保证了阅读速度,又解决了理解的难点。

方法二:隐身卡阅读。

师:我们还可以借助隐身卡来帮忙。瞧,你的尺子、本子、彩纸都是隐身卡。你读完一行,就用隐身卡遮住一行,这样你就不能回读啦,试一试吧。

(学生学习用隐身卡阅读。由于读过的内容被"隐身"了,学生读得特别专注)

方法三:"之"字形阅读。

师:"之"字形阅读也很棒!你先聚焦左侧的黑点,然后沿着箭头把目光快速移动到右侧的黑点,接着再沿着箭头把目光快速移动到下一行的黑点,以此类推,你就能快速阅读啦!试一试吧。(出示图片)

> ●搭石，构成了家乡的一道风景。秋凉以后，人们早早地
> ●将搭石摆放好。如果别处都有搭石，唯独这一处没有，人们
> ●会谴责这里的人懒惰。上了点儿年岁的人，无论怎样急着赶路，
> ●只要发现哪块搭石不平稳，一定会放下带的东西，找来合适
> ●的石头搭上，再在上边踏上几个来回，直到满意了才肯离去。

图 2-14 教学幻灯片

（学生学习用"之"字形阅读。阅读既专注又快速）

3. 运用方法

师：好方法要多练习才会熟能生巧，赶紧去练练兵，完成学习单第三题吧。（出示图片）

> 三、用较快的速度默读刘章的《写作〈搭石〉的前前后后》，记下所用的时间。集中注意力，运用跳读、隐身卡阅读和"之"字形阅读等方法，不要回读。完成练习题。
>
> 1. 我的阅读时间约____分钟。
> 2. 读完之后，你对"搭石"有了哪些新的了解？
>   _____
> 3. 在飞速发展的今天，作者为什么说搭石是不会消失的呢？
>   _____

图 2-15 教学幻灯片

第八节　群文阅读教学和整本书阅读教学设计

群文阅读教学设计

模块一　课例研讨

案例 2-14　《诗词里的杯酒情怀》群文阅读教学设计[①]
宿迁市沭阳县南湖小学　赵静静

一、课前谈话——引酒诗

1. 同学们，今天在这里上课，有这么多老师听课，你的心情如何？（预设：紧张）你

[①] 赵静静.《诗词里的杯酒情怀》群文阅读教学设计[J].七彩语文（教师论坛），2020(08)：48-50.

准备怎样舒缓你的紧张?为了舒缓你们心中的紧张,我们来背背诗如何?老师有一个要求,你背的诗必须与酒有关。

2. 看来,你们积累的这类古诗还真不少,今天这节课,我们就走进诗词里去品一品酒的味道。

二、名言先导——促质疑

1. 台湾诗人洛夫曾说过:"要是把唐诗拿去压榨,至少会淌出半斤酒来。"你怎么看待这句话?

2. 中国是诗的国度,也是酒的国度,纵览那数十万首的诗词,有一类诗被人们称为"酒诗",刚才同学们背的就是酒诗。诗人为什么如此喜欢以酒入诗呢,我们得从诗中寻找答案。

三、对比阅读——悟诗情

1.(课件出示《送元二使安西》《清明》)

谁想来读一读这两首诗?(相继正音)

2. 读诗要读出节奏感,读出诗的韵味儿。

谁再来读一读这首诗?(课件出示有分隔号的两首诗)

3. 你读懂了什么?

4. 比较一下这两首诗,你觉得它们之间有什么共同点?

预设:都含有"酒"字。都含有"雨"。都表达了诗人悲伤的情感。

5. 从这两首酒诗中你品出了什么味道?

(课件出示:这是一杯忧伤之酒)

6. 其实,不单唐朝人喜欢以酒入诗,宋朝的文人墨客们也喜欢诗中藏酒。请同学拿出学习单,完成学习要求。(课件出示学习要求及《元日》《如梦令》)

(1) 自由朗读两首诗词,注意读准字音,读出节奏。

(2) 借助注释了解诗意,并在小组内说一说。

(3) 圈出两首诗中关于"酒"的诗句。

(4) 完成表格。

篇　名	描写酒的诗句	喝酒的原因	情　感
《元日》			
《如梦令》			

7. 你觉得这是一杯怎样的酒呢？（课件出示：这是一杯_____之酒）

8. 刚刚我们品味了不同时期的酒诗，现在回过头来想一想，这些酒诗都有什么共同点呢？（课件出示）

大部分诗句中都有"酒""醉"或"杯"。

诗中都有人物。

诗中都藏着某种情绪。

9. 酒中藏着诗人的情感，酒是诗人抒发情感的载体！

四、品析经典——会酒意

1. 古往今来，酒诗佳作如云，但能称得上独步天下的，唯有一人而已，这人便是——李白。李白对酒的喜爱超乎常人，他说——（课件出示）

    天若不爱酒，酒星不在天。
    地若不爱酒，地应无酒泉。
    天地既爱酒，爱酒不愧天。

2. 你能读懂他在说什么吗？（师生合作，读懂诗意）

3. 李白爱酒不仅表现在他爱喝酒，还表现在他爱在酒后写诗。诗人杜甫曾这样写他——（课件出示）

饮中八仙歌（节选）

  李白一斗诗百篇，
  长安市上酒家眠。
  天子呼来不上船，
  自称臣是酒中仙。

4. 从这几句诗中你读出了什么？

5. 是的，李白与酒结下了不解之缘，他一生写下了大量的酒诗，而这其中最为璀璨的便是《将进酒》。

6. 请同学们以小组为单位，默读这首《将进酒》，借助注释了解诗意。读完后在小组内说一说，你读懂了哪些诗句的意思，读出了什么？（生交流）

7. 诗中既有天生我才必有用的自信，又有怀才不遇的郁闷、惆怅，这极为矛盾的情绪从何而来呢？下面让我们来看一段资料，再说说你读懂了什么？（课件出示）

唐玄宗天宝初年，李白由道士吴筠推荐，由唐玄宗招进京，供奉翰林。不久，因权贵的谗毁，于天宝三年（744年），李白被排挤出京，唐玄宗赐金放还。此后，李白在江淮一带盘桓,思想极度烦闷,又重新踏上了云游祖国山河的漫漫旅途。李白作此诗时距被唐玄宗"赐金放还"已有八年之久。

8.是的,李白坎坷的人生经历让他愁绪万千,岂是一个"悲"字可以言表的?此时你觉得这是一杯怎样的酒呢?(课件出示)

这是一杯_____之酒!

这是一杯_____之酒!

这是一杯_____之酒!

9.看到如此激情飞扬的文字,老师禁不住想来诵一诵这首千古绝唱——《将进酒》,有谁愿意和我配合一下吗?(师生配合诵读《将进酒》)

五、小结拓展——话人生

1.同学们,翱翔于诗词的星空,同样一杯酒,却在不同诗人的笔下,飘出了不同的味道。

(课件出示诗句)

有的是借酒怡情,享生活之趣——

"莫笑农家腊酒浑,丰年留客足鸡豚。"——陆游

有的是饯行好友,叹离别之愁——

"中军置酒饮归客,胡琴琵琶与羌笛。"——岑参

"劝君更尽一杯酒,西出阳关无故人。"——王维

有的是忠君报国,咏将士之怀——

"葡萄美酒夜光杯,欲饮琵琶马上催。"——王翰

"浊酒一杯家万里,燕然未勒归无计。"——范仲淹

"醉里挑灯看剑,梦回吹角连营。"——辛弃疾

有的是漂泊他乡,诉思念之苦——

"明月几时有?把酒问青天。"——苏轼

"但使主人能醉客,不知何处是他乡。"——李白

有的是怀才不遇,谈人生寂寞——

"花间一壶酒,独酌无相亲。"——李白

"举杯邀明月,对影成三人。"——李白

有的是屡受挫折,写心中烦忧——

"抽刀断水水更流,举杯销愁愁更愁。"——李白

"三杯两盏淡酒,怎敌他,晚来风急。"——李清照

"何以解忧,唯有杜康。"——曹操

2. 在他们的笔下,酒已不再是酒,在你的眼中,酒是——(生根据提示续写)

酒是"举杯邀明月,对影成三人"的孤独,

酒是"何以解忧,唯有杜康"的愁苦,

酒是_____,

酒是_____。

3. 学到这儿,你还记得刚开始时我们的问题吗?为什么这些文人喜欢以酒入诗呢?(生回答,师板书)

4. 同学们,哪一个人的人生没有喜怒哀愁,没有风起云涌呢?你们将来也可能会历经生活的磨难,也许也会与酒结缘,到那时,但愿你不要"举杯销愁愁更愁",而是找一个可以温暖你的人,淡淡地说一句——我有故事,你有酒吗?酒的诗词千滋百味,有苦有甜,酒的故事,或浓或淡,历久弥香!课后请同学们阅读万伟成老师的《酒诗三百首》,继续一段品酒、品诗、品人生的旅程。

问题讨论:1. 这堂课与单篇课文阅读课有何不同?

2. 你评价一下这堂课的优点或缺点?

3. 若你来上群文阅读课,你觉得要注意什么?

模块二 学理阐释

一、群文阅读教学概念

群文阅读,或者说群文阅读教学,是指:"在较短的单位时间内,针对一个议题,进行多文本的阅读教学。较短的时间单位,一般指一节课或两节课。议题不同于主题,既可以是人文主题,也可以是作者、体裁、阅读策略等。多文本一般是 3—5 篇,且文本之间没有明显的主次之分。教学,指向的是阅读完成后的问题、话题或者任务等。"[①]简言之,群文阅读教学指在一节课或两节课中,围绕一个议题,教师指导学生阅读相关联的多个文本。这一概念,早可追溯至台湾小学语文教育学会会长赵镜中先生提出的观点,他认为:"学生的阅读量开始增加,虽然教师还是习惯于单篇课文的教学,但随着统整课程的概念推广,教师也开始尝试群文的阅读教学活动,结合教材及课外

[①] 蒋军晶.让学生学会阅读——群文阅读这样教[M]中国人民大学出版社 2016:4.

读物,针对相同的议题,进行多文本的阅读教学。"[①]浙江杭州蒋军晶等教师加以推广实践。

二、群文阅读教学的价值

(一)学会新的阅读方法,弥补单篇阅读的不足

课标指出"应加强对阅读方法的指导,让学生逐步学会精读、略读和浏览。"统编教材重视阅读策略的编排,为预测、提问、提高阅读速度等阅读策略专门编排单元进行阅读策略学习。群文阅读教学中的多文本比较、整合、概括、判断等是单篇阅读教学没有的,可以弥补单篇阅读教学的不足。

(二)强化多文本阅读,迁移课外阅读

群文阅读教学是多篇课文在一节或两节课中的教学,相对传统的单篇课文阅读教学,阅读量大、强度高、策略多,而且这些群文是按照某一议题来组织的,阅读教学后形成阅读这几篇到这些类的迁移,有利于提高阅读效率,适应并完成课外阅读100万的阅读量。

三、群文阅读设计要点

(一)如何组织群文

1. 从"议题"出发

所谓"群文",不单指在教学现场,在较短的单位时间内,教师所要提供学生阅读的文本数量。更重要的是以某一议题为出发点,有选择性地组织相关联的多篇文本。议题有很多种类型,教师可以根据教学需要进行具体的选择,通常可以是:

以"作家"为议题。例如,将老舍的《猫》《母鸡》《小麻雀》《鸽》放在一起,学生阅读后可以更加深刻地体会老舍是如何表达对动物的感情的,从而了解老舍的写作风格。

以"体裁"为议题。例如,将相似的童话放在一起,学生就会发现很多童话都是反复结构的,主人公遇到三次困难,发生三次变化,交换三次物品,从中掌握结构上的写作技巧。

以"人文主题"为议题。例如,将"友情"的诗歌、文章放在一起,学生就会思考"我

[①] 赵镜中.从"教课文"到"教阅读"[J].小学语文教师,2010:16-18.

们为什么需要朋友""真正的友谊是怎样的",进而就会在"群读"中思考各种友情问题。

2. 遵循"互文性"原则

根据议题选择"群文"时,还要遵循"互文性"原则,即被选择的多个文本之间要相互关联相互补充,从而帮助学生通过群文阅读发现文本的内在规律、建构起完整的认知。例如,有教师以"故事里的冲突"为议题,选择了《奇特的和平使者》《月桃花》《鸿门宴》《痴鸡》《小刺猬》五篇文本,学生阅读后提取五个故事中发生"冲突",发现冲突有时是存在于人和人之间,有时是存在于人和环境之间,有时还是人物内心的矛盾极其激化。① 这五篇蕴含不同"冲突"的文本帮助学生建构起对于"冲突"的较完整的认识。

除了以上两点,在组织群文时,还要注意:文本选择过程中覆盖面要广,尽量包含不同文类的文本,包括各种文学类文本,如神话、寓言等,或获取和使用信息的实用性文本,如新闻报道、说明书,还可以有形象直观的有声图像,如纪录片、电影等。选文应保持原貌,不作修改。②

(二) 群文组织途径

围绕议题组织的群文,其来源无非课内和课外,但可以有不同的组合路径。

1. 课内重组

统编语文教材,基本按主题设计单元,每个单元三四篇课文。尽管每个单元主题明确,但普遍主题过"大",且各单元内文章的互文性较差,因此,直接以单元为单位进行群文阅读教学并不完全适宜。对此,教师可以根据教学需要,调整、制定新的议题,并对统编语文教材所选编的课文进行一定范围的重新组合。

2. 课内带课外

这一组合路径不需要教师对统编语文教材进行重组,而是借助教材中的课文,引申出一组课外的文章供学生阅读思考。在精读教材内一两篇课文的基础上,将阅读策略迁移到课外的群文中,从而建构起对议题的整体性认知。例如,有教师以"反复结构的童话故事"为议题开展群文阅读教学,先引导学生精读课文《小壁虎借尾巴》,学习情节梳理的方法——画出文章内容和情节的结构图;在此基础上,学生自行阅读《渔夫和金鱼的故事》《七颗钻石》《犟龟》并自己动手画出它们的情节内容结构图;最后,教师引

---

① 李祖文.关于"群文阅读"教学的一些冷思考[J].语文教学通讯,2015(03):15-18+24.
② 刘大伟,蒋军晶.群文阅读教学:概念、价值及实践路劲[J].南京晓庄学院学报,2016,32(01):33-37+123.

导学生通过比较发现这些童话所存在的相同的反复结构。

3. 课外精选

教师也可以脱离现有教材,在课外做一些更实用的、有创造力的议题。这类议题应尽可能避开教科书中最为常见的人文类议题,选择如表达类的、阅读策略类的、思考类的议题,进一步拓宽学生的思维。与此同时,教师需要围绕这类议题精选课外优质的且关联性强的文本。

(三)教学设计要点

1. 常见流程

群文阅读教学的常见流程,如表2-6所示:

表2-6 群文阅读教学的常见流程

流　程	教　师　任　务	学　生　任　务
① 激趣导入,引出议题	导入议题、激发思考。	表达对该节课将要讨论的议题的相关想法。
② 阅读文本,完成任务	给每人(或每一小组)提供一组文本,提出、分配阅读任务,引导学生围绕任务进行思考。	带着任务读文本,初步完成阅读任务。
③ 分析文本,讨论探究	巡视和提点学生独立思考(或小组讨论)的方向。引导学生展开集体讨论(或组与组之间的讨论)。	(小组讨论)交流分享所得、提出疑惑。
④ 归纳整合,形成共识	对学生进行适当帮助,让学生独立建立和完善阅读的认知结构。视课堂讨论情况考虑是否能延伸到课后请学生进一步讨论,而不一定强迫学生当堂形成确定的观点。	揭示、发现规律,意识到自己和别人认识上的差异,在大家的差异中建构共识。
⑤ 学生动笔,迁移运用	布置有针对性的练习,帮助学生把获得的规律性认识转变为自身的经验。	迁移所得,完成练习,将共识内化成自己的认知。

2. 注意点

(1)教师层面,增加阅读量、改变课堂结构。

群文阅读教学的首要前提是找到需要的"群文",所以,不论是整合教材课文,还是精选课外文章,都对教师的阅读量提出了更高的要求。教师自身没有一定的阅读量和阅读积累,没有时间阅读,甚至不爱阅读,往往会出现不知道找什么文章,乃至不知道去哪里找文章的苦恼。

群文阅读教学,即一两节课时间里学生要读"一群"文章,这意味着教师要改变一些传统的课堂结构,例如学生默读、浏览的时间短而朗读比重大,教师话太多、问题太多、师生对话太多,教学环节精致、多且转换频繁,对单文本深入细致地分析或者面面俱到等。因此,在群文阅读教学中,教师要把大块的阅读时间"还给"学生,放手让学生自己读,重视学生的自读自悟,结合议题做好重难点的突破。

(2)学生层面,提升阅读速度、运用多种阅读能力。

有别于一节课读一篇文章的传统课堂,群文阅读的课堂对学生的阅读速度提出了更高的要求。这需要学生告别朗读、告别指着文字慢慢地逐字逐句读,不断练习默读、浏览、略读、跳读等方式。

群文阅读除了读得快一些、多一些以外,学生还需要多种阅读能力,尤其是学习单篇文章时不大用到的阅读能力,如"求同""比异""整合""判断"等。这就要求学生在提升阅读速度的同时,不断学习并运用这些平时不常用的阅读能力来引发困惑,启动思考,最后导出发现,实现内化。

模块三 设计实践

一、案例反思:经过模块二的学习,请你重新评价模块一中的案例,并加以学理说明。

二、动手实践:

任务一:以"老舍笔下的小动物"为议题,用"课内带课外"的群文组织路径,结合四下第四单元《13 猫》《14 母鸡》,设计 2 课时的群文教学课例,内容包括议题名称、群文组成、群文分析、教学目标、教学过程。

任务二:自拟议题,自选群文,设计 1—2 课时的群文教学课例,内容包括议题名称、选题缘由、群文组成和理由、教学目标、教学过程。

模块四 资料链接

一、推荐阅读

1. 蒋军晶.让学生学会阅读——群文阅读这样教[M].北京:中国人民大学出版社,2016.

全书共分为三章:什么是群文阅读;文体与群文阅读;群文阅读实践。文章提出,群文阅读就是在较短的单位时间内,针对一个议题进行多文本的阅读教学。群文阅读对学生的意义有:练习默读浏览等无声视读,提升阅读速度,适应真实的阅读材料,练习单篇阅读很难练习的阅读策略(求同比异整合判断),感受、学习接近文学的表达,练习复杂情境中的思考力。

2. 黄厚江.谈小群文阅读教学的实施[J].中学语文教学,2019(2).

该文章提倡主题具体集中、组文篇幅比较短小、阅读量适度控制、阅读周期相对较短的小群文阅读。小群文阅读的主要特点是组群方式更加多样、教学形式更加灵活。小群文阅读教学,要提炼合适的内容话题和学习主题,注意文本选择"同题异质"的适度空间,要在比较、归纳的基础上梳理、整合,要处理好"群"与"文"之间的矛盾关系,实现文本之间的共生。

3. 谢绍贤.小学中低段群文阅读教学文本的选择[J].教学与管理,2019(5).

文章探讨了小学中低段群文阅读教学文本的选择问题。第一,其提出要多角度确定文本的主题:根据文本写作内容确定主题;根据文本思想内涵确定主题;根据文本表达方式确定主题;根据文本作者特点确定主题。第二,其提出内外结合确定文本的篇目:注意文本的相互联系;注重文本的体裁类型。

4. 薛萍.小学语文高段群文阅读作业的设计[J].教学与管理,2020(26):67-69.

本文针对群文阅读作业的设计展开了探讨。在小学语文高段群文阅读作业的设计中,指向阅读的群文阅读作业设计分为文学类和实用类文本的作业设计,主要帮助学生获得文本信息,培养阅读兴趣,加强语文积累;指向表达的群文阅读作业设计旨在加强学生的文学技巧,使学生在文本中体验表达特点、学习写作方法,并在习作中加以运用;指向思考的群文阅读作业设计分为经典类、时事类文本的作业设计,侧重于训练学生的思维能力,让学生品味经典,探究时事,提高学生语文核心素养。

二、推荐案例

"童·趣"群文阅读教学设计[①]

教学篇目:

《表里的生物》《冬阳·童年·骆驼队》《挖荠菜》。

教学目标:

1. 读懂文章、对比联系,能掌握文章主要内容及表达情感。

---

① 李莹,崔凤琦,马岩."童·趣"群文阅读教学设计与评析[J].小学语文教学,2018(07):17-19.

2.学习并运用鱼骨图这一工具,帮助自己阅读理解和表达。

3.品味不同作者笔下不同的"童·趣",理解并体悟"一样的童年,不同的趣事"。

教学过程:

一、读"提取信息"找相同

1.今天我们尝试一起来学习三篇文章,课前预习了吗?拿出自己的预习单,三篇文章分别讲了什么?

2.三篇文章同时学习,最大的意义在于在联系和比较中发现共性,寻找差异。在你初读提取信息的同时,发现它们之间的共性了吗?

3.总结组文特点:童年趣事。

二、读"理解体会"寻不同

1.我们在阅读时,不但要了解故事的梗概,更要抓住故事中典型的段落仔细品味。请同学们快速浏览三篇文章,看看哪个场景给你留下了最深刻的印象。

2.几篇篇幅不短的文章,为什么单单这几个场景在我们脑海当中挥之不去呢?我们就从这几个瞬间入手,去探寻文字背后的秘密。请同学们选取几篇文章中给你留下印象最深刻的画面,看看这个场景作者写了什么,你读到了什么。

预设一:父亲取出一把小刀,把表盖拨开,在我的面前立即呈现出一个美丽的世界:蓝色的、红色的小宝石,钉住几个金黄色的齿轮,里边还有一个小尾巴似的东西不住地摆来摆去。这小世界不但被表盖保护着,还被一层玻璃蒙着。我看得入神,唯恐父亲再把这美丽的世界盖上。可是过了一会儿,父亲还是把表盖上了。父亲的表里边真是好看。

1.如何把表里的事物写活呢?

2.批注是我们阅读的好方法,老师在阅读这段的时候就做了这样的批注——动静结合。作者就用这样的方式,写出了自己对手表的喜爱。

3.小结:作者正是因为写了宝石、齿轮、小尾巴及"我"的想法这种种的细节,才写出了"我"童年的"痴"事,表达了"声音之趣"。

预设二:我站在骆驼的面前,看它们咀嚼的样子:那样丑的脸,那样长的牙,那样安静的态度。它们咀嚼的时候,上牙和下牙交错地磨来磨去,大鼻孔里冒着热气,白沫子沾在胡须上。我看呆了,自己的牙齿也动起来。

1.排比、拟人等修辞方法写出了骆驼的气定神闲。

2.好的文字是会带来画面感的。这段文字选自林海音的《城南旧事》,导演看到这段生动的文字后,用电影将其表现出来,一起看看电影片段。

3. 静态的语言却表现出了动态的画面,这就是细节描写的魅力。你读懂文字就可以在头脑中看到栩栩如生的画面,再来读读这段话。

4. 回忆憨态可掬的骆驼,其实就是童年的一件"傻"事,追忆童年生活中的"生命之趣"。

预设三:小的时候,我是那么馋:刚抽出嫩条还没打花苞的蔷薇枝,把皮一剥,我就能吃下去;刚割下来的蜂蜜,我会连蜂房一起放进嘴巴里;更别说什么青玉米棒子、青枣、青豌豆罗。所以,只要我一出门儿,碰上财主家的胖儿子,他就总要跟在我身后,拍着手、跳着脚地叫着:"馋丫头!馋丫头!"害得我连头也不敢回。……就是现在,每当我回忆起那个时候的情景,留在我记忆里最鲜明的感觉,也还是一片饥饿……

1. 能用一个字来形容"我"当时的状态吗?

2. 如果说前面几个场景作者是通过内心独白来写出当时自己的想法和感受的,那么这里则是借助财主家的胖儿子,在一富一穷、一饱一饿、一男一女的对比中来理解童年的"苦"。

3. 越是写活了财主家的胖儿子,越让人身临其境,对于小女孩的苦事感同身受。那么在《挖荠菜》这篇文章中,作者仅仅写出了苦吗?

预设四:而挖荠菜时的那种坦然的心情,更可以称得上是一种享受:提着篮子,迈着轻捷的步子,向广阔无垠的田野里奔去。嫩生生的荠菜,在微风中挥动它们绿色的手掌,招呼我,欢迎我。我不必担心有谁会拿着大棒子凶神恶煞似的追赶我,我甚至可以不时地抬头看看天上吱吱喳喳飞过去的小鸟,树上绽开的花儿和蓝天上白色的云朵。

1. 对比中体会此时内心的"享受"。

2. 小小的荠菜,却让小女孩苦中作乐,一件原本的苦事,也似乎有了生活的趣味。

小结:

1. 我们在初读关注到"时""事"的基础上,借助三篇文章中几个场景,体会到了不同的"趣":"痴"事——声音之趣;"苦"事——生活之趣;"傻"事——生命之趣。现在回看我们刚才关注的几个画面,在我们比较了几篇文章,理解体会到了不同的"趣"后,我们再来看看它们之间的联系。这几段文字在表达方式上有什么共同点呢?

2. 我们常见的冒号,一般是和引号连用,起提示下文的作用。但在这几段文字中,冒号这两个小点,就好像为我们的细节描绘打开了一扇窗,透过这扇窗,我们就能把冒号前面的"美丽世界""咀嚼的样子""馋""享受"……刻画成一幅幅细致美好的画面。

三、读"感悟评价"悟真情

童年是自己的,但并不是"一个人"的,它一定是由特殊的物、特定的人共同构成的。我们再由这些段落回到全文来进行第三次阅读。这次我们从第一人称的"我"跳出来,在比较中看看,又有怎样的"物"、怎样的"人",带给我们怎样的"情"呢?(出示表格。生填写)

表 2 - 6

文　　章	时间	事件	场　　景	物	人	情
《表里的生物》	小时候	看手表	"痴"事—声音之趣	表	爸爸	严父教子
《冬阳·童年·骆驼队》	小时候	看骆驼	"傻"事—生命之趣	骆驼	爸爸	慈父爱子
《挖荠菜》	小时候	挖荠菜	"苦"事—生活之趣	荠菜	伙伴	顽童陪伴

四、总结:一样童年"趣"不同

1. 今天,我们围绕"童趣"在联系和比较中,对三篇文章进行了三次阅读。初次阅读,我们在提取信息中发现了"时"和"事"的相同之处;二次读文,我们在理解体会中发现了不同的场景,不同的经历;接下来,我们通过第三次读文,在品味"物"与"人"中,品悟"童年"背后的真情。只有这样层层深入,我们的阅读才是走心的阅读。

2. 童年的趣事仅仅是我们今天读到的几种味道吗?童年在每个人的心里都有不同的色彩和味道:日本著名作家黑柳彻子笔下的童年是酸的,从一个不被接受的顽皮孩子,到在关爱中逐渐成长;高尔基笔下的《童年》是苦难的,在黑暗污浊的环境中,小男孩依然保持一颗善良正直的心;马克·吐温笔下的童年是快乐而甜蜜的,汤姆·索亚这个可爱的顽童,至今为人们津津乐道……童年就是这样的五味杂陈,我们的人生又何尝不是在这酸甜苦辣的交织中才多姿多彩!这可真是一样的童年,不同的趣事。老师期待大家也能用心去感受每一段童年的故事,用笔去记录它们,那么,多年以后,你的童年也就住在了文字里。

整本书阅读教学设计

模块一 课例研讨

案例 2-15 《狼王梦》和《青铜葵花》[1]

(一)《狼王梦》之阅读推荐课

1. 读书名,激发想象

课程伊始教师问学生:"看到这本书的书名,你有什么猜想?"学生的回答很多样,显然对这本书充满了好奇。

2. 读目录,勾画情节

全书共有六个章节,教师在这个环节设计了一个活动,根据这六个标题,勾画全书的情节发展曲线。

学生呈现的情节曲线多姿多彩,不同之中可以看到的共同认识,就是这是一本情节跌宕起伏的故事书。

3. 看作者,他被誉为"中国动物小说大王"

4. 看书评,明确终极任务

作为整本书阅读教学的第一课,为了让学生能够保持一颗探究之心,始终游走在故事中,与人物、作者、自己的心灵对话,教师布置了一项终极任务:撰写一段属于自己的书评,表达自己的独到见解。由此学生的阅读之旅开始了。

(二)《狼王梦》之阅读指导课

1. 以小说三要素为基础,学生漫谈初步收获

学生借助教师提供的交流平台,表达了自己的感受。首先是小说的情节深深吸引了他们,每当他们以为母狼紫岚会失望的时候,她都会出其不意地想到办法,以继续完成自己的狼王理想。其次就是故事的发生地——广袤美丽的尕玛尔草原,对于生活在城市的学生来讲,充满了新奇、冒险、刺激。当然最让学生乐于交流的莫过于主人公紫岚了。

这一环节旨在为学生提供一个交流的平台,让学生能够畅所欲言,体会到小说是以刻画人物为中心,通过完整的故事情节和具体的环境描写反映社会生活的。另一个意图则是发现学生在交流过程中的分歧点,为本课的深入研读提供基础。

---

[1] 金旭.共度幸福的阅读时光——浅谈整本书阅读的教学实践[J].小学教学研究,2019(18):66-69.

2. 从分歧点出发,学生深入交流探究

对于紫岚的做法,学生们各持己见,有的认为紫岚坚持不懈,为了实现梦想克服一切困难,牺牲自己可以牺牲的一切,是一位伟大的母亲。而另一方则认为紫岚过于执拗,而且还把自己的理想愿望强加在孩子身上,为了让孩子实现自己的梦想接受残酷的训练。面对此时争执不下的双方,教师将观点相同的学生自由结合成学习小组,根据书中的相关段落做深入剖析,圈点批画,相互补充,之后再次交流时,学生的语言表达有了很大进步,结合书中的相关情节阐述自己的观点。

(三)《青铜葵花》之阅读分享课

教学目标:

(1) 教给学生整本书阅读的方法,使学生关注人物、走进情节、提升感悟,养成良好的阅读习惯;

(2) 在教学活动中感悟人物特点,表达自己独特的心理感受,并与他人分享。

全课分为以下几个板块:

1. 任务引入

上课伊始,告诉学生:现在我们学校要给手拉手学校赠送一批书,大家说推荐《青铜葵花》怎么样?

2. 感受人物

(1) 关于青铜"完成人物感觉词汇表"。教师为学生设计了工作纸,提出具体要求:用3个关键词语,概括出人物最突出的特点,注意区分度,不重复。并且从书中找到相应的理由,标注出关键词,用简练的语言说一说。

学生按照要求开始小组合作,之后全班交流,教师引导学生寻找各组的共同点,很快发现"爱妹妹"这一特点各组都抓住了,之后各学习组汇报典型事例。教师相机小结:我们看到作者反复表现青铜"爱妹妹"这个特点,使我们能够深入了解人物。这样作家的表现手法就能使学生得以把握。

(2) 关于葵花"画出人物生活轨迹"。同样经过学生间的交流分享后,教师相机小结:同学们用导图的形式,边读书、边记录、边绘图,发现了横向的联系转折,全面认识了人物。从而感受到作家刻画人物不同的方法。

3. 完成推荐卡。

问题讨论:

1. 这堂课与单篇课文阅读课、群文阅读教学课有何不同?

2. 课例中的阅读推荐课、阅读指导课、阅读分享课有何不同?

模块二 学理阐释

一、何谓整本书阅读教学设计

整本书阅读即对整一本书的阅读,尤其是经典作品。整本书阅读教学就是教学生学习读整本的书,目的是教会学生读整本的书,发展学生的阅读素养。[1]

整本书阅读教学设计,指教师系统地规划整本书阅读教学资源,形成有利于学生阅读整本书的教学方案的过程。具体指教师在开展整本书阅读教学之前,根据学生的阅读水平与能力,精心选择与学生能力相匹配的教学内容,设计出以培养学生阅读习惯、方法以及阅读能力为目标的一整套系统的教学方案的过程。[2]

二、整本书阅读教学的意义

正如叶圣陶先生所言:"试问,要养成读书的习惯,不教他们读整本的书,那习惯怎么养得成?""记叙、说明、抒情、议论几种文体,在一些整本的书中一样的具备,而且往往就具备在一本之中;所以要讨究各体的理法,整本的书完全适用。""在某一时期专读某一书,心志可以专一,讨究可以彻底。""读整部的书,不但可以练习精读,同时又可以练习速读。"[3]阅读整本书,这一阅读行为在培养读书习惯、提升文体阅读能力、强化阅读意志、练习阅读方法等方面本身已具备极大的价值。

将整本书阅读引入语文课程体系,使它的价值进一步明确,表现为:

1. 整本书阅读教学是语文课程标准的具体要求

课程标准对阅读教学提出明确的要求,即:"重视培养学生广泛阅读的兴趣,扩大阅读面,增加阅读量,提高阅读品味,提倡少做题,多读书,好读书,读好书,读整本的书。"除此之外,课标还规定了各个学段课外阅读量的量化标准,最终要求学生九年课外阅读总量需达到 400 万字以上。因此,整本书阅读教学在小学阶段不可或缺。

2. 整本书阅读教学帮助促进学生素养发展

开展整本书阅读教学对学生素养的发展有着重要的意义。第一,阅读整本书有利于培养学生良好的阅读习惯,并在阅读过程中获得生活情感的体验,且积累、丰富阅读

---

[1] 李怀源.小学"读整本书"教学的方向、方式与方法[J].语文建设,2020(12):4-9.
[2] 王沛.小学语文整本书阅读教学设计研究[D].上海师范大学,2018.
[3] 叶圣陶著.语文教育论集[M].中央教育科学研究所编.北京:教育科学出版社,1980.

经验;第二,整本书阅读有利于学生将语文课上所学的知识与技能运用于整本书阅读中,促进阅读策略的综合运用;第三,整本书阅读是一种综合性的阅读实践活动,需要学生梳理脉络、撰写摘要,调派阅读策略循序渐进地深入文本、理解主题,多种方式交流、展示成果……整本书阅读能锻炼、发展学生的综合能力。①

三、整本书阅读设计要点

(一) 整本书阅读书目选择

1. 课程标准附录(详见课标)

2. "关于课外读物的建议"的书目

《义务教育语文课程标准》要求学生 9 年课外阅读总量达到 400 万字以上,阅读材料包括适合学生阅读的各类图书和书刊。对此提出如下建议:

童话,如安徒生童话、格林童话、叶圣陶《稻草人》、张天翼《宝葫芦的秘密》等。

寓言,如中国古今寓言、《伊索寓言》等。

故事,如成语故事、神话故事、中外历史故事、各民族民间故事等。

诗歌散文作品,如鲁迅《朝花夕拾》、冰心《繁星·春水》、《艾青诗选》、《革命烈士诗抄》、中外童谣、儿童诗歌等。

长篇文学名著,如吴承恩《西游记》、施耐庵《水浒传》、老舍《骆驼祥子》、罗广斌、杨益言《红岩》、笛福《鲁滨逊漂流记》、斯威夫特《格列佛游记》、夏绿蒂·勃朗特《简·爱》、高尔基《童年》、奥斯特洛夫斯基《钢铁是怎样炼成的》等。

教师可根据需要,从中外各类优秀文学作品中选择合适的读物,向学生补充推荐。

科普科幻作品,如儒勒·凡尔纳的系列科幻小说,各类历史、文化读物及传记,以及介绍自然科学与社会科学常识的普及性读物等,可由语文教师和各有关学科教师商议推荐。

从附录来看,课标推荐的以文学作品为主,且都是经典作品,其他文类自主选择。

3. 从统编教材课文中的节选引申至整本书阅读

统编语文教材中有许多课文是整本书的节选,如《丑小鸭》选自《安徒生童话》,《亡羊补牢》选自《中国古代寓言故事》,《祖父的园子》选自《呼兰河传》,《三打白骨精》选自《西游记》。教师在进行此类单篇课文的阅读教学时,将学生对课文的学习引向对原著

---

① 吴欣歆.培养真正的阅读者:整本书阅读之理论基础[M].上海:上海教育出版社,2019:51.

阅读的兴趣。

示例：

《祖父的园子》授课的最后片段
——蒋军晶老师杭州千课万人活动

师：萧红小时候生活是那样的自由和快乐。请你猜测萧红长大后的生活是什么样的？

生各自表达自己的猜测。

师介绍萧红长大后坎坷困顿的生活。

师：当你了解她的生平背景之后，再来读《祖父的园子》时，你的感觉会不一样。请你再看《呼兰河传》这本书的最后一个片段（见下图）。这些景物又出现了，但是感觉会有一些不同。

师朗读最后一个片段。

师：记在哪里了？心里。记在哪里了？记在《呼兰河传》里。

师推荐学生阅读《呼兰河传》。

4. 自选阅读书目

课标提出"关注学生通过多种媒介的阅读，鼓励学生自主选择优秀的阅读材料"。自主选择阅读材料并不是随心所欲自由选择，而是在教师引导下师生协商选择内容健康、语言丰富、能促进自身精神成长和思维发展的优秀作品。除了经典文学作品外，如哲学方面的书：法国、德国、英国、韩国、日本等国家的作家创作了许多哲学童书。例如，韩国"你好，哲学"图画书 30 本，"怪味豆哲理图画书"5 本；法国"儿童哲学智慧书"9 本，德国大师经典哲学绘本 4 本等。也可选择小学生感兴趣的著作，如《哈利·波特》等科幻类小说。

（二）整本书阅读教学设计注意点

1. 按照不同学段需求展开序列化阅读

教师要坚持以学生为主体，设计出符合不同学段学生阅读需求的序列化阅读。在展开整本书阅读教学时，教师既要考虑不同学段学生的个性差异，最大程度上满足不同学段学生的阅读需求，同时也要注意三个学段之间的有效衔接性，在科学合理的整本书阅读中扩大阅读视野，应用阅读方法，养成阅读习惯。

第一学段学生阅读能力有限，教师选择的阅读材料可以是绘本、童话书等读物，通过图文结合的方式来吸引学生的阅读兴趣，养成爱护图书的好习惯。第二学段学生已经初步具备整本书阅读的能力,他们在统编教材中也已经接触到了长课文,如四年级下册的《小英雄雨来》,因此学生的阅读材料可以转移到纯文字的书上来,实现真正意义上的整本书阅读。第三学段学生的整本书阅读能力已经获得,甚至能通过阅读产生自己的思考。教师进行整本书阅读教学时,可以整合相关的阅读材料,让学生在一系列书中发展阅读能力,提升思维品质,形成正确的价值观。

2. 考虑学生年龄特点展开针对性指导

整本书阅读教学应考虑学生的年龄特点,根据不同学段学生的实际情况来确定教师指导的形式与重点。

第一学段学生最初的阅读能力有限,学生受识字量少、注意力容易分散等因素的影响,常常会出现阅读速度慢、阅读兴趣不高等问题。该阶段适合教师与学生共读,教师可以通过朗读、图文结合等方式展开整本书阅读教学,重在激发学生的阅读兴趣。当学生具备一定阅读能力时,教师可以适当放手,重在让学生在自主阅读中获得相应的成就感。

第二学段学生已经具备整本书阅读所要求的基础能力,但由于能力有限,还是会出现整本书内容把握不完全、作品中人物评价片面等问题。该阶段教师重在引导学生掌握理解整本书内容的方法,正确看待作品中人物的命运和喜怒哀乐。在作品内容和人物的把握上,教师可以教学生画思维导图、做人物卡片等方法,通过形象化的阅读方法来提升学生的阅读能力。

第三学段学生虽然已经获得整本书阅读的能力,形成了独特的阅读习惯,但他们面对的是更加复杂的文本内容,课标规定的课外阅读量也大幅度增加,所以学生对阅读方法的需求也日益凸显。该阶段教师重在阅读方法的运用,比如"默读一般读物每分钟不少于300字,学习浏览,扩大知识面,根据需要搜集信息。"(课标第三学段的阅读、文献引用)教师还要重视学生思维的发展和价值观的引导,可以通过对比阅读、群文阅读、小组研讨等方式,引导学生交流感受,在交流中锻炼思维能力,建立正确价值观。

(三) 整本书阅读教学常见课型

1. 导读课

这一课型的整本书阅读教学需要教师根据学情循序渐进得引导学生进行阅读,不同学段的导读课应有针对性地引领学生进行阅读,第一学段的导读课重在激发学生兴趣,让学生产生读书的兴趣和欲望。第二学段的导读课侧重在引导学生对整本书的内容把握,第三学段的导读课可以在整本书阅读方法上进行传授和点拨。导读课不应面面俱到,而应凸显其引导的功能,重在帮助学生梳理思路。学生通过导读课的学习能够有一个阅读的基本思路,逐渐养成自主阅读整本书的能力。

2. 讨论课

这一课型的整本书阅读教学应是学生阅读完整本书后进行的,需要教师进行精心的教学设计,让学生通过问题讨论进行回顾总结,同时检测学生的阅读效果,维持学生的阅读热情。在讨论过程中,教师要以学生为主体,尊重学生的阅读体验,充分发挥教师的教学机智,进行适当的引导。同时,要激励学生积极分享阅读经验,在讨论中学习借鉴他人的阅读方法和思路。在此过程中,学生能够得到思维上的训练和提升,获得阅读与交流上的愉悦感,从而使学生更加热爱阅读。

3. 体验课

这一课型的整本书阅读教学旨在强调学生是阅读的主体,学生通过"自由选书""自由阅读""自由分享"等形式,获得属于自己的阅读体验。"自由选书阅读是阅读体验课的唯一准则。体验课应该像优秀作品一样,把所有的功利性目的隐藏在自主阅读活动背后。"[①]不同的学生对于阅读书籍的需求有所不同,教师可以让每个学生在课后挑选自己喜爱的书籍展开自由阅读,在课上教师将舞台交给学生,让学生自由分享他们阅读后的感想与体会,从而实现学生阅读体验的增加和阅读经验的积累。

4. 延伸课

这一课型的整本书阅读教学旨在让学生由课内走向课外,最终指向学生深入阅读,并帮助学生摆脱由单篇文本到整本书的不适应性。如统编教材五下的第二单元选编了《草船借箭》《景阳冈》《猴王出世》和《红楼春趣》四篇课文,它们分别节选自四大古典名著。教师在进行整本书阅读教学时,便可以依托教材已有的内容,帮助学生确定阅读书目,并且激发学生的阅读兴趣和已有认知来促进学生深入阅读,实现课内部分阅读向课外整本书阅读的延伸。

模块三 设计实践

1. 案例反思:经过模块二的学习,请你重新评价模块一中的案例,并加以学理

---

① 李怀源.小学"读整本书"教学的方向、方式与方法[J].语文建设,2020(12):4-9.

说明。

2. 动手实践：

任务一：小组研讨如何把教材里的课文和整本书阅读教学相结合，以四下教材为例。

任务二：自选一本儿童文学佳作，设计一节导读课，内容包括所选书本和原因、教学目标、教学重难点、教学过程、导读单。

模块四　资料链接

一、推荐阅读

1. 吴欣歆.培养真正的阅读者：整本书阅读之理论基础[M].上海：上海教育出版社，2019.

本书梳理与总结"整本书阅读"的国际经验、传统模式与当代探索，从学习领域、生涯规划、核心素养的视角审视整本书阅读的价值，阐述整本书阅读的教学设计，比如如何进行全过程指导，如何开展以项目学习为载体的阅读，如何在混合式学习形态下推进整本书的阅读。同时，从教学反思的角度，总结了阅读工具、深度阅读、全科阅读等问题。

2. 李怀源.小学"读整本书"教学的方向、方式与方法[J].语文建设，2020(12).

整本书源自中国传统语文教育"选本"与"整本"并行的教材系统。民国时期，叶圣陶提出"把整本书作主体，把单篇短章作辅佐"的教材编写思路，以"精读"和"略读"为基本的教学方式。《义务教育语文课程标准（2011年版）》提倡"少做题，多读书，好读书，读好书，读整本的书"。《普通高中语文课程标准（2017年版）》把"整本书阅读与研讨"作为首个学习任务群，把《红楼梦》等书指定为整本书阅读的书目。"读整本书"教学从课外阅读变为课堂教学以后，以"内容分析式"教"读整本书"的情况还比较普遍，增加了师生负担，也没有达到应有的效果。

3. 薛法根，梁昌辉.整本书的导读要义与教学策略[J].语文建设，2020(12).

从识字到阅读，从阅读短文到阅读长文，进而阅读整本书，是学生必须跨越的三个阅读台阶。从单篇到整本书的阅读，既是阅读能力的迁移与延展，也是阅读视域的延伸与扩展，还是阅读习惯的形成与发展，面临多方面的挑战。整本书导读的意义，就是引领学生在整本书阅读中学会阅读整本书，成为终身的阅读者。

4. 孙绍振.整本书阅读方法：带着问题进行具体分析（上）——以《三国演义》为例

[J].语文建设,2020(7).

目前提倡整本阅读古典名著,一线教师想出许多操作方法,收效似乎不彰,主要原因是,满足于追随作品情节,学生主体处于被动接受状态。学生的主体性一般是自发的,在经典作品面前处于被动状态,或者说是处于沉睡状态,教师的任务是将其唤醒,提升起来。化被动为主动,最好的方法就是带着问题推进阅读深度。

二、推荐案例

《童年》整本书阅读指导课教学内容的设计[①]

一、名著导读:知情事

导读课最重要的一个目标就是激发学生的阅读兴趣。激发阅读兴趣的方法有很多,如创设情境、设置悬念、问答法、故事法、人物导入法等,要根据阅读对象的体裁、内容、主旨而定。《童年》是高尔基的自传体小说,讲述自己童年的经历,属于写人、记事类作品,导读课的教学内容我从三个方面来设定。

(一)阅读"整体观"

一本书主要由封面、书脊、扉页、序言、正文、插图、附录构成,有的书籍还兼有书衣、书名页、献词、导论、参考文献、索引等。读一整本书体现在要从封面、书脊、扉页、献词、序言等构成中获取信息,而不是单单阅读正文内容。

1.知命名原因。此书为何命名为《童年》?

2.知作者概况。故事内容和作者有什么关系?

3.如何理解"自传体"?

(二)阅读"顺序性"

《童年》的目录不似《西游记》"灵根育孕源流出,心性修持大道生"和《三国演义》"宴桃园豪杰三结义,斩黄巾英雄首立功"是该章节内容的概括,它是以简单的"一""二""三"……排列,各章节不独立成篇,而是按时间顺序步步推进。因此,阅读《童年》不能随意跳读,必须按顺序从前往后依章节阅读,这样才能了解主人公阿廖沙的成长历程。

(三)阅读"目的性"

学生的阅读要带有目的性,《义务教育语文课程标准》(2011年版)指出:"阅读叙

[①] 刘洁,朱同帅.《童年》整本书阅读指导课教学内容的设计[J].小学教学参考,2020(22):66-67.

事性作品,了解事件梗概,能简单描述自己印象最深的场景、人物、细节,说出自己的喜爱、憎恶、崇敬、向往、同情等感受。"因此,导读课中,我给学生布置的任务是:

1. 感受阿廖沙的心情变化,在相关段落旁做"愤怒""害怕"等标注。

2. 感知人物性格,制作人物卡片,跟家人或同伴聊聊故事中你喜欢的人物或吐槽你讨厌的人物。

主人公 (其他人物)	身份	外貌	性格特点	具体事例 (附页码)	你想对他 (她)说

二、推进阅读:习方法

阅读推进课重在帮助学生明晰阅读方法,克服阅读中遇到的障碍,从而维护学生的阅读兴趣,让学生继续扎实有效地阅读。统编教材十分重视阅读方法的呈现:三年级的"预测"阅读策略,四年级"学会提问"阅读策略,五年级"提高阅读速度"阅读策略,六年级"有目的地阅读"策略,体现了阅读能力培养的层层递进。落实到《童年》一书的阅读推进指导课中,我做了一些设计。

(一)读故事

这部分内容旨在考查学生初读的印象,以及对所读内容的概括,从而把握学生初读的理解状况。

1. 用一句话概括作品的内容。

2. 用一段话具体概括主人公阿廖沙的童年。

3. 用自己的话或者借助书中语言,讲讲最让你气愤(温暖)的一件事。

(二)读人物

小说阅读的一大重点就是感悟人物形象,作品写了什么人,他(她)有什么样的性格特点,作者是怎样写他(她)的善良、自私、贪婪、凶狠的,在阅读过程中,读者会产生各种各样的印象。对于长篇小说来说,"制作人物卡片"是澄清人物形象的一个比较便捷的办法。

1. 作者刻画了哪些人物?他们是什么样的人?

对照人物卡片介绍。

2. 作者是怎样写出外祖母的善良、外祖父等人的自私的?试着归纳。

（三）读语言

从简单的角度品析《童年》的语言特色及写作手法,重在培养学生初步的文本欣赏意识。

1. 品析叙述视角:什么时候是以儿童的视角叙述?什么时候是以成人的视角叙述?

2. 鉴赏语句中修辞的使用及其作用。

3. 阅读时,不理解的词语可以用联系上下文、问、查的方法试着去理解。

（四）读思想感情

文字是情感的载体。阅读文学作品,读者总会被文中人物的感情所感染,或共情,或移情,也会受作者隐含在作品中的思想影响。《童年》包含的思想是积极的、健康的、具有指引性。因此,设计教学时要凸显出来,以达成"情感态度和价值观"的阅读目标。

1. 阿廖沙在寄人篱下的生活中有没有变得冷漠、自私、狠毒、贪婪?哪些语段可以证明你的看法?

2. 高尔基想在《童年》一书中表达什么样的思想?什么样的情感?

三、拓展阅读:乐研创

经过阅读推进课的指导,学生对阅读任务的认识进一步清晰,无论是接着阅读,还是反复再读,学生读书的目的都更为强烈了。因此,在进行阅读拓展之前,教师还要为学生提供一个"出口",即让学生说出他们对这部作品的看法,见证他们的阅读效果。可供借鉴的方法有三:知识竞答、头脑风暴、知识分享。

"知识竞答"的题目可以借鉴书后练习题、网络题库或者教师自拟题目。"头脑风暴"可围绕人物、情节、思想等各抒己见,也可教师拟定一个论题,如"外祖父是不是只是坏的而没有好的一面"展开讨论。"知识分享"是学生证明自己阅读效果的一个有效出口,书中的语文知识、社会知识、经验知识等都是可以分享的内容。《义务教育语文课程标准》还提出,第三学段学生要"学习浏览,扩大知识面,根据需要搜集信息""在交流和讨论中,敢于提出看法,做出自己的判断""扩展阅读面。课外阅读总量不少于100万字"。所以,阅读《童年》时,有必要进行群文阅读、纵深研读。

（一）专题阅读

1. "童年"专题,如郭沫若的《我的童年》,艾特玛托夫的《白轮船》,曹文轩的《草房子》《青铜葵花》等。

2. 高尔基作品专题:自传体小说《在人间》《我的大学》,长篇小说《母亲》,散文诗

《海燕之歌》。

3. 苏联现实主义小说，如屠格涅夫的《猎人笔记》《父与子》等。

（二）"童年"研读

"一千个读者就有一千个哈姆雷特。"在对作品熟读的基础之上，六年级的学生都能够简单描述出自己印象最深的场景、人物、细节，说出自己对人物的喜爱、憎恶、崇敬、同情等感受，教师可让他们就自己感触最深的点、最想探究的问题进行深入钻研。

1. 写短评。可以随读随评，类似于做详细的批注，也可以按章节或读完全文再评述；可以评书中某个人、某类人，也可以将两个（类）人作对比进行评论；可以鉴赏语言风格、写作技巧，也可以联系自己的情感经验大胆地提出质疑或者假设。

2. 就书中一点展开正式的研究。"正式的研究"区别于短评，不只是自己感性地抒发见解，还要从问题出发，广泛阅读文献，重新整理思路、整合观点，想方设法地把自己的观点说清楚。如学习孙立群《高尔基写下的是谁的〈童年〉》时，教师可引导学生搜集同时代的人（如列宁）、后人对高尔基的评价等资料，对作者进行研究，也可像袁菊华《浅谈高尔基〈童年〉中外祖母所讲故事的渊源》、龚海龙《品读〈童年〉解析其中的苦与乐》、孙立群《高尔基写下的是谁的〈童年〉》那样，抓住所关注的一点进行纵深研究。

3. 同类题材对比研究。写童年的作品很多，借助读《童年》的契机，拓展学生的阅读面，进行"童年"群文阅读，在广泛阅读的基础上，学生就能逐渐发现作品间的相同之处与不同之处。这时候，对比研究就有了实践前提。这样的研究论文有吕莉、贺元秀《〈童年〉与〈白轮船〉的主题学分析——人性善恶的展现与抉择》以及邓利《不堪回首——〈童年〉和〈我的童年〉比较初探》等。

（三）鼓励创作

马秋香《读〈童年〉·访祖辈·理解父母》一文提到："阅读是一种复杂的智力活动，阅读兴趣是阅读中最积极、最活跃的心理因素，它激发了人的联想和创造思维。""小赵同学在阅读完《童年》后，居然写起了小说，初步定名为《赵、崔、曹纸上谈兵记》。他将全班同学及老师的名字全部镶嵌其中，在全班引起了又一次震动。"古人云："不平则鸣。"写作并非皆因"不平"，不写可能是没有找到方法或者灵感。因此，学生读完《童年》后，应鼓励他们写自己的故事，创作自己的故事。整本书阅读与单篇阅读相比，需要更多的时间、精力、耐心，需要更为强烈的阅读动机和更为持久的阅读热情。语文教师在阅读指导课中的任务也在此，不同类型的文本有不同的指导方法，还需要我们不断探索与尝试。

第三单元　习作教学设计

模块一　课例研讨

案例3-1　《小小"动物园"》教学设计(四年级上册)

宁波大学2017级小学教育专业　陈婧

教学目标：

1. 能抓住家人的外貌、特长、性格等特点，找到与家人相似的动物。
2. 能通过将家人比作动物，写清楚对家人印象最深的地方。
3. 能与同学和家人分享习作，修改不通顺的句子，感受习作的快乐。

教学过程：

一、谈话导入，设疑激趣

同学们，大家去过动物园吗？老师把一些小动物请到了课堂上。展示图片(课件依次出现兔子、树懒、猴子)，请同学们说说对这些动物的印象。

二、图文结合，理解联系

1. 课件依次展示小明、小红、小兰的对话，并在一旁附上相应的图片(卡通人物和动物)。提出问题：他们为什么将自己的家人比作这些动物呢？

2. 根据学生的回答引导他们得到人物和动物之间的联系是从哪几个方面进行描述的。适时板书。

　　小明：胖胖的——外貌　憨憨的——性格

　　小红：游泳特别好——爱好、特长

　　小兰：威严——性格

　　总结：外貌、爱好、性格都是在写家人的"特点"(大括号板书)

我们生活的"动物园"啊，就是我们的家。我们的家人呢，就是各具特色的

"动物"。

3. 回顾旧知,三年级下册第六单元习作《身边那些有特点的人》,进行对比。

身边有特点的人——用一个词来概括人物的特点。

小小"动物园"——用动物比喻家人,动物和家人有一样的特点。

4. 出示妈妈与绵羊的图片。提问:妈妈和绵羊有什么相似的地方吗?学生结合图片和老师给出的信息(妈妈不怎么喜欢吃肉,喜欢吃菜)说说妈妈和绵羊的共同特点。

妈妈是卷发——都是波浪卷——绵羊是卷毛

妈妈不喜欢吃肉,喜欢吃菜——都爱吃素——绵羊吃草

妈妈很温柔,表情在笑——性格都很温和——绵羊性格温和,没有攻击性

总结:将家人比作动物,共同点可以是各种方面的,将外貌、喜好和性格等特点结合起来,综合考虑,选择适合家人的动物。

5. 在学习单上照着板书的方式写:

家人　　　　共同特点　　　　动物

妈妈　波浪卷、爱吃素、性格温和　绵羊

三、例文引路,搭建支架

1. 出示例文。

提问:例文中写了哪些人?作者把他们比喻成了什么动物?特点是什么?写了什么事?

小小动物园

如果你问我:"你的家像什么?"我一定会毫不犹豫地回答:"我的家就像一个小小的动物园。

我的妈妈是一个勤劳的人,她就像一只小蜜蜂,整天不是忙这就是忙那。有一次,她正在擦桌子,我走过去对她说:"妈妈,我帮您擦吧。"她却对我说:"不用了,你快回去写作业吧!"她一边说,一边把我推进了房间。我不禁想起一首诗:采得百花成蜜后,为谁辛苦为谁甜?说得不正是我妈妈吗?妈妈这样辛勤地劳动,全是为了我和姐姐呀!她希望让我们认真学习,于是就努力创造更好的学习环境,所以家务活全被她包了。

我的爸爸就像一只仓鼠,因为他鼓起腮帮时就像仓鼠在嘴里藏粮食一样。他特别爱吃东西,尤其是瓜子。有一次,我们正在吃饭,只见他狼吞虎咽地吃完饭后,又拿起

一包瓜子嗑了起来,那津津有味的模样连我家的仓鼠看了都"吱吱吱"地叫个不停,好像在说:"同伴,看在我这么可爱的份儿上,就给我颗瓜子呗!"哈哈,它不会真把爸爸当成同类了吧!

说完了妈妈爸爸,就得来说说我这只小绵羊了。其实我是一只很可怜的小绵羊,好不容易把作业写完了,蜜蜂妈妈检查作业时却又批评我了,我就像被蜜蜂蜇了一下;我喜欢的零食刚刚到手,却被仓鼠爸爸抢走了。呜呜,我真的好可怜啊!不过,绵羊发怒也不是好惹的。有一次我和姐姐一起玩,我教她玩魔方,讲了五遍她也不懂,我只好再讲一遍,可她还是不懂。我终于发怒了,把黑板擦往桌上一扔,喊到:"你到底要我教几遍啊?"姐姐立刻被吓得不敢讲话了。当时,我也被自己的"绵羊吼"吓了一跳。

我还有一个蚊子姐姐,为什么是蚊子姐姐呢?因为她特别爱说话,整天叽哩呱哩地说个不停。有一次她去上机器人课,一回来就跟我炫耀自己的"劳动成果"。什么会飞的直升机啦,会跑的汽车等等。我只好一边微笑一边说:"好,好!"我真想告诉她,我的内心是崩溃的。

这就是我的家,一个有趣的小小动物园,你的家是什么样的?快来和我们说说吧!

学生分别找出:

妈妈——勤劳——蜜蜂——不用我帮忙做家务

爸爸——爱吃东西——仓鼠——吃完饭继续嗑瓜子,与仓鼠的互动

我——温和——小绵羊——被妈妈批评,被爸爸抢走食物,"绵羊吼"

姐姐——爱说话——蚊子——上完机器人课说了好多话

2. 搭建脚手架。

家人——特点——动物——印象深刻的具体事例

3. 通过对比例句,学习写作技巧和方法。

小作者为我们介绍了她家的"动物园",文章的最后她向我们发出了热情的邀请,让我们也写一写自己家的"动物园",跟她说说每天生活在"动物园"里的你们都有哪些感受吧。

四、课堂写作,同桌互评

1. 学生写作。教师巡视,适时给出建议。

2. 教师给出多元评价表。挑选一位同学的作文投放在大屏幕,大家一起进行

评价。

书写端正　句子通顺　结构分明　特点明晰　真情实感

自评

他评

3. 学生自评，同桌互相读一读，并进行评价。教师巡视，个别指导。

4. 修改文章中不通顺的语句。

问题讨论：谈谈你对这篇习作教学设计的看法。

模块二　学理阐释

一、习作教学理念

（一）课程标准关于小学习作的规定

《语文课程标准》关于"作文"部分的总目标要求是：能具体明确，文从字顺地表述自己的见闻、体验和想法。能根据日常生活的需要，运用常见的表达方式写作，发展书面语言运用能力。在总目标的要求下又把各阶段目标定为：

第一学段

1. 对写话有兴趣，留心周围事物，写自己想说的话，写想象中的事物。

2. 在写话中乐于运用阅读和生活中学到的词语。

3. 根据表达的需要，学习使用逗号、句号、问号、感叹号。

第二学段

1. 乐于书面表达，增强习作的自信心。愿意与他人分享习作的快乐。

2. 观察周围世界，能不拘形式地写下自己的见闻、感受和想象，注意把自己觉得新奇有趣或印象最深、最受感动的内容写清楚。

3. 能用简短的书信、便条进行交流。

4. 尝试在习作中运用自己平时积累的语言材料，特别是有新鲜感的词句。

5. 学习修改习作中有明显错误的词句。根据表达的需要，正确使用冒号、引号等标点符号。

6. 课内习作每学年 16 次左右。

第三学段

1. 懂得写作是为了自我表达和与人交流。

2. 养成留心观察周围事物的习惯，有意识地丰富自己的见闻，珍视个人的独特感受,积累习作素材。

3. 能写简单的纪实作文和想象作文,内容具体,感情真实。能根据内容表达的需要,分段表述。学写读书笔记,学写常见应用文。

4. 修改自己的习作,并主动与他人交换修改,做到语句通顺,行款正确,书写规范、整洁。根据表达需要,正确使用常用的标点符号。

5. 习作要有一定速度。课内习作每学年16次左右。

(二)习作教学建议

1. 转变教学观念,创新教学模式

作为教师要敢于转变传统的教学模式,摒弃传统的教学理念,在实际的教学过程中实现对习作教学模式的创新。在习作教学中,应让学生更加贴近生活,注重培养学生观察、思考、表达和创造的能力,写出自己的真情实感。要求学生说真话、实话、心里话,不说假话、空话、套话,并且抵制抄袭行为。

2. 营造良好的习作氛围

写作教学应抓住取材、立意、构思、起草、加工等环节,指导学生在写作实践中学会写作。在教学的过程中,教师要给学生营造一个良好的习作环境,为学生的自主写作提供有利条件和广阔空间。减少对学生写作的束缚,鼓励自由表达和有创意的表达,尤其是鼓励学生写想象中的事物。平时加强练笔指导,改进作文命题方式,提倡学生自主选题。给学生一个自由发挥的空间,提高学生的习作水平。习作完成之后,重视引导学生在自我修改和相互修改的过程中提高写作能力。可以积极合理地利用信息技术与网络的优势,增加学生创造性表达、展示交流与互相评改的机会。

(三)习作评价建议

1. 按学段制定习作评价标准

习作的评价,应按照不同学段的目标要求,综合考察学生写作水平的发展状况。第一学段主要评价学生的写话兴趣;第二学段是习作的起始阶段,要鼓励学生大胆习作;第三、第四学段要通过多种评价,促进学生具体明确、文从字顺地表达自己的见闻、体验和想法。对于作文的评价还须关注学生汉字书写的情况。

2. 运用多种评价方式,全面反映学生习作水平

评价结果的呈现方式,根据实际需要,可以是书面的,可以是口头的;可以用等级表示,也可以用评语表示;还可以采用展示、交流等多种方式。同时提倡采用成长记录

的方式,注意收集、积累能够反映学生习作发展的资料,记录学生的成长过程。例如收存有代表性的课内外作文和有价值的典型案例分析,以反映学生写作的实际情况和发展过程。

(四)《课程标准》体现的理念

1. 降低起始阶段的难度

小学习作部分分为写话与习作。第一学段称"写话",一般从指导学生写一句话开始,逐步过渡到几句话、一段话,意在降低习作难度。第二三学段称为"习作",习作即作文的练习,这些称谓都为了消除学生写作文的畏惧感。

2. 注重习作兴趣的培养

兴趣是最好的老师,特别是学生对写作普遍有畏难情绪时,更要激发学生的习作兴趣。低年级要求"对写话有兴趣";中年级要求"乐于书面表达,增强习作的自信心"。为激发和维持学生的兴趣,新课标力倡自由表达和想象作文,珍视学生的个人感受。低年级"写自己想说的话,写想象中的事物,写出自己对周围事物的认识和感想";中年级"能不拘形式地写下见闻、感受和想象,注意表现自己觉得新奇有趣的或印象深刻、最受感动的内容"。只有儿童喜欢写,才能写得好;只有乐于表达,才能表达好。

3. 强调真情实感的表达

学生作文普遍存在着"为文造情"的虚假现象,课程标准特别强调作文是学生真情实感的表达。法国启蒙思想家狄德罗说:"没有感情这个品质,任何笔调都不能打动人心。"所以,文章只有有了真情实感,才能有妙笔生花的精彩。

4. 重视习作修改的作用

叶圣陶等文章大师明确指出,文章是改出来的。不止是教师改出来的,更是学生自己改出来的。课程标准要求中年级"学习修改习作中有明显错误的词句";高年级"修改自己的习作,并主动与他人交换修改,做到语句通顺,行款正确,书写规范、整洁"。

二、习作教材编排分析

统编教材习作内容呈现主要方式有:写话、小练笔、单元习作、习作单元。

1. 写话编排

写话安排在第一学段语文园地中,一年级上册主要是口头语言的训练,一年级下册主要是写句子的初步训练。从二年级开始进行较系统、主题性的写话训练。教材是从认识句子、理解句子、积累句子到写句子的逻辑编排，先是仿写再到看图写话、任务驱动写话。

2. 小练笔

三年级开始，语文园地"写话"换成了"小练笔"，"小练笔"内容多样，以"仿写"为主，例：四下语文园地一"读下面两组句子，体会加点部分表达的不同感情，照样子改写后两个句子"。也会出现简单的应用文写作，例：三下语文园地二"读通知，注意格式，再选择一种情况，写一个通知"。

3. 单元习作

在一二年级的部分单元会出现写话，从三年级开始每个单元都会有一篇单元习作，由习作内容、习作提示、习作要求三部分构成。

4. 习作单元

从统编版的三年级教材开始，除六下外每册书的第五单元均为习作单元。一个习作单元由六部分组成，步步推进。通过导语激发写作兴趣，明确写作要求，接下来通过两篇课文的精读，并在交流平台进行探讨，然后通过初试身手，欣赏习作例文（两篇）批注思考，最后在学习的基础上完成习作。

三、习作教材编排特点

（一）习作能力序列化

1. 习作教学既自成体系，又与阅读尽量配合

习作在教材中有相对独立的地位，习作依附于阅读单元但不受制于单元主题和文体，为习作自成体系提供了根本保障。例：三上7单元是记叙文单元，可是习作安排是"我有一个想法"，侧重议论性质。但是，习作自成体系，不代表习作完全与阅读脱钩。在大部分单元，可能的情况下，习作还是尽量与阅读进行配合。例：三上3单元是童话单元，习作安排是"我来编童话"。

统编教材努力构建一个相对科学的习作训练序列。习作涉及的观察、想象、修改等基本能力，都在关注之列。以课程标准为主要依据，结合多年来的教学成果，确定不同年级重点培养的习作能力，制定能力培养序列。整套教材的习作训练既有反复性，更有梯度性。例：观察能力的培养。三上5单元习作核心是培养学生的观察力，即让学生"体会作者是怎样留心观察周围事物的"，并通过"仔细

观察,把观察所得写下来"。为了夯实基础,三年级的多次习作都以"观察"为训练重点,如上册"猜猜他是谁""这儿真美",下册"我的植物朋友""看图画,写作文"等。

2. 区别于其他学科的序列

(1) 不能把习作的序列与其他学科的序列等同,尤其是理科的知识能力序列。比如数学的知识能力序列是非常严密的,语文学科的性质决定习作的序列做不到像数学那样,目前的序列是多年习作教学经验的总结,还有进一步探讨的空间。

(2) 习作序列在某册排布了一个点,不代表学过这个点之后,学生就高枕无忧了,更多地意味着一种开始,意味着在今后的习作中要重视这个点的训练。习作水平只有在反复的练习中才能提高,由量变到质变,需要一个很长的过程,非一日可得。

(二) 编排立体化

单元习作每学期八次,撑起了习作学习的骨架。此外,教材还设计了小练笔、习作单项练习。统编教科书中习作单元、单元习作、小练笔、单项练习相互配合,形成一个训练提升学生习作能力的网络。

(三) 指导具体化

统编教材每次习作都力争提供一定的写法上的支持。有的是直接提供例文,更多的是进行写作思路的指导。例:三上的习作练习《猜猜他是谁》,教材从外貌、人物品质、突出的个性特点、爱好等方面着手,通过具体的事例来进行人物具化。给学生提供写作思路的同时提示学生写作时选择印象深刻的一两点即可。例:三上5单元围绕"观察"这一习作主题,设计了导语、精读课文、交流平台、初试身手、习作例文和习作六个部分来培养学生的观察能力,通过生活中的具体事物写出自己的观察结果。

(四) 题材生活化

命题者要考虑教材深度、学生生活实际、年龄特点等,习作的题材要从生活实际出发,让学生能够唤醒自己的生活经验,做到有话可写。例:三年级的习作题目是从生活实际出发,《猜猜他是谁》《身边那些有特点的人》都是选择身边熟悉的人来进行写作;《写日记》《这儿真美》《那次玩得很开心》都是回忆自己身上真实发生的事,见过的美景,贴合生活实际,涵盖了学生的生活经历。从习作训练角度讲,要尊重编者意图,

多从生活中寻找人和事,敢于说真话,写真事,形成"作文就是用笔来说话"的健康理念。如表3-1所示:

表3-1 三年级单元习作

单元习作	
三上第一单元	猜猜他是谁
三上第二单元	写日记
三上第三单元	编童话
三上第四单元	续写故事
三上第五单元	我们眼中的缤纷世界
三上第六单元	这儿真美
三上第七单元	我有一个想法。对生活中的现象和问题写出自己的想法
三上第八单元	那次玩得很开心
三下第一单元	我的植物朋友:介绍一种植物
三下第二单元	看图写话:三个小朋友放风筝
三下第三单元	选一个传统节日,写一篇习作
三下第四单元	我做了一个实验
三下第五单元	奇妙的想象
三下第六单元	身边那些有特点的人
三下第七单元	介绍国宝大熊猫
三下第八单元	选一种动物作主角,大胆想象,编写童话故事

(五)习作任务情境化

统编版习作教材,它总是将习作任务放置学生耳熟能详的写作活动中,让学生与写作发生相应的关联,让写作的发生成为学生触动自我、展示自我、沉淀自我、反思自我、创造自我的契机。而构成这一切的就是"情境"。习作一定是源于习作情境的诱发和交流的需要。例:三年级的写作练习涉及的情境有游戏情境《猜猜他是谁》、生活情境《续写故事》、交际情境《我有一个想法》、问题情境《那次玩得真高兴》。

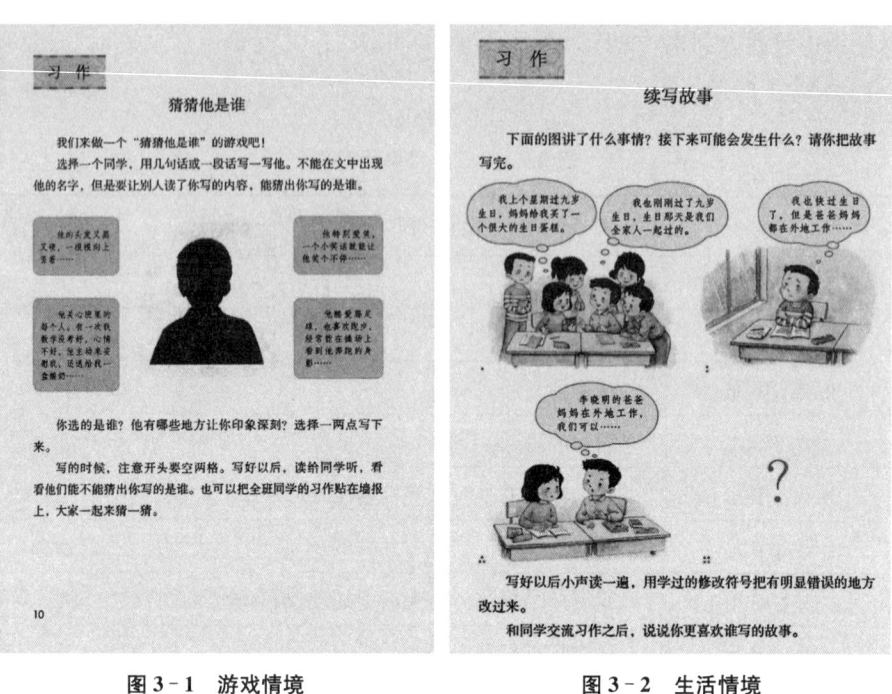

图 3-1　游戏情境

图 3-2　生活情境

图 3-3　交际情境

图 3-4　问题情境

四、统编语文教材习作编排的"新变化"

(一) 设置了习作单元

统编教材编写者之一郑宇老师指出:"统编教材从三年级开始编排专门的习作单元,强化习作能力的培养,丰富了语文教材单元组元的形式,是教科书编撰史上的一个创举。"[1] 从三年级到六年级的八个习作单元分别为观察、想象、写事、写景、写物、写人、围绕中心意思写和表达真情实感。这八个特殊单元,编排结构基本上是两篇课文、两篇习作例文、一个习作要求。

(二) 全新的话语系统

统编语文教材每个单元里的习作训练,话语风格与过去的教材相比语气更加亲切,同时采用了图文并茂或图式化的非连续性文本,更加便于小学生阅读和使用。全新的话语系统不仅有利于教师的教学,而且做到了"学生本位",尊重了学生主体。

(三) 目的明确,操作性强

统编语文教材从单元导语、课文后面的习题到习作练习,目标指向都非常明确。例:三年级下册的习作单元以"想象"为题,在"单元导语"中明确指出,"发挥想象写故事,创造自己的想象世界"。精读课文《小真的长头发》课后两个习题,一个是让学生口述体会想象应如何表达;另一个是拓展想象,交流自己的想象:"小真的长头发,还可以做什么?"这一单元的"交流平台",是通过对两篇课文读后感的交流,以打开思路,深化对课文中想象的感悟。"初试身手"更具有游戏性,让学生在纸上按自己的手指印,再在手指印上添画成想象中的事物,以这样的游戏作业过渡,再按提供的开头展开想象,无疑可以降低想象习作的难度。最后两篇"习作例文"《一支铅笔的梦想》和《尾巴它有一只猫》为最后的习作《奇妙的想象》发挥了极佳的辅助作用。

(四) 重视读者意识培养,强调交际性

梳理统编语文教材三年级到六年级近60次的习作训练,我们发现,几乎每次习作要求中都有这样的表述:写好以后和同学分享,把习作读给同学听,写完后和同学交换习作、听听他的修改意见等等。心里有读者意识,习作才能找到倾述感,强调交际性,习作时才会有更强的表达欲望。

(五) 高度重视观察能力的培养

《义务教育语文课程标准(2011年版)》,在四个学段的目标与内容中都阐述了对

---

[1] 郑宇.部编教材习作单元"观察"的特殊性及需要注意的问题[J].小学语文,2018(09):51-54.

"观察能力"培养的要求,但过去的小学语文教材习作训练对"观察能力培养"是有忽视的。统编语文教材不仅在三年级上册第五单元安排了一个"观察"专项习作能力的训练,还在其他几册教材里安排了连续观察、多角度观察等训练。

(六)更加重视应用文学习

统编语文教材不仅保留了过去小学语文教材中通知、书信、读后感等传统的应用文,还新增了推荐书、中国的世界文化遗产介绍说明等新的应用文练习。

五、习作设计要点

第一学段写话教学设计

1. 内容

第一学段要求学生能够写出完整的句子,连句成段,将句子写完整写通顺。

课标要求如下:

(1)对写话有兴趣,留心周围事物,写自己想说的话,写想象中的事物。

(2)在写话中乐于运用阅读和生活中学到的词语。

(3)根据表达的需要,学习使用逗号、句号、问号、感叹号。

2. 方法

积累中练笔、口语积累、书面积累(抄写)、阅读中练笔。

示例:

一年级下册阅读课文第2课《我多想去看看》的课后练习"以'我多想……'开头,写下自己的愿望,再和同学交流"。这是一年级安排的第二次写话内容和要求。[①]

教学设计如下:

一、学习例句

1. 出示例句:"我多想去北京城看看。那里有一座雄伟的天安门,广场上的升旗仪式非常壮观。"

2. 朗读例句。

3. 讨论例句。(哪里有什么怎么样)

二、记录句子

1. 出示图片:新疆天山、杭州西湖、海南海洋。

---

① 汪潮.统编教材第一学段写话教学的理据分析[J].语文教学通讯·C刊,2017(9).

2. 仿照例句说句子。

3. 记录说过的句子。(写不出的汉字用拼音代替)

三、交流句子

1. 同桌交流句子。

2. 全班交流句子。(选择3人,关注格式、标点和写字的规范)

3. 欣赏写得最好的一个句子。

第二、三学段习作教学设计

1. 内容

第二、三学段要求学生能够写"写人记事状物文、想象文、应用文"。

课标要求如下:

第二学段:

(1) 乐于书面表达,增强习作的自信心。愿意与他人分享习作的快乐。

(2) 观察周围世界,能不拘于形式地写下自己的见闻、感受和想象,注意把自己觉得新奇有趣或印象最深、最受感动的内容写清楚。

第三学段:

(1) 能写简单的纪实作文和想象作文,内容具体,感情真实。能根据内容表达的需要,分段表述。学写读书笔记,学写常见应用文。

2. 方法

总的方法是激发学生兴趣、读写结合、构建支架(以例文、绘本、思维导图等形式)。按照不同的类型又可以分为习作与习作单元的教学方法。

(1) 习作

主要是通过激发学生写作兴趣,通过情境的创设来打开学生的写作思路,并在活动中渗透写作要点,提供例文、绘制思维导图、提出一系列的问题等形成学生的写作框架,习作完成之后对习作进行修改与评价。

(2) 习作单元

每个习作单元都由"导语页""精读课文""交流平台""初试身手""习作例文""习作"这几个板块构成。抓"单元导语"明确目标,确定训练体系。本单元(以写事单元为例)的两个习作要素:了解作者是怎样把事情写清楚的;写一件事,把事情写清楚。读写融合的联结点很明显,就是"怎样把一件事情写清楚"的方法。研"精读课文"悟方法,习作单元的精读课文,是指向"写作"的阅读素材,其主要功能是引领学生学习写作知识与表达方法。用"交流平台""初试身手"搭支架,提炼方法,尝试运用。借"习作例文""单元写作"感知技法,分享评价。

示例:

统编本三年级上册第五单元教学片段

宁波市江北区实验小学　毛东辉

三上第五组习作单元,编者安排了两篇习作例文:《我家的小狗》和《我爱故乡的杨梅》,引导学生进一步习得描写观察所得的方法,帮助学生改进和完善"初试身手"的片段。

这两篇习作例文贴近三年级学生生活,切近他们心理的言语表达范本。学习习作例文,不但可以引发孩子的情感共鸣,还可以获取习作内容的灵感,指明习作与修改的方向。

教学过程

(一)学习《我家的小狗》

1. 读第一段,想想作者笔下的小狗有哪些特点?在文中圈出关键词。

(漂亮、跑得快、乖)

2. 那么,这只漂亮的乖乖狗,作者接下来是怎么细致观察和描写的呢?请大家接着读课文,边读边思考:作者写了"王子"的哪几件事情?请你简要概括在段落旁。

3. 作者用这些事例写出了一只怎样的小狗?(板书:用事例,显特点)

4. 读"同火车赛跑"这个事例,你从哪些语句看出小狗可爱、淘气?

(1)细分动作

(2)能猜想或推想

小结:就是这样的语言,这样的描写,把小狗的特点写得清清楚楚。

5. 学习了《我家的小狗》,现在,你们能看着板书来说一说怎么写好动物?

板书:

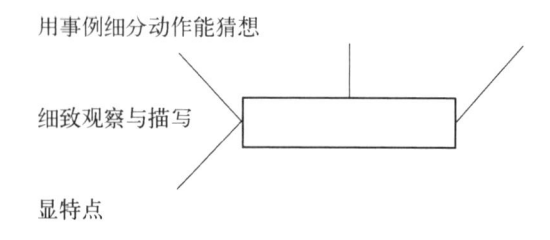

```
          用事例 细分动作 能猜想
              \    |    /
               ┌─────────┐
细致观察与描写 ─┤         │
               └─────────┘
          /
      显特点
```

(二)学习《我爱故乡的杨梅》

1.我们一边听课文录音,一边看课文,思考:作者从哪几个方面来描写杨梅?

2.读描写杨梅树的段落,读一读你欣赏的语句,谈谈你的感受。

小结:作者融入了自己的感受,把杨梅树描写得多么生动!(板书:融感受)

3.作者又是怎么描写杨梅的外形、颜色和味道?我们接着读第4—6自然段,摘录文中关键词,完成书中表格。

4.再读写"味道"的段落,作者又用了什么方法写清楚"又酸又甜"?说说你的感受。

(用事例凸显特点)

5.学习了《我爱故乡的杨梅》,谁能看着板书来说说:对于写植物和水果,你们又有什么收获?

板书:

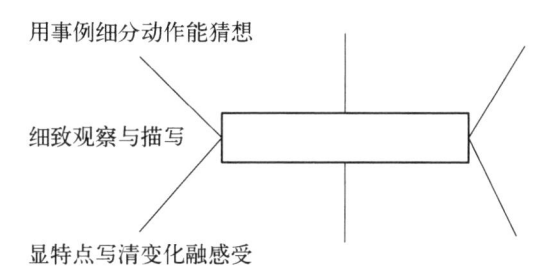

```
         用事例细分动作能猜想
                ╲   │   ╱
                 ╲  │  ╱
    细致观察与描写 ──┤  ├──
                 ╱  │  ╲
                ╱   │   ╲
         显特点写清变化融感受
```

总结:两篇习作例文为我们指明了修改和改进的方向和方法。请大家在课后互相评价之前写的片段,认真修改,写清楚自己的观察所得。

模块三 设计实践

1.案例反思:经过模块二的学习,你重新评价模块一中的案例,并加以学理说明。

2.动手实践:

任务一:第一学段写话教学设计实践

请你对二下第四单元《语文园地四》写话进行分课时版教学设计,内容包括教材分析、学情分析、教学目标、重难点、教学过程、板书设计。

任务二:第二、三学段习作教学设计实践

请你对五上《二十年后的家乡》进行分课时版教学设计,内容包括教材分析、学情分析、教学目标、重难点、教学过程、板书设计。

任务三：习作单元习作教学设计实践

请你对三下《奇妙的想象》进行分课时版教学设计,内容包括教材分析、学情分析、教学目标、重难点、教学过程、板书设计。

模块四 资料链接

一、推荐阅读

1. 罗树庚.统编语文教材习作编排变化及思考[J].教学与管理,2019(14):53-55.

统编语文教材习作编排有了全新的变化,设置了习作单元,全新的话语系统,目标明确,操作性强,重视读者意识培养,强调交际性,高度重视观察能力培养,更加重视应用文学习。要全面实施好统编教材,教师必须认真把握统编语文教材的新变化,有针对性地训练习作技能点,创新设计单元整组教学,始终重视学生观察能力的培养。

2. 赵苑芹.语文课程基本理念在小学高段写作教学中的体现[J].读与写(教育教学刊),2019,16(04):51.

小学高段的学生已经学习和掌握了一些基础写作知识,《义务教育语文课程标准(2011版)》对小学高段的写作提出了更高的要求:懂得写作是为了自我表达和与人交流;养成留心观察周围事物的习惯,有意识地丰富自己的见闻,珍视个人的独特感受,积累习作素材;能写简单的纪实作文,内容具体,感情真实。能依据内容表达的需要,分段表达。学写读书笔记,学写常规应用文;修改自己的习作,并主动与他人交换修改,做到语句通顺,行款正确,书写规范、整洁。根据表达需要,正确使用常用的标点符号;习作要有一定速度,课内习作每学期16次左右。小学高段的学生思维由具体向抽象过渡,个体自我意识迅速发展,求知欲也不断增强。教师应依据课程标准的要求,并结合高段学生的身心特点,给予针对性指导,提高学生的写作能力。

3. 谭红梅.小学习作任务情境设计策略探究[J].语文教学通讯,2018(06):50-51.

学生习作的情境往往是课堂、家庭或考场,学生习作的读者对象多数时候是语文老师,学生习作的目的往往是为了完成作业和考试得分。种种现象表明,习作脱离孩子生活实际,孩子把习作当成作业来完成。如何立足孩子生活,关注文体特征,设置小学习作任务情境呢?一是厘清设计习作任务情境的要素;二是探索设计习作任务情境的路径。

4. 幸卫芳.巧搭支架,为学生言语表达助力——以统编版四年级下册习作教学为例[J].语文教学通讯,2020(Z3):170-171.

作者对统编教材四年级下册的习作进行分析,认为教师在教学中可以从以下五个方面搭建习作支架:为学生创设情境,搭建唤醒情感支架;巧设问题,拓展习作内容支架;结合导图,厘清习作思路支架;结合例文,聚焦渗透策略支架;关注评价,构建读者意识支架。教师结合学生学情,巧用并创编支架,引导学生从中习得方法,为习作助力。

二、推荐案例

"介绍一种事物"习作教学设计[①]

【教学目标】

1. 交流、总结说明性文章的特点,进一步了解将事物介绍清楚的方法。

2. 能用恰当的说明方法,分段介绍事物的不同方面,写清楚事物的主要特点。

3. 能和同学分享习作并交流各自的感受。

【教学过程】

一、知识储备

1. 小组合作完成或独立完成。

学习课文《太阳》和《松鼠》后,从文章的内容、表达方法、语言特点等方面分别对两篇课文进行小结,总结学习收获。

(设计意图:对两篇不同类型的精读课文进行小结,比较其相同点和不同点,引导学生将学到的知识进行系统化,使他们对说明文有一个整体的认识,为完成"习作意向单"做准备。)

2. 探究学习。

(1)学完两篇课文,我们会发现,同样是介绍事物的特点,无论是采用的表达方法还是文章的语言风格,两篇课文有很大的差别,这是为什么呢?

(设计意图:通过小组讨论让学生明白,我们在写说明文时,要根据说明事物的特点,选择恰当的表达方式。)

(2)在日常生活中,你还见过哪些类型的说明文?

二、明确习作对象,提前积累习作素材

1. 阅读课文第70页的内容,完成学习任务。

[①] 杨晒红."介绍一种事物"习作教学设计[J].小学语文教学,2020(17):46.

(1)你最感兴趣或最想介绍给别人的事物是什么?为什么?

(2)介绍同一类事物的学生组成一个小组,合作完成"习作意向单"。

表×× 习作意向单

准备用的题目		
准备从哪些方面介绍	准备使用的说明方法	需要进行哪些观察和收集哪些资料

(3)根据以前学到的知识,构思习作,列出提纲。

2.请同学们根据习作提纲的要求,有目的地对自己介绍的事物进行仔细观察,收集资料,为本次习作积累素材。(提示:图片、剪报、摘录、采访记录等形式均可;可以在课余时间和同学分享你收集资料的经过和内容)

(设计意图:引导学生从兴趣、生活等方面入手,进行说明对象的筛选、确立;针对说明对象,有意识地进行观察活动或收集资料,为完成习作奠定基础,这是对前两个单元学到的搜集资料抓要点及列提纲等知识的综合运用。)

三、例文鉴赏

1.学习习作例文《鲸》,对照课文内容和批注,从文章的内容、说明方法的恰当运用、语言的准确严谨、布局谋篇等方面对课文进行欣赏,分条写出例文值得借鉴的地方。

2.默读《风向袋的制作》,说说课文是如何把制作风向袋的过程介绍清楚的。

(设计意图:会读才会写,引导学生自主阅读习作例文,结合课后题和批注,在说明方法的恰当运用、语言的准确严谨、具体内容结构等方面有所借鉴。)

四、大显身手

1.知识小结。小组合作探究:结合课文第70页"交流平台"内容,联系本单元学到的内容,说一说一篇成功的说明文都具有哪些特点。

(设计意图:对本单元学到的关于说明文的知识进行整合,把知识巩固于心,为学生写一篇成功的说明文提供目标导向。)

2.初试身手。两个题目任选一个,写一段话。

(1)选择身边的一个熟悉的事物,试着运用多重说明方法说明它的某个特征。

(2)从前面列出的习作提纲中选择其中一个内容来写,介绍事物某一方面的特征。

（设计意图：通过片段练习，及时发现学生作文中存在的问题，同时激发学生写整篇作文的热情。）

3. 大显身手。经过这一段时间的学习，相信同学们已经成竹在胸，结合前期拟定的习作提纲，写一篇说明文。

4. 成果展示。根据评价标准，引导学生自评、互评并整理、展示，把自己所写的事物介绍给别人，让别人对自己介绍的事物产生兴趣，并获得相关知识，切实感受说明文的作用。

第四单元　口语交际教学设计

模块一　课例研讨

案例 4-1　制定班级公约（五年级上册）

宁波大学 2017 级小学教育专业　蔡若如

一、教材分析

本次口语交际的话题是"制定班级公约"，选自统编版小学语文五年级上册。本次口语交际活动旨在引导学生关注班级中当下存在的突出问题，表达个人观点，承担有实际意义的交际任务，在交际过程中达成共识，形成大家共同认可和遵守的班级公约。

教材的第一部分，引出交际话题，简要说明什么是班级公约及制定班级公约的重要性，唤起学生对建设美好班级的向往，激发学生制定公约的兴趣。

教材的第二部分，用三个清晰的步骤提示本次口语交际的思路：第一步是提出班级建设的目标。让学生广泛提出班级中存在的问题，从学习、纪律、卫生等方面进行归类总结，据此讨论班级建设目标，筛选、确定本次口语交际要解决的班级突出问题。第二步分组讨论，形成小组意见。让学生针对班级存在的突出问题，充分发表见解。在交际过程中，能够梳理意见，去除不合理的和重复的意见，达成共识。第三步是全班表决，形成公约。引导学生对各小组意见进一步筛选、梳理和汇总，使公约内容被大家认可和遵守。这三个步骤既是对学生"制定班级公约"步骤和方法的具体指导，也是教材对口语交际要求的落实。

教材的第三部分是实施班级公约，发挥口语交际的实际价值，促进学生自觉遵守。

小贴士提出了本次口语交际的学习重点，提出讨论的事项：一是"发言时要控制时间",要求学生发言要有时间意识,能对班级存在的突出问题和同学提出的见解,简明扼要地发表自己的看法;二是"讨论后要作小结,既总结大家的共同意见,也说明不同意见",要求学生在组内或全班讨论后共同梳理、汇总形成的公约内容,尊重不同意见,团结合作,文明沟通。

二、学情分析

(一)学习经验

二年级下册,学生进行了以"图书馆借阅公约"为话题的口语交际活动,对公约有初步的了解。在四年的语文学习活动中,教师经常组织学生进行小组讨论,学生对小组合作讨论的流程及要求是比较熟悉的,同时,四年下来学生已经能够认真倾听他人发言,就不理解的地方向人请教,就不同的意见与人商讨了。但由于学生的个体差异比较大,喜欢发言的学生容易滔滔不绝,不擅表达的学生经常充当听众,因此在小组讨论中教师要引导学生在组长组织下,每个组员按顺序发言,讨论后做小结时,既总结共同意见,关注不同意见,在全班交流时,要引导学生简洁明了地表达观点,注意控制发言时间。

(二)生活经验

在日常生活中,规则随处可见,班级公约更是与学生的生活实际有着紧密的联系。学生进入小学以后,教师对学生的行为、习惯是有提出要求的,四年下来,学生明白在学校里什么事能做,什么事不能做,张贴在教室墙壁上的《小学生日常行为规范》更是他们耳熟能详的。四年来,学生们必然见到过班级里出现的不文明、破坏纪律的行为,因此他们也能更好地针对这些行为提出相应的约束条例。

三、教学目标

(一)教学目标

1. 认识到制定班级公约的重要性,能根据班级的实际情况提出具体的公约内容。

2. 乐于参与讨论,敢于发表自己对"班级公约"的意见,注意掌握发言时间。

3. 听他人说话认真耐心,能抓住要点补充评价,对不合理的部分能委婉地指出。评价时要尊重他人,态度诚恳,语气和善。

4. 通过商讨形成简单、可行的"班级公约",能进行实际运用,增强学生的主人翁意识及自我管理能力。

(二)教学重点

1. 开展小组合作,认真、耐心地听人发言,控制好自己的发言时间,交流重点内容,说清理由。

2.通过商讨形成简单、可行的"班级公约",能进行实际运用,增强学生的主人翁意识及自我管理能力。

(三)教学难点

控制自己的发言时间,尊重不同的见解。

四、课前准备

1.搜集整理开学以来班级的纪律、卫生评分表。

2.小组汇报评分表。

五、教学过程

(一)谈话分享,确定目标

分享点滴,发现问题

教师向学生分享班级近期的纪律、卫生评分,提出疑惑:为什么我们班会被扣分?引导学生分享交流他们看到的班级里存在着的不文明、不规范的行为。教师对学生提到的班级中出现的不文明、不规范的行为进行归纳总结。

(二)确定目标,揭示话题

1.教师提问:同学们,通过你们的分享,我们发现了原来我们班还存在着这么多的不足之处,这样的班级你们满意吗?学生交流并讨论出想要达到的班级建设目标。

2."不以规矩,不成方圆。"引导学生提出制定班级公约来规范学生的行为,揭示话题:制定班级公约。

(三)自主思考,明确方法

自由发言,提炼要素

(1)学生根据自己想要达到的班级建设目标提出有关条约。

预设1:认真完成作业。

预设2:不乱丢垃圾。

预设3:在教室里不能大声说话、跑来跑去。

预设4:不讲卫生。

……

教师根据学生的回答引导学生理解:公约是为了规范学生的行为,所以要根据自己想要达到的目标制定公约;公约的内容一定要具体,太过笼统的公约让人读起来一头雾水,缺乏可操作性,不易落实到位;公约的表述一定要清楚、简洁,啰嗦的长句不适合出现在公约之中,交流过程中提到的教室、操场,这都是学生熟知的场地,公约里不用特意提及;不可凭空制定公约,发言时要说清楚公约制定的理由,否则同学不易理解公约内容;公约需要同学们共同制定,这样有助于班级同学自觉遵守。

(2) 教师总结制定公约要遵循的要素。

① 围绕目标

② 表达具体、简洁

③ 讲清理由

④ 共同制定

(3) 自主思考,互评修改

学生在学习单上写下三条自己认为比较重要的条约。教师下教室巡视,了解学生条约的书写情况,展示带有典型问题的条约,纠正现存问题。学生修改所写条约,做到语句通顺,语言简练,便于操作,具有代表性。

(四) 分组讨论,制定内容

1. 强调"公"约,提出任务

教师要着重强调,虽然学生已经写了三条自己认为比较重要的条约,但这只代表了学生的个人意愿而非全班同学的意愿,不可以直接成为班级的公约。但此时若让每位同学讲述自己的条约内容再表决就比较费事,所以可以采用小组合作的形式,先对四人的条约内容进行挑选与组合,接着再在班里进行汇报。

2. 开展讨论,汇总内容

(1) 各组明确汇报人和记录员。

(2) 学生根据已有的小组讨论经验说明小组讨论中需要注意的事项,教师适当总结补充。

① 人人参与讨论。

② 发言时要注意把控时间。

③ 尊重发言人,耐心倾听组员发言,共同商讨不同意见。

④ 记录员及时做好记录工作,不重复、不遗漏。

(3) 学生进行小组讨论,教师了解学生的小组讨论情况,根据小组讨论的进展展开个别指导。

(五) 全班表决,形成公约

1. 小组汇报,学生评价

汇报人汇报小组讨论结果,学生根据汇报人的汇报情况按照打分条例进行打分。

汇报小组	得分情况(根据发言情况依次评分,最高得5分)			
	声音是否响亮(5分)	条例是否具体(5分)	理由是否合理(5分)	时间把握是否得当(5分)
第一组				
第二组				
第三组				
第四组				
第五组				

教师根据学生的发言情况以及学生的打分情况进行适当引导,再次点明:班级公约的制定要围绕目标,表达具体、简洁,说清理由,共同制定。

2. 学生提问,教师释疑

预设1:不允许迟到也不允许早退,那么生病了怎么办呢?

预设2:作业太难,没办法完成怎么办?

……

教师可以针对学生提出的特殊问题进行释疑,向学生说明特殊情况可以先和老师汇报,再进行特殊处理。同时也要让学生明白,虽然班级公约制定下来了,但是规则是死的,在特殊情况面前,班级公约是可以有所变通的,但变通的前提是要和老师说明情况。

3. 举手表决,确定内容

教师组织表决活动,全班同学对各小组讨论出的条约内容进行逐条表决,教师邀请同学来当统计员,统计表决结果,最后确定班级公约所包含的内容。

(六) 回顾总结,提出倡议

回顾总结整节课的内容,学生巩固理解制定条约的四个要求。教师提出"用你自己喜欢的方式呈现班级公约"的倡议。

（七）板书设计

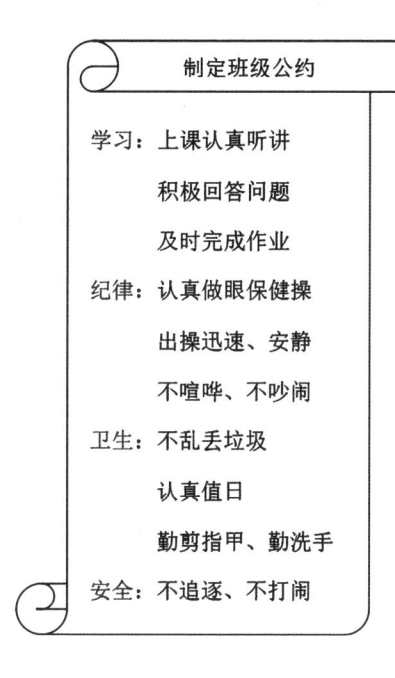

```
┌─────────────────────────┐
│      制定班级公约        │
│                         │
│  学习：上课认真听讲      │      围绕目标
│        积极回答问题      │      表达具体、简洁
│        及时完成作业      │      讲清理由
│  纪律：认真做眼保健操    │      共同制定
│        出操迅速、安静    │
│        不喧哗、不吵闹    │
│  卫生：不乱丢垃圾        │
│        认真值日          │
│        勤剪指甲、勤洗手  │
│  安全：不追逐、不打闹    │
└─────────────────────────┘
```

问题讨论：口语交际教学要抓住哪些要素？

模块二 学理阐释

一、口语交际教学理念

口语交际教学内涵：口语交际是交际双方在具体的社会情境中，以口头语言为主，态势语言为辅，进行口语表达，传递思想，交流情感，与人沟通，达到一定目的的实践活动。口语交际教学是师生在创设的交际情境中，通过交际活动，达成学生倾听、表达、应对能力提高的教学活动。1904年，颁布癸卯学制，语文独立成科，其中有"习官话"这一课程内容，这是听说进入语文课程的开端。五四白话文运动，推动了听说教学的初步发展。通过谈话所使用的语言，进行人与人之间彼此往来交流的一种对话形式。根据课标，口语交际是听与说双方互动的过程。

（1）交际性，交际的客体可以是一人，甚至可以是多人。

（2）情境性，所有口语交际都发生在一定的情境之中。

（3）口语性，语言使用易于理解，语序可以结合具体语境进行重新编排，在表达时可以进行补说、插说、随说。

二、课标对口语交际教学部分规定

(一)课标对口语交际目标的规定

1. 总目标:具有日常口语交际的基本能力,学会倾听、表达与交流,初步学会运用口头语言文明地进行人际沟通和社会交往。

"运用"——在具体的交际情境之中多方设法,让学生得到多方历练,在实践中学习。

"初步学会"——基于学生的年龄特点和认知水平,尽可能地尊重孩子的话语表达方式,也要适度的引领、适当的点拨。

2. 学段目标

第一学段

(1) 学说普通话,逐步养成讲普通话的习惯。

(2) 能认真听别人讲话,努力了解讲话的主要内容。

(3) 听故事、看音像作品,能复述大意和自己感兴趣的情节。

(4) 能较完整地讲述小故事,能简要讲述自己感兴趣的见闻。

(5) 与别人交谈,态度自然大方,有礼貌。

(6) 有表达的自信心。积极参加讨论,敢于发表自己的意见。

第二学段

(1) 能用普通话交谈。学会认真倾听,能就不理解的地方向人请教,就不同的意见与人商讨。

(2) 听人说话能把握主要内容,并能简要转述。

(3) 能清楚明白地讲述见闻,说出自己的感受和想法。讲述故事力求具体生动。

第三学段

(1) 与人交流能尊重和理解对方。

(2) 乐于参与讨论,敢于发表自己的意见。

(3) 听人说话认真、耐心,能抓住要点,并能简要转述。

(4) 表达有条理,语气、语调适当。

(5) 能根据对象和场合,稍作准备,作简单的发言。

(6) 注意语言美,抵制不文明的语言。

(二)对课标口语交际目标进行归类

(1) 理解过程——听话

第一学段"目标2":能认真听别人讲话,努力了解讲话的主要内容。

第二学段"目标2"：听人说话能把握主要内容，并能简要转述。

第三学段"目标3"：听人说话认真、耐心，能抓住要点，并能简要转述。

（2）表达过程——说话

第一学段"目标4"：能较完整地讲述小故事，能简要讲述自己感兴趣的见闻。

第二学段"目标3"：能清楚明白地讲述见闻，说出自己的感受和想法。讲述故事力求具体生动。

第三学段"目标4"：表达有条理，语气、语调适当。

第三学段"目标5"：能根据对象和场合，稍作准备，作简单的发言。

（3）交流互动过程

第二学段"目标1"：能用普通话交谈。学会认真倾听，能就不理解的地方向人请教，就不同的意见与人商讨。

（4）听说态度

第一学段"目标5"：与别人交谈，态度自然大方，有礼貌。

第二学段"目标1"：能用普通话交谈。学会认真倾听，能就不理解的地方向人请教，就不同的意见与人商讨。

第三学段"目标3"：听人说话认真、耐心，能抓住要点，并能简要转述。

在各年段目标里有基本的听说态度要求：文明得体、耐心专注、自信负责、积极进取。这些不仅是说话能力，也是现代公民应有的基本素养。

（5）听说形式

在各年段目标里有基本的听说形式，包括讲述、应对、复述、转述、即席讲话、主题演讲、问题讨论等。

（6）听说技能

在各年段目标里有基本的听说技能要求，包括有中心、有根据、有条理，注意表情和语气，根据需要调整自己的表达内容和方式等。

三、口语交际教材分析

（一）口语交际课时减少

人教版教材每单元都有口语交际活动，统编本每隔一、二单元开展一次口语交际活动，符合低年段学生的学情，整体呈简单化趋势。

以一年级上册为例，人教版中有六次口语交际，而统编本中只有四次。如下

表4-1。

表4-1 人教版与统编本教材一年级上册口语交际活动对比

人 教 版 一 上	统 编 本 一 上
有趣的游戏	我说你做
我们的画	我们做朋友
这样做好不好	用多大的声音
我会拼图	小兔运南瓜
该怎么办	
小兔运南瓜	

统编本口语交际活动见下表4-2。

表4-2 统编本教材口语交际活动

一年级上册	我说你做	我们做朋友	用多大的声音	小兔运南瓜
一年级下册	听故事,讲故事	请你帮个忙	打电话	一起做游戏
二年级上册	有趣的动物	做手工	商量	看图讲故事
二年级下册	注意说话的语气	长大以后做什么	图书借阅公约	推荐一部动画片
三年级上册	我的暑假生活	名字里的故事	身边的小事	请教
三年级下册	春游去哪儿玩	该不该实行班干部轮流制	劝告	趣味故事会
四年级上册	我们与环境	爱护眼睛,保护视力	安慰	讲历史人物故事
五年级上册	制定班级公约	讲民间故事	父母之爱	我最喜欢的人物形象
六年级上册	演讲	请你支持我	意见不同怎么办	聊聊书法

(二)统编本口语交际独立编排,显示口语交际独立价值

首先,从口语交际设置的位置上看,人教本每册书的目录中没有显示口语交际板块,目录由课文和语文园地组成,整个语文园地包含口语交际、习作、我的发现、日积月累、展示台等板块组成,口语交际作为语文园地中的组成部分进行呈现。而统编本在目录上就体现了口语交际内容的独立编排,目录由课文、口语交际、习作和语文园地组成,显示了口语交际板块的独立性。

其次,从口语交际教材的内容上看,人教本口语交际设置数量较多,三年级口语交际设置了16次,且教材内容都与本单元的阅读课文或习作练习有关联。统编本在口语交际数量的设置上就比较少,三年级共设置了8次口语交际,与阅读、习作内容联动少,有些完全按照口语交际知识体系编排。

(三)交际要素明显,且呈序列发展

在统编本口语交际编排上,"语文要素"就转化为"交际要素",以浅黄色小便签的形式提示了整个口语交际活动要求,放置在该口语交际教材页面的右下角。交际要素编排突出、醒目,教学重难点一目了然,有利于教师的教和学生的学。以"表达"为例,目标发展序列如下:一年级提出"大声说,让别人听得见。大胆说出自己的想法",重在鼓励学生"敢说";二年级提出"吐字要清楚,按顺序讲",逐步要求学生"说清楚";三年级提出"清楚地表达自己的看法,运用合适的方法讲",明确要求学生"说清楚";四年级提出"围绕话题发表看法,不跑题。不要遗漏主要信息",要求学生"有主题、说完整";五年级提出"分条讲述,把理由说清楚。选择恰当的材料支持自己的观点",要求学生"有条理、有依据"地说;六年级提出"先说想法,再把具体的理由讲清楚。引用原文说明观点",对学生说的要求更丰富、更灵活。

(四)统编本插图数量增多,加强助学功能

阅读课文中多以导语、课后练习、插图等增加助学功能,口语交际教材多以文字、视听材料、插图等形式帮助学生学习活动更好地展开。特别是插图,因其丰富多彩的图案、栩栩如生的形象备受小学生喜爱。通过插图激发学生学习兴趣、减轻学习难度、打开学习思路。插图在教科书口语交际教学内容分类,按活动类型可分为介绍类、独白类、交往类、讨论类、想象类、辩论类。

1. 介绍类

自我介绍,介绍朋友宾客,介绍我的家乡,介绍我的一张照片,介绍一处名胜古迹,介绍我的城市。可以丰富学生对大自然、社会的认识。如五年级上册——我最喜欢的人物形象。

2. 独白类

独白就是来表达自己的内心活动或展示自己的思想观点等。可以是讲故事,也可以是读后感,还可以讲自己的所见所闻等。如三年级上册——我的暑假生活。

3. 交往类

道歉、做客、祝贺、待客、劝阻、商量、请教、赞美、批评、安慰、采访、辩论、购物、指路

看病、打电话等。如一年级下册——打电话。

4. 讨论类

即创设生活情境,引导学生根据情境里存在的某一事或某一问题畅所欲言,集思广益,达成共识。先思考,进而交流、讨论。如一年级上册——用多大的声音。

5. 想象类

即根据课文或学生感兴趣的内容引发学生联想与想象而促进学生表达联想与想象的内容。如二年级下册——长大以后做什么。

6. 辩论类

辩论与讨论同中有异,区别于"辩"字。所谓"辩"即提出理由或根据来说明解释是或否。口语交际中的"辩论"是用口头言语辨明是非,探求道理的行为。它适用于答案尚不明确,见解不易的话题。如三年级下册——该不该实行班干部轮流制。

四、口语交际教学设计要点

(一)误区

1. 不重视口语交际教学,教学随意化

口语交际能力是现代公民必备的能力。当今世界,信息高度发达,人与人的交往日益密切。听说技能从来没有像今天这样重要,然而由于文选的教材编排、阅读为中心的教学实践,特别是受应试教育考什么就教什么、就重视什么的影响,口语交际教学长期以来得不到应有的重视。主要表现为教学随意化,有时间口语交际就上一下,没时间口语交际部分就随意落掉不上了。

2. 没有突显口语交际课型特质

口语交际课程重在培养学生倾听、应对和表达的能力以及文明和谐地进行人际交往的素养,教学应使学生在这方面得到提升。最典型的案例是统编一上口语交际《小兔运南瓜》片段:[①]

一、创设情境,设疑导入

(课件演示)一只可爱的小兔蹦蹦跳跳地来到南瓜地里,看见一个大南瓜。他高兴极了,想把南瓜运回家,可是抱不动。他愁眉苦脸地说:"我怎么才能把这个大南瓜运

---

① 材料来自:https://wenku.baidu.com/view/ab8e0af859fafab069dc5022aaea998fcd224077.html

回家呢?"

师:你们认识这只小动物吗?喜欢他吗?

生:认识,是小兔。喜欢!

师:这么可爱的小兔遇到什么难题了?为什么愁眉苦脸的呢?

生:他想把大南瓜运回家,可是他抱不动。

师:小朋友,咱们现在就一起来帮助小兔想办法,好吗?

生:好。

二、全班交流,展示表达

师:我们怎么帮小兔啊?快快转动你们的小脑袋想一想吧!想好了就马上把你的办法告诉小兔,好吗?

生:小兔可以请好朋友小灰兔、小牛、小羊帮忙把南瓜抬回家。

师:这种办法是请别人帮忙。真不错!还有其他的办法吗?

生:我可以帮小兔把南瓜抱回家,也可以背着南瓜回家。

师:你可真是个"大力士"啊!

生:小兔可以把大南瓜立起来,滚着往前走。

师:噢,自己解决问题,把南瓜当成车轮啦!这个办法真好!

生:小兔,我也有一个办法。你可以找根绳子拴住南瓜,把它拉回家。

师:有道理。这个办法能从实际情况去想,让小兔自己克服困难。

生:小兔,你也可以找来一根木棍,撬着移动南瓜,然后把南瓜运回家。

师:这种办法也是自己克服困难,不过挺费劲的。还有更巧妙的办法吗?

生:小兔可以向别人借车运大南瓜。

师:向谁借车?借什么车?

生:向邻居借车,有小货车最好,推车也行。

师:先求助别人,再自己运。

生:小兔可以用许多打了氢气的气球拴住大南瓜,然后把南瓜运回家。

师:很有创意!

师:你们真棒!想的办法真多。我把掌声送给你们。

师:(过渡)刚才大家都积极动脑,大胆发言,说出了自己想的办法。你们的办法都不错,可是小兔不知道选哪种办法好啦!现在请你们帮助小兔参谋参谋,他应该选哪种办法?

板书设计：

小兔运南瓜

找朋友帮忙

滚回去

拉回去

运回去

拴回去

这种口语交际课没有突显口语交际特质，更多像是科学课、解决问题课，不像语文的口语交际课，语文的口语交际课重在对学生清楚正确表达的引导、对学生大胆表达的鼓励等，重在口语交际要素。

3. 口语交际教学评价模糊笼统，操作性不强。

课标在"评价建议"中提出："考查口语交际水平的基本项目可以有讲述、应对、复述、转述、即席讲话、主题演讲、问题讨论等。口语交际的评价，应按照不同学段的要求，综合考查学生的参与意识、情意态度和表达能力。"课标明确指出了口语交际内容有不同分类，教学评价应按照不同分类、不同学段体现不同要求，要求具体明确。但很多老师在具体操作时，评价不够细化，复述、转述、演讲等的评价没有区分度，一味地以表达清楚明白为准。

（二）口语交际教学策略

1. 遵循教材编排，突显教学独立

在实际教学中，首先要有口语交际教学独立意识，把握口语交际能力训练的系统性和每次口语交际能力训练的独特性，制定不同于阅读、习作等的教学目标，明确指向口语表达运用的教学重难点和教学方法，遵循教材编排，落实口语交际的独立。

2. 利用教材插图，创设交际情境

统编本口语交际教材相对人教本，插图数量明显增多，而且插图设计契合交际内容，对应重难点。课标要求：教学活动主要应在具体的交际情境中进行。教科书插图为我们的教学设置了具体的交际情境。以三上"身边的小事"为例，教材分别设置了四幅图，前两幅是不文明小事，后两幅是令人感到温暖的行为，对应本次口语交际的内容，打开交际话题，创设了具体的交际情境。教师可利用这些插图，让学生发表看法，小组讨论，最后达成本次口语交际的要求。

3. 针对交际语境,明确交际角色

语文课标在第三学段才明确提出:能根据对象和场合,稍作准备,作简单发言。如统编本三下《劝告》,教材利用插图创设了一同学下课时坐在楼梯的扶手上往下滑,高年级同学去劝告这样的情境。教材后半部分以此拓展:如果遇到下面情况,你怎么劝他们?第一,有同学违反交通规则,横穿马路。第二,表哥喜欢玩电脑游戏,一玩就是一整天。显然是在训练针对不同交际对象选择不同交际话语的能力。

4. 围绕交际要素,开展教学活动

如三下第一单元"春游去哪儿玩"交际要素是"说清楚想法和理由。耐心听别人讲完,尽量不打断别人的话。"这一课的教学目标就不是仅仅讲清楚明白观点了,还要清楚地说明自己的想法(观点)的理由,倾听别人想法时,应耐心不打断别人说话。交际要素为我们确立了本课的重难点,教学活动应紧紧围绕这些语文交际要素展开。

5. 借鉴老版教材,重视课堂评价

统编教材相对人教版教材,教材提示评价不多甚至没有,评价在教学中是非常重要的,对学生起着引领和示范作用。

模块三 设计实践

1. 案例反思:经过模块二的学习,你重新评价模块一中的案例,并加以学理说明。
2. 动手实践:

任务一 口语交际教学设计实践

请你对三下第一单元口语交际《春游去哪儿玩》进行分课时版教学设计,内容包括教材分析、学情分析、教学目标、重难点、教学过程、板书设计。

模块四 资料链接

一、推荐阅读

1. 何林英.小学语文口语交际教学探究[J].教学与管理,2020(11):46-48.

口语交际是小学语文教学的重要组成部分,但目前小学语文口语交际教学仍存在许多不足。基于此,应优化口语交际的教材编制,灵活选择贴近生活的教学内容,制定全面明确的教学目标,提升教学方法设计的实用性,提升教师口语交际的理论修养,多渠道完善口语交际考察机制。

2. 余琴.统编小学语文教材口语交际编排特点与教学建议[J].语文建设,2019

(16):59-63.

该文指出,统编教材具有以下特点:基于学生实际需求,确定课程内容;构建课程目标体系,明确交际目标;创设真实交际情境,注重方法引导;重视课程育人功能,培养交际习惯。基于此,提出教学建议:体现口语交际教材的编写意图;注意口语交际目标的发展梯度;展开交际方法和策略学习的过程;强化日常学习中的口语交际意识。

3. 于月红,崔云宏.小学语文口语交际教学的问题及应对策略[J].教育理论与实践,2017,37(17):58-59.

口语交际是小学语文课程的重要组成部分。小学语文口语交际教学在教学实施中存在认识不到位、课型特质把握不准、实施途径狭窄、研究指导不到位等问题。培养小学生的口语交际能力应遵循六个"注意":注意目标把握、注意话题选择、注意情境创设、注意训练延展、注意品质提升及注意全员参与。

4. 帅泽兵.小学语文教学设计的四个维度[J].语文建设,2020(04):43-45.

一般来说,小学语文教学设计是指小学语文任课教师以现代语文教学理论为依据,基于其对学生学情、心理和具体的学习目标、相关知识的深入理解,综合考虑小学语文课程的要求和教学内容的特点,有序安排和组织诸多教学要素,选择适合的教学计划和过程的一种整体性方案。小学语文教学设计作为通常意义上的教学设计的一个部分,与其他科目教学设计一样,都遵循和经历着相应的教学理念和原则,有着共同的规律和特性,如教学设计的目的性、综合性和有序性等。具体到小学语文教学设计,除了要遵循这些教学设计的普遍规律以外,也有着作为语文学科教学和小学阶段教学的特殊性。小学语文教师有必要直面小学语文教学的诸多任务、目标和问题,重点关注口语交际教学与书面语教学、知识传授教学与实践导向教学、语言文字教学与文学鉴赏教学、语文专业化教学与综合性课程教学等四个维度,深刻把握其中的辩证关系。

二、推荐案例
《我最喜欢的人物形象》教学设计[①]

一、选择人物,搜集信息课前,引导学生回忆读过的文学作品或看过的影视作品,然后选择最喜欢的人物形象,想一想为什么最喜欢他,填写表格。

---

① 徐建柱.《我最喜欢的人物形象》教学设计[J].小学教学(语文版),2019(11):45-46.

表4-3 我最喜欢的人物形象

人物	出　处	喜欢的理由(分条写)	有关故事情节或场面
哪吒	动画片《哪吒闹海》	1. 年纪小但武功高强。 2. 见义勇为,勇于担当。	1. 他打斗的时候能变出三头六臂。 2. 有一次,他救了被龙王欺负的老百姓。

要点:学生接触过的文学作品与影视作品较多,必须真正用心筛选自己最喜欢的人物,交流的时候才能言为心声,有真情实感。分条概括喜欢的理由尽可能准确,并能从作品中找到相关的故事情节或场面,为交流作好准备。

二、互动交流,讲清理由

1. 交流最喜欢的作品人物,简要说出喜欢的理由。

(1)提问:阅读文学书籍或观看影视作品时,我们常常被其中的一些人物吸引或感动。这些人物个性鲜明、充满魅力,让人由衷地欣赏和喜爱。在这些作品中,你最喜欢的人物是谁?为什么最喜欢他?至少讲出一条喜欢的理由。

(2)交流。

预设:

生:我最喜欢《三国演义》里的诸葛亮,因为他料事如神、聪明机智。

生:我最喜欢《草房子》里的桑桑,因为他做事坚持不懈,遇到挫折不放弃。

生:我最喜欢的是《淘气包马小跳》系列丛书中的夏林果,最主要的原因是她舞姿美丽。

要点:通过这个环节,了解学生对哪些作品中的人物最关注,并简要了解学生喜欢这个人物的原因,为接下来指导学生把理由讲清楚作铺垫。

2. 列举事例,把喜欢的理由讲清楚。

(1)提问:同学们介绍了自己最喜欢的作品人物,那么怎样把喜欢的理由讲清楚,让听的人对你介绍的人物有更清晰的印象呢?

(2)出示范例,默读思考:片段是怎样把喜欢的理由介绍清楚的?我最喜欢《淘气包马小跳》系列丛书中的夏林果,最主要的原因是她舞姿美丽。"六一"前,夏林果的班主任宣布这次六(1)班的节目是夏林果跳芭蕾舞《天鹅湖》。那天,夏林果走上台,只见她身穿雪白的芭蕾舞裙,长长的头发盘成两个大"包包",乌黑乌黑的,脚上穿一双芭蕾舞鞋,好漂亮呀!音乐响起,夏林果随着音乐跳起了高雅的芭蕾舞,那舞姿既优美又动人。顿时,学校大礼堂里闪光灯的咔嚓声响成一片,夏林果跳得更投入了。突然,大礼堂里鸦雀无声,原来,夏林果跳出了高难度动作,那动作颇似仙女飞天,大家都被她的舞姿吸引了。从此,夏林果成了学校里的"名人"。

(3)互动交流:片段是怎样把喜欢的理由介绍清楚的?预设:找到人物的典型事例集中表现人物的特点,并注意把人物的表现讲清楚。

(4)学生自主练习后全班展示,师生点评。

要点:学生讲述喜欢的理由时,往往只讲大概原因。对于五年级学生,这是不够的。教师要引导学生用典型事例讲清楚人物的表现,这样的讲述才会具体生动,令人信服。

三、小组合作,分条讲述

1.交流预习单,分条讲述。

交流:同学们喜欢人物的原因往往是多方面的,根据预习单分条交流。

预设:

生:我喜欢的人物是保尔·柯察金,他是《钢铁是怎样炼成的》这本书的主人公。我喜欢他的理由:一是他一直为自己的奋斗目标而努力,坚持不懈;二是他积极、阳光地面对一切困难;三是无数次疾病的折磨都没有让他倒下,反而使他更加努力地追求自己的梦想。

生:我最喜欢的人物是《非法智慧》里的桑薇。我喜欢她的理由很多:她对朋友有同情心,很友善;她冒着危险帮朋友,表现得很勇敢;她重情重义,别人救了自己,她就永远不会忘记。

生:我最喜欢的人物是《草房子》里的秃鹤。他不自卑,勇于面对一切困难,还有一颗善良的心,所以我最喜欢他。

要点:这个环节,学生喜欢的原因可能会重复,教师要注意引导。

2.小组合作,分条具体讲述。学生独立准备后在四人学习小组中轮流讲述,做到既能分条讲,又能具体讲。小组推选一名同学参加全班"我最喜欢的一个故事人物"交流会。

四、全班交流,点评提升

1.成立评委组,明确评比细则。评委除教师外,再抽选5名同学担任评委。评分细则见下表:

序号	姓名	自信大方 （10分）	分条讲述 （30分）	具体生动 （40分）	创新表达 （20分）	合计	备注

2. 全班交流。

3. 评出优秀。

4. 点评提升。

要点：点评提升要围绕评分细则进行。教师还可以引导学生给自己的演讲起个吸引人的题目。

第五单元 综合性学习教学设计

模块一 课例研讨

案例 5-1 轻叩诗歌的大门①

教学目标：

1. 通过诵读诗歌、欣赏诗歌、学写儿童诗活动，感受诗歌的魅力。

2. 通过搜集整理和合编小诗集，增强对诗歌的兴趣，提高欣赏诗歌的能力。

教学重点：

使各项活动有序进行，并号召每个同学都积极主动参与。

教学难点：

1. 用恰当的语气读出诗歌表达的情感。

2. 表情手势要自然。

教具准备：

课件。

教学设计：

一、激发兴趣，导入新课

【课件出示2】

1. 导语：同学们，通过前面的学习，我们对诗歌有了一定的了解，也知道了一些关于诗歌的知识和故事。同学们想不想进一步走近诗歌，去了解更多有关诗歌的知识和趣事呢？你想知道哪些有关诗歌的知识呢？（根据学生的回答引导，综合性学习就是最好的学习方法）

---

① 材料来自：https://www.puxuewang.com/xin/202001/07/00048596.html

2. 我国正是一个诗歌的国度,有着悠久的历史和丰富的文化。想一想我们都学过哪些诗歌呢?你知道哪些诗人呢?有哪些与诗歌有关的故事或轶闻趣事?

3. 除了中国的诗人、诗作,你还知道其他国家有哪些著名的诗人和诗歌吗?

4. 师:在我们的生活中,处处有诗,天真的儿歌、朴素的民歌……你一定想更多地了解诗歌,但仅凭个人的力量是有限的,搜集的资料也会有限,我们全班同学为何不一起合作,共同来轻叩诗歌的大门呢?那要如何才能合作完成呢?(导出拟定活动方案,分工合作,明确职责,各施其能等)

5. 今天我们一起轻叩诗歌大门吧!(板书:轻叩诗歌大门)

二、师生合作,共商计划

1. 师:在进行综合性学习之前,要做好一项十分重要的工作,那就是制定活动计划。有了好的活动计划,就为活动的成功奠定了基础。请大家想想,在制定综合性学习活动计划时有哪些要求?(戏称作战方案)

2. 学生汇报制定活动计划的要求。教师相继引导:【课件出示3】

(1)如何组成小组?

(2)确定哪些活动内容?

(3)如何开展活动?

(4)拟定活动计划应该包括的内容:活动时间、活动内容、参加人员、分工情况、人员职责等。

(5)活动结束后要展示活动成果。

3. 教师提示:为了更好地开展综合性学习活动,课本中特向我们提出了一些建议,请大家一同走进课本 P44 页。

4. 学生自由学习 P44 页的"活动建议"。【课件出示4】

(要求:从活动建议中知道一些什么?哪些建议要特别注意?对拟定活动计划有哪些帮助?)

5. 明确建议,突出活动重点。【课件出示5】

汇报读懂哪些要求。(围绕"合作编小诗集","举办诗歌朗诵会"可以有选择地开展哪些活动,如何开展活动。)(板书:合作编诗集 举办诗歌朗诵会)

师进行总结,这次综合性学习开展的活动有:【课件出示6】

(1)通过多种途径,搜集诗歌或记录当地的民歌、童谣,以及有关诗歌的知识和故事等。

（2）按照一定的类别，对搜集到的诗歌进行整理、归类。

（3）欣赏自己喜欢的诗歌，大体把握诗意，体会诗人的感情。（准备一个笔记本）

（4）举行诗歌朗诵会。

（5）根据兴趣，选择开展写童诗、诗歌知识竞赛、合编小诗集等活动。

6. 学生分组。（适时关注学生分组的情况，并建议作适当调整）

7. 学生分组讨论活动计划。

（提示：讨论时要作好分工，如专人记录讨论结果，专人负责整理讨论意见，并形成完整的计划）

三、制定计划，修订完善

1. 以小组为单位汇报活动计划。

2. 师生共同评议。

（教师相继引导，提示注意计划的完整、合理、科学以及活动形式尽量不重复）

3. 小组根据评议，修改完善活动计划。

四、执行落实，开展活动

学生根据拟定的计划，展开行动，进行综合性学习。

（一）合作编小诗集【课件出示7】

1. 可以编写哪些内容？

预设1：可以编写收集来的诗歌。

预设2：可以编写自己写的诗歌。

预设3：还可以编写与诗有关的故事或资料。

2. 该怎么编排？【课件出示8】

（1）可以从诗人、内容、形式等角度给诗歌分类。

（2）配上插图。

（3）给诗集取个好听的名字，制作封面和目录，在班级里展示。

（板书：分类配图取名封面目录）

（二）举办诗歌朗诵会

1. 选择诗歌。

小组讨论：选哪几首诗歌来朗诵，采用什么形式朗诵更精彩。

2. 怎样召开班级诗歌朗诵会。【课件出示9】

（1）推选班级主持人。

(2)安排好节目顺序。

3.对朗诵者提出要求：【课件出示10】

(1)用恰当的语气读出诗歌表达的感情。

(2)表情、手势要自然。

(板书：语气恰当表情、手势自然)

五、课堂小结

【课件出示11】

本次综合性活动,我们学会了编诗集,学会了朗诵诗歌,更学会了创作诗歌,课下希望大家多多阅读一些优美的小诗,也多多创作一些优美的小诗,争做小诗人!

板书设计

轻叩诗歌大门

合作编诗集：分类　配图　取名　封面　目录

举办诗歌朗诵会：语气恰当表情、手势自然

问题讨论：你认为综合性学习教学要注意什么？和其他教学活动有什么区别？

模块二　学理阐释

一、综合性学习界定

《现代汉语词典》对"综合"一词的解释为："是指把分析过的对象或现象的各个部分,各种属性联合成一个统一的整体,是一个过程；也指不同种类、不同性质的事物组合在一起,是一个结果。"《义务教育语文课程标准》(2011版)把它和"语文识字与写字""语文阅读""语文习作""语文口语交际"并列的教学内容,课标指出"综合性学习主要体现为语文知识的综合运用、听说读写能力的整体发展、语文课程与其他课程的沟通、书本学习与生活实践的紧密结合。因此,语文综合性学习"的"综合"主要指：一是语文学科知识内容的综合,包括语文学科内部知识的综合,语文课程与其他课程的综合；二是语文学习方式的综合,综合性学习强调课标提倡的自主、合作、探究的学习方式,强调个人学习,更强调团队合作学习。

语文综合性学习,它的基点是"语文",一切要围绕促进语文素养的提高进行,"综合性"要以"语文"为导向、为目标。综合性学习是一种学习方式、学习形态,切不可本末倒置。

二、课标及教材分析

(一) 课标分析

1. 综合性学习各学段目标

第一学段(1—2年级)

(1) 对周围事物有好奇心,能就感兴趣的内容提出问题,结合课内外阅读,共同讨论。

(2) 结合语文学习,观察大自然,用口头或图文等方式表达自己的观察所得。

(3) 热心参加校园、社区活动。结合活动,用口头或图文等方式表达自己的见闻和想法。

第二学段(3—4年级)

(1) 能提出学习和生活中的问题,有目的地搜集资料,共同讨论。

(2) 结合语文学习,观察大自然,观察社会,书面与口头结合表达自己的观察所得。

(3) 能在老师的指导下组织有趣味的语文活动,在活动中学习语文,学会合作。

(4) 在家庭生活、学校生活中,尝试运用语文知识和能力解决简单问题。

第三学段(5—6年级)

(1) 为解决与学习和生活相关的问题,利用图书馆、网络等信息渠道获取资料,尝试写简单的研究报告。

(2) 策划简单的校园活动和社会活动,对所策划的主题进行讨论和分析,学写活动计划和活动总结。

(3) 对自己身边的、大家共同关注的问题,或电视、电影中的故事和形象,组织讨论、专题演讲,学习辨别是非善恶。

(4) 初步了解查找资料、运用资料的基本方法。

2. 课标对综合性学习的要求

课标从5个方面对小学语文综合性学习提出了要求,如表5-1所示。

表5-1 课程标准对小学语文综合性学习的要求

	第一学段	第二学段	第三学段
问题意识	对周围事物有好奇心,能就感兴趣的内容提出问题。	能提出学习和生活中的问题,尝试运用语文知识和能力解决简单问题。	为解决与学习和生活相关的问题。

续 表

	第一学段	第二学段	第三学段
资料查找能力	对周围事物有好奇心,能就感兴趣的内容提出问题。	有目的地搜集资料,共同讨论。	为解决与学习和生活相关的问题,利用图书馆、网络等信息渠道获取资料。初步了解查找资料、运用资料的基本方法。
学习领域	课内外阅读、热心参加校园、社区活动、观察大自然。	观察大自然、观察社会、家庭生活、学校生活。	利用图书馆、网络等信息渠道对自己身边的、大家共同关注的问题,或电视、电影中的故事和形象用心观察。
表达能力	用口头或图文等方式。	书面与口头结合。	写简单的研究报告。学写活动计划和活动总结。
组织策划能力	能共同讨论。	能在老师的指导下组织有趣味的语文活动,在活动中学习语文,学会合作。	策划简单的校园活动和社会活动,对所策划的主题进行讨论和分析。

(二) 教材分析

1. 数量大量减少

从数量上看,统编本教材的综合性学习从三年级开始,每学年一次,都安排在下册,共 4 次。原人教版教材从三年级开始,每学期两次,其中六年级下册一次,共 15 次。

综合性学习数量的减少主要有以下两个原因:一是因为现实因素,综合性学习的开展耗时费力,对教师教学水平以及学生的学习能力都提出了较高的要求;二是因为在实际的教学中,综合性学习可以实现课内综合,形式灵活,不一定完全需要依托教材中的"综合性学习"。

2. 编排循序而进

三下四下的"综合性学习"篇幅短小,穿插在单元教学中,与阅读教学、语文园地联系紧密,教材呈一页编排。如四下《轻叩诗歌大门》,该单元导读,人文主题:诗歌,让我们用美丽的眼睛看世界。语文要素有三条,也是跟诗歌的学习收集相关的。综合性学习是《轻叩诗歌大门》,整个的综合性学习跟阅读联系紧密,后面是语文园地,内容跟诗歌也相关。而五下《遨游汉字王国》和六下《难忘小学生活》是专门的综合性学习单元,自成单元,独立编排。教材篇幅增多,达到 13 页,有多种活动形式、学习方式、活动材料、活动内容等。

此外,四次综合性学习对学生的学习能力也体现出循序渐进的要求。如四年级下册的"轻叩诗歌大门",要求"根据需要收集资料,初步学习整理资料的方法",这是对三年级下册综合性学习单元语文要素"收集传统节日的资料"的巩固和提升。

3. 主题偏向传统文化和现实生活

综合性学习的主题总是以语文课程为基础,或联系语文课程内部其他内容,或关联其他课程以及学生生活。教师必须以"大语文"的视角,研读综合性学习主题,认识综合性学习的意义。

四次"综合性学习",有三个主题都与民族的优秀文化传承相关,分别是《中华传统节日》《轻叩诗歌大门》《遨游汉字王国》。另一个跟学生的现实生活紧密结合《难忘的小学生活》。传统节日,体现了中华文化的源远流长,与人们的生活息息相关。现代诗歌,比古典诗词表现形式更为自由活泼,其蕴含的韵律美和意境美同样带给学生无限的遐想。汉字,是文化的载体,也是中华优秀文化的最美标识。

三、综合性学习设计要点

(一) 综合性学习目标设计

1. 语文性

靳彤教授认为"坚持语文性以及坚持以语言活动为中心是实施语文综合性学习的基础。[①]"语文性"强调了综合性学习的学科核心地位,以语文学科学习为本位。综合性学习不管结合多少学科知识,其基本的语文属性不可改变,其他为了更好展现语文综合性学习的的教学方式以及教学形式都围绕着"语文性"。

例如,五年级上册课文《桂花雨》的教学过程当中,教师就可以开展"制作桂花食物"的综合性学习活动。教师可以引导学生在课后通过搜索有关桂花制作成为食物的资料;带领学生观察校园内种植的桂花;模仿课文当中作者的操作,将其制作成各种食物,并可以带到学校里与学生分享。在这个活动过程当中,教师一定要注意综合性活动的语文性,可以引导学生回忆当地具有特色、自己有深刻记忆的花木,从而使学生能在这个过程当中体会到桂花对作者的特殊情感和意义所在。因此,无论是实践活动类的综合性活动,主题阅读式的综合性学习,还是多学科整合的综合性学习,目的都是

[①] 靳彤.语文综合性学习再认识[J].高等教育出版社,2015(08):11-12.

为了帮助学生学习语文知识。①

2. 综合性

语文综合性学习的"综合性"主要体现在语文知识的综合运用,听、说、读、写能力的整体发展。语文课程与其他课程的沟通,理论与实践活动相结合,其过程是综合运用语文知识和能力的过程,也是相关学科知识和能力迁移运用的过程。

示例：

遨游汉字王国——有趣的字谜②

1. 了解基本的制谜规则,能制作简单的字谜。

2. 通过活动,锻炼独立与合作学习的能力,掌握猜字谜的基本方法,体验合作与成功的喜悦。

3. 感受字谜的趣味性,激发对汉字的热爱之情,收集更多有趣的字谜。

该示例"综合性"体现在以下几个方面：首先是学习目标的综合,体现了知识与能力、过程与方法、情感态度与价值观三维目标的综合。其次,体现了听、说、读、写语文能力的综合。学生介绍自己搜集的字谜,互猜字谜,诵读古诗,自己编写字谜,始终强调语文课程内部要素的整合。最后,有教师的指导和点评,有学生自主搜集资料、处理信息,讨论、交流等,体现了语文知识、社会生活和学生经验的整合。

(二) 综合性学习内容设计

1. 整合学科教材内容

(1) 语文教材内容

统编版教材中只有四次综合性学习,但教师绝不能单单拘泥于这四次学习主题,应结合其它模块充分挖掘教材资源,适当增加综合性学习题材。依托课后习题、结合口语交际与习作教学、归类整合文本等方式也是开展综合性学习的有效途径。

例如,二年级下册的《找春天》这篇课文在向学生介绍了大自然的美丽的同时,也是进行综合性学习的良好题材。因此,学习完课文以后,教师可以组织学生开展以"我眼中的春天"为主题的实践活动。学生根据自己的特长,自由组成学习小组开展活动,或者朗读有关春天的诗文;或者说一说眼中的春天美景;或者用彩笔画一画美丽的春

---

① 王萍.论课程整合视域下的小学语文综合性学习[J].语文教学通讯·D刊(学术刊),2019(02)：9-11.
② 蒋蓉.小学语文教学设计[M].北京：高等教育出版社.2016.

景;或者拍一拍春天的照片。教师搭建交流、展示的平台,让学生以读、说、写、画、等多种形式再现自己眼中的春天。另外,教师还可以在教室里开辟一个专栏,将学生在活动中拍摄的照片、所写的诗歌、生发的感想等展示出来。这一主题类型的综合性学习其实也是走进文本,追寻"深刻"语文的体现。

(2) 其他学科教材内容

除了利用语文教材外,其它学科的教材内容也可以作为综合性学习内容设计的参考。"在多学科的交叉中体现语文知识和能力的实际运用"要求语文教师在综合性学习中培养学生跨学科、综合运用多门学科的知识来解决问题的能力。所以,教师应该改变"语文教师教语文"的传统观念,积极利用其他学科教材开展语文综合性学习。比如,数学课中的"田忌赛马"、"设计新校园"、科学课中的"声音与生活"、思想品德课中的"注意交通安全"等内容,都是语文综合性学习的优秀素材。

2. 利用地方特色资源

《义务教育语文课程标准》中提出:"各地区都蕴藏着自然、社会、人文等多种语文课程资源,要有强烈的资源意识,去努力开发,积极利用。"所以教师应对当地自然、人文、社会资源进行探究和挖掘,在对学生综合性学习能力进行提升的同时,让学生更加了解和热爱家乡文化。

东莞市东城第五小学就基于东城乡土文化资源开展了小学语文综合性学习的实践研究,具体可概括为以下几种途径:(1) 合理使用课内教学资源融入乡土文化。例如在讲《黄山奇石》让学生也描写一下自己家乡的壮丽景观,在课上进行分享交流,最后评选出一个"最美家乡代言人"的奖项。(2) 在课堂教学中渗透乡土文化。可以利用四年级上册的习作是"推荐一个好地方"这次的习作来开展"家乡讲解员"的综合性学习活动。(3) 在课外教学活动中渗透乡土文化。教师通过开展一些课外实践活动,在活动中激发学生对东城乡土文化的兴趣,并将这些体验及时运用到写作等教学中,促进学生的综合发展。

3. 联系学生生活实际

儿童对于自然、社会、人生具有强烈的探究意识。综合性学习应密切联系学生生活,关注社会中的各种现象与问题,由此产生学习主题。这样,既能调动学生的学习兴趣,也能够增加学校与社会的联系,培养学生的社会责任感。如国内自2019年起实施的垃圾分类政策就是良好的学习主题,教师可以抓住这一好时机,积极开展关于垃圾分类的综合性学习。

(三) 综合性学习方法设计：自主　合作　探究

"自主、合作、探究"教学方法是指学生在教师的启发和帮助下，以学生为主体，充分发挥小组学习、全班学习的群体作用，将学习的主动性与创新性交给学生，旨在培养其主动探究、团结协作、勇于创新的精神。

1. 自主学习法

综合性学习活动是在教师指导下的学生自主活动，因此综合性学习从形式到内容都应体现学生的主体地位。从确定学习主题、选择学习途径、明确分工任务、制定学习方案、展示学习成果到学习评价都要由学生自己来决定。教师应担任参与者、指导者、组织者的角色，让学生在自主性活动中充分发挥自己的潜能，展示特长，进而形成主体意识与责任感。

2. 合作学习法

所谓合作学习，是指学生为了完成共同的任务而进行的有明确的责任分工的互助性学习。小组合作法是合作学习的重要形式之一，在综合性学习中的应用能有效提高活动的效率，调动学生的积极性，培养学生的合作精神。首先，应该根据班级情况与学生特点建立合作小组；其次，小组内部分工要明确，通过一系列的沟通、交流、互助，使得学生在合作的过程中解决单独个体无法解决的问题；最后，在展示与评价环节中，也要充分利用各组员的优势进行展示，并通过组内评价等方式实现评价主体的多元化。

3. 探究学习法

探究学习是指学生独立地发现问题、获得自主发展的学习方式。[1] 相较于"灌输型"的教学模式，探究学习法强调让学生通过自己的理解去探究和摸索其中的一些奥秘，尝试让他们用不同的方法去解决同一个问题，在众多的方法中找出最简单有效的办法。探究学习方式也是"自主·合作·探究"学习方式中的核心部分，在探究的过程中不仅需要调动学生的自主性，还可以利用小组合作探究、班级合作探究、家校合作探究等多种探究方式，培养学生的合作意识。

(四) 综合性学习流程设计：扎实做好四步骤

综合性学习的流程可概括为以下几个环节：确定学习主题——制定学习方案——开展学习活动——展示与评价。

---

[1] 小学语文课程标准[M]，人民教育出版社，2002年5月，第9页．

1. 确定学习主题、激趣引导、提供资料

综合性学习的基本前提是对学习主题的理解和精准把握,这是综合性学习的一个方向问题和全局问题。除统编教材重点安排的综合性学习的四个主题外,学习主题的选择可参考上文的"综合性学习内容的设计"。要注意学习主题既要能激发学生参与语文综合性学习的兴趣,也要有一定的探究价值,这样才能保证综合性学习的效果和意义。在引起学生学习兴趣的基础上,还要让学生明确活动的内容、形式、方法。因此,教师要提供相关的学习资料,引导学生认真读懂要求,习得一定的方法再进行。

示例:

《走进细菌王国》语文综合性学习教学设计[①]

【设计背景】

寒假,新冠病毒肆虐,人们"谈病毒色变"的同时,亦"谈细菌色变"。究其原因,大家把细菌与病毒混为一谈。对病毒的认识,很多云课堂、微课堂都有涉及,而为细菌"正名"者甚少。鉴于此,我在五年级语文课堂中设计此语文综合性学习活动,意在引导学生探索细菌世界,正确认识细菌,同时发展思维能力,培养科学精神,帮助学生奠定万物平等的世界观。

【课前探究】

1. 获取信息,大致了解相关知识。推荐书籍:《细菌世界历险记》《细菌简史:与人类的永恒博弈》《细菌为什么看不见》。

2. 选定自己想探究的小课题,进行小组组合。

3. 各小组制订活动计划,确定时间表和具体分工,进行深入探究,形成汇报材料。

【教学设计】

一、以故事引细菌登场

从荷兰的列文虎克发现细菌的故事引入。

这一天,外面正淅淅沥沥地落着秋雨,列文虎克在一排排的镜架前凝神工作,听到这雨声便又心生一计:"玛丽亚,到院子里舀一点雨水来!"雨水舀回来了,他用头发丝一样细的管子吸了一滴,眼睛贴近在镜子上不动了。足足有半个小时,他不说话,也不抬头……列文虎克突然一把抓住女儿的小手,大声喊道:"孩子,你知道你刚才舀回了什么?这是一个小王国啊。它的人口大概有几百万,比我们全国人口还要多。这是些

---

① 杨飞霞.《走进细菌王国》语文综合性学习教学设计[J].湖南教育(B版),2020(03):24-26.

什么样的居民啊,奇形怪状,有的像个圆球,有的是一根长皮条,有的浑身是毛,有的两个连在一起像个孪生的怪胎……它们一个个都不安静,在不停地飞跑,互相碰撞。它们怎么总是有使不完的劲啊?它们每天吃什么好东西?怎样生活的啊?"(摘自《数理化通俗演义(下)》梁衡著)

提问:列文虎克发现的小王国里的"小居民"是什么?

二、给细菌制作身份卡

(1) 确定身份卡类目。师:我们每个人都有自己的身份卡,作为新朋友细菌,我们也给它设计一个身份卡,让大家一看就知道它是何方神圣,有多大年纪。但细菌毕竟是跟人类完全不同的物种,我们如果只填写人类身份证的信息,就不能全面了解它,那么大家认为细菌的身份卡需要填写哪些信息,又是通过什么途径去寻找答案的?

教师及时总结方法,相继指导:

① 阅读相关书籍,可以先按类别找书,如科普读物类;再根据书名、目录、内容简介等进行选择。

② 网上科普学习,用关键词如"细菌 ＋ 科普视频"检索,再根据题目、内容介绍或引用的片段等进行选择。

③ 采访相关专业人士,如医生、生物老师、微生物科研人员,指导学生拟定采访提纲。

(2) 各小组自选类目,自制身份卡。对于小组探究的类目,必须找到相关资料,并用精准的语言概括。教师在这一过程中,加强方法指导,进一步提升小组探究品质。

2. 制订方案、分工合作

语文综合性学习活动的方案是由教师引导学生来共同完成的。学习方案的制定可以明确学习的内容与要求,充分调动学生的自主性,保证学习活动的顺利开展。学习方案一般包括以下几个部分:(1) 活动主题;(2) 活动的目的要求;(3) 活动的形式、内容及时间安排;(4) 活动的任务分工;(5) 活动的成果形式。而活动的形式又包括观察活动、访谈活动、调查活动、社会活动、实验活动、作业活动、表演活动等。学习方案可以通过师生讨论,以填写表格的形式来确定。

综合性学习大多需要以小组合作的方法来完成任务,因此任务的分工在活动中也十分重要。小组合作探究之前,学生要先进行自主探究,围绕主题通过各种途径去搜集相关材料。在此基础上才能开展下面的小组合作探究和整合编辑材料的过程:组员在组内推荐自己自主的学习成果;小组一起互相学习欣赏自主学习成果;小组合作将搜集的资料进行分类汇总和筛选;根据展示的时间及内容确定展示顺序;发挥组内同学的特长设计展示的形式并进行最后的展示与评价。

示例：

表 5-2 《欢喜过春节,传承孝文化》课程方案的制订①

课程方案制订	
活动主题	欢喜过春节,传承孝文化。
问题背景	百善孝为先,孝乃百行源。孝是中华民族的传统美德,是中华民族生生不息的重要精神基因。
活动目标	1. 孝是中华优秀传统文化的重要组成部分,继承与弘扬孝道文化,是坚定文化自信,培育和践行社会主义核心价值观的一个重要途径; 2. 以春节为代表的节庆文化,凝聚了传统的孝道精髓。让学生读孝书,做孝事,写孝文,懂孝道,弘扬传统孝文化,积极倡导尊老、爱老、敬老、护老、助老的传统美德,构建和谐社会。
活动资料	1. 关于孝道的书籍(《弟子规》、《孝经》等); 2. 关于孝道的名言收集。
活动内容	1. 亲子共读一本孝道文化书。 2. 亲子摘录背诵写孝的一首古诗或一句名言或新"24 孝"等。 3. 做一件孝顺事(相片,有学生名字,简要记录事件)。 　(1) 学生孝顺父母或自己家里老人的事(春节前帮忙大扫除、陪父母办理年货、准备年夜饭、洗碗、唱歌跳舞给长辈看等) 　(2) 学生或家长敬老爱老的事(老吾老以及人之老、邻居家、福利院、街上) 　(3) 过年全家福 4. 访谈录。 　(1) 父母那一代孝顺父母的事情 　(2) 爷爷奶奶那一代人关于孝顺的故事 5. 将印象最深刻的孝顺瞬间用绘画表达出来。 6. 写一篇孝道文章(图文结合最佳)。
成果形式	1. 摄影作品(孝顺瞬间); 2. 绘画作品(印象深刻孝顺瞬间); 3. 访谈录(3 代人孝顺父母的故事); 4. 主题作文(关于孝道)。 这些成果形式可以组合,比如孝道文章可以配上相关的图片。

3. 活动实施、教师跟进

这一阶段是综合性学习的关键阶段,教师需要注重精心设计以及安排,明确学生

---

① 张小娇,曾怡.活动型教学走进小学语文综合性学习的实践与反思——以《欢喜过春节,传承孝文化》为例[J].课外语文,2020(22):68-69.

的主体价值,调动学生的主观能动性,自主探究、亲身实践。

在活动开展过程中,可以采取多种形式的活动方式,将小组合作、个体活动、集体活动融为一体,在活动中提高学生的语文综合能力以及实践水平。具体的活动形式可以包括:个人独立探究、小组合作探究、班级合作探究、跨班级与年级合作探究、家校合作探究的方式等。在活动空间上,开展活动的场所包括教室、学校、家庭、社区以及大自然等。在活动时间上,不仅可以设置课内活动,还可以利用学生课外的时间展开某些活动。一般来说,综合性学习的开展需要1~2周的时间。

需要注意的是,在活动实施中,教师一定要密切关注学生的学习进程来进行调整与指导。不同学生的学习能力有所区别,教师应及时掌握学生的学习情况以及学习心理。如果发现学生对活动的兴趣较小或者活动的难度大,可行性较差,教师应该适当调整活动方案或者采取一些有效的监督评价机制来保证学习活动的有效开展。

4. 成果展示、合作汇报

在完成前期的主体教学环节任务之后,后期的成果展示以及互相评价是学生学习的检验环节,同时也是提升学生综合能力的一大途径。实践活动成果要有精彩的形式呈现,教师要把握成果汇报的重点目标,鼓励学生站在不同的角度,以不同的方式来展示个人或小组的学习成果。

示例:

"垃圾分类"综合性学习成果展示方式[①]

1. 推送美篇,营造舆论风潮

积极借助网络学习平台,拓展学生学习和创造的空间,支持和丰富语文综合性学习。

2. 交流展示,丰富成果形式

书面稿:海报、倡议书、调查报告、诗歌、剧本、演讲稿、随笔等。

专题表演式:三句半、舞台剧等。

汇报式:演讲、小组交流等。

3. 纳入课程,选编校本教材

我校有名为"知行创新传播——指向核心素养的垃圾分类教育"的校本教材,很多

---

① 潘丽云.谈语文综合性学习的活动设计——以"垃圾分类"的教学为例[J].教学月刊·中学版(语文教学),2019(11):18-23.

内容都来自学生的智慧。

4. 考量实效,成为"减废达人"

能够执行垃圾指令的优先原则,能有"预防垃圾产生"的意识和措施,能用智慧的方式延长废弃物的使用寿命,避免其过早进入废弃物处理流,并达到考核分的学生,可以参评"减废达人"。

学生的展示交流与互相评价相辅相成、共同促进,学生在自主展示的过程之中也可以学习他人的优秀做法和经验,以提高个人的学习能力和学习水平。教师应该采取多元化的评价方式,发现每位学生的闪光点,促进学生成长。评价方式的多元化体现在评价主体、评价标准、评价方式上:评价主体可以包括学生、教师、学校领导、家长等;评价方式可以包括个人自评、生生互评、教师评价、家长评价、公众评价、线上评价、线下投票等;评价标准应多元化,避免价值取向的单一造成的"唯成绩化",照顾到学生的差异性,促进学生的健康成长。

模块三 设计实践

1. 案例反思:经过模块二的学习,你重新评价一下模块一中的案例,并加以学理说明。

2. 动手实践:

任务一:请对三下综合性学习《中华传统节日》进行教学设计。内容包括教学目标、教学重难点、教学过程、板书设计。

任务二:请对六下综合性学习《难忘小学生活》进行教学设计。内容包括教学目标、教学重难点、教学过程、板书设计。

任务三:小组研讨第二学段综合性学习教学设计和第三学段有何异同。

模块四 资料链接

一、推荐阅读

1. 李荣芬.小学语文综合性学习教学探索[J].语文建设,2019(04):39-42.

《义务教育语文课程标准(2011年版)》提出了"综合性学习"的要求,以加强语文课程内部诸多方面的联系,加强与其他课程以及与生活的联系,促进学生语文素养全面协调地发展。在教学理念方面,小学语文综合性学习首先要发挥好教材的作用,合理地规划综合性学习活动;第二,要突出语文学科的特点,在生活实践中运用语言;第三,语文学习向生活延伸,构建大语文学习空间;第四,要利用网络促进学习,提高语言实际使用能力。在综合性学习活动的资源方面,既要关注课程内容的设计,又要关注课程资源的开发。在此基础上,开展综合性学习还需要掌握基本的教学策略,如编演课本剧、开展专题学习、开展合作性学习和多元展示,跟进评价。

2. 凌虹.统编本教材综合性学习关键能力衔接思考与建议[J].语文建设,2019(10):19-24.

通过比对"统编本教材"与"人教版教材"综合性学习的选编情况,发现在学习频次、方面存在差异。在此基础上,笔者提出要把握主线,厘清能力关系;要用好教材,展开无痕衔接;要整体设计,优化学习过程。笔者从这三方面出发,要求在教材衔接阶段正确把握综合性学习能力发展的主线,引领学生提高综合性学习的成效。

3. 李荣芬.综合性学习"难忘小学生活"课程化实施教学构想[J].语文建设,2020(08):65-68.

综合性学习是在新一轮课程改革中课标提出的一种语文教学方式。综合性学习的"课程化"强调语文教学的宏观设想、体系架构及系统实施,包括确定明确集中的学习目标,选择系统连贯的学习内容,组织持续完整的学习过程。本文拟聚焦统编教材六年级下册"难忘小学生活"这一综合性学习设置,进行课程化实施教学构想。首先,全面把握语文要素与综合性学习活动的梯度序列,其次厘清各任务间关系,然后明确课时安排,最后得出课程化的启示:阅读实践呈现立体多维特点;多感官参与的语文学习;任务驱动下的自觉学习;拓宽思维与表达领域。

4. 夏江萍.项目化学习任务:开启综合性学习的新方式——以"难忘的小学生活"为例[J].语文建设,2020(06):56-59.

综合性学习是语文教学的一项重要内容。本文拟从对统编教材综合性学习内容的解读分析入手,探索有效的实践路径与策略。第一,比照中明确新目标。目标包括:"价值体验与建构""信息获取与运用""人际交往与合作"。第二,在解读中发现新策略。策略包括:阅读为基,发展综合性学习能力、知识为核,统整结构化学习任务、真实为境,组织生活化问题探究。第三,在探索中设计新路径。新路径包括:解读教材,设计驱动性问题,确定项目主题;解析要素,确立核心知识,定位学习目标;评价前置,预设学习作品,分解学习任务;搭建支架,创新思维方式,推进深度学习。

二、推荐案例

《遨游汉字王国》教学设计①

教学目标:

1. 能查找、搜集整理有关汉字的资料。

2. 通过学习研究报告范例并结合生活经验,明白研究报告内容,明确研究报告格式,习得写研究报告的方法。

3. 尝试从汉字的演变、汉字书法、汉字故事等方面选择撰写汉字的内容,激发写研究报告的兴趣。

教学重点:

精选材料,罗列整合,能从几个不同的方面做一份汉字的研究报告。

教学过程:

板块一:素材理一理,确定报告主题

1. 欣赏比赛视频,体味汉字趣味。

出示视频《汉字风云会》精彩瞬间,感受汉字的魅力:2017《汉字风云会》以小学五年级选手为参赛主体,让全社会在键盘时代重拾汉字。咱们也是五年级的学生,让我们一起穿越到现场吧!

(学生一边观看视频,一边写,引导学生边看边猜,以提高学习的趣味性。)

2. 回顾生活素材,寻找汉字秘密。

(1)小组合作,研讨最想研究的汉字,书写在可视化词卡上,并说明理由。

(2)师生合作,交流研讨成果,梳理汉字素材的来源:经过研讨,我们发现让我们印象深刻、引发我们研究兴趣的可能是生活中书写错误比较多的汉字,可能是生活中那些新颖独特、难以理解的汉字,也可能是让我们会心一笑、有趣好玩的汉字。

(3)汉字身上还有很多秘密呢,你都知道什么吗?教师根据学生的发言总结出汉字演变、故事、书写等。

---

① 吴超.《遨游汉字王国》(第三单元)教学设计[J].小学语文教学,2020(07):36-37.

(4)书写题目,确认研究报告的主题:现在请同学们闭上眼睛,把你脑海中浮现的那个汉字及想研究的相关内容写在研究报告的主题栏上。(填写题目"关于_____的_____的研究报告")

(设计意图:游戏导入与后面梳理汉字相呼应,与整节课的主题吻合。以游戏激发兴趣活跃思维,以此唤醒学生的言语动机。)

板块二:例文读一读,明晰报告格式

1. 小组合作,讨论教材例文研究报告的格式。

师:同学们,有位同学对"李"姓的历史和现状很感兴趣,于是他制作了一份关于"李"姓的历史和现状的研究报告,这份研究报告由哪些内容组成呢?四人小组合作讨论。

2. 完成表格,学生梳理研究报告的格式信息。研究报告板块如下:

表5-3 研究报告的格式信息

研究报告板块	主要描述内容
标题	所研究的内容,报告需要有一个标题。
问题的提出	写出研究的目的。
研究的方法	写清楚研究的具体内容和研究方法。
调查研究情况和资料整理	要把研究结果整理出来。
研究结论	要对研究结果进行简要的分析。

3. 学生汇报研究报告格式梳理的情况,点评完善。

(设计意图:有条理地梳理对学生来说有一定的难度。借助有趣的视频一方面活跃课堂气氛,另一方面为梳理报告格式搭建支架。这个环节是认识研究报告格式的重要步骤,为学生后续能够清晰有条理地撰写研究报告做好充分准备。)

板块三:微课学一学,报告有方法

1. 微课讲解,呈现从整合信息到完成研究报告的过程。

微课文字:

亲爱的同学们,为了充分地了解"李"姓的历史和现状,我搜集了大量的信息。可是我该怎么撰写研究报告呢?瞧,这其实并不难!我的研究方法就是通过一种途径,了解一块内容,比如我通过查阅有关姓氏书籍这一途径,了解"李"姓的来源和"李"姓历史名人,这就是报告中的其中一条研究方法。

再看"调查研究情况和资料整理",为了让内容呈现更清晰,我用了表格的办法,你也可以试一试。最后"研究结论"板块中,我对前面的研究结果进行了简要分析,加入了我的想法。这样,一篇有关汉字的研究报告就完成了。

2. 例文巧析,学习如何撰写研究报告的方法。

(1) 呈现教材中范文,学生阅读。

(2) 对话交流,尝试梳理。

师小结:看,小作者在写研究报告的各个板块时有小窍门。我们可以像这样:通过途径加内容的方法(加一加)来陈述研究方法,也可以通过列一列表格(列一列)来讲述自己的调查研究情况和资料整理,最后别忘记说一说自己关于研究结果的想法(说一说)来完善研究结论。

3. 借助预学单,说一说研究报告。学生结合预学单和研究报告的格式,初步说一说相关汉字的研究报告,其他同学相继补充。(设计意图:此环节是对整堂课"如何撰写研究报告"的突破,搭建了微课视频和范文两个支架。"加一加、列一列、说一说"的方法通俗易懂,学生便于学习、掌握。预学单的设置与反馈是基于学习起点的考虑,学生通过一系列的自主学习能基本解决研究报告内容的选取问题。)

表 5-4 "遨游汉字王国"预学单

探秘之一:请和同学们讨论,我们通过哪些途径了解汉字呢?		
(1)	(2)	(3)
(4)	(5)	……
探秘之二:请先读一读阅读材料,我们可以从汉字的哪些方面去了解汉字?		
(1)	(2)	(3)
(4)	(5)	……
探秘之三:你最想了解的汉字是( ),原因是什么呢?		
你的原因是:		
探秘之四:关于这个汉字,你最想了解有关( )的内容,搜集查阅信息后,请把你了解到的内容写下来。		
(1)		
(2)		
(3)		
(4)		

板块四:方法用一用,报告笔下成

1. 小组合作练笔,师巡视指导。

师:同学们,写研究报告的方法,你学会了吗?赶快也来加一加、列一列、说一说,完成专属于你的汉字研究报告。四人小组合作,选择一个汉字,开始你的调查研究,期待你们的研究报告。

2. 出示评价标准,习作有的放矢。

评价标准:

(1) 能运用搜集到的有关汉字材料;

(2) 能从几个板块完成研究报告;

(3) 尝试运用加一加、列一列、说一说的方式让内容准确,表述清晰。

3. 现场交流,师生点评。

(1) 投屏呈现学生作品,学生阅读。

(2) 结合星级评价,教师在习作单上批阅点评。

4. 教师总结,拓展延伸。

师:课后,请同学们继续完善自己的研究报告,再读给同学、家长听听,他们的建议会让你的研究报告更精彩。相信学会撰写研究报告后,你对汉字的了解会更加深刻(设计意图:当堂练习,学以致用,把习得的方法及时消化,并依据评价标准,提供修改方向。同时,采用小组合作完成报告的方式,为学生在课堂上进行书面表达留足时间。)

参考文献

[1] R.M.加涅等著,王小明等译.教学设计原理[M].上海:华东师范大学出版社,2007:13.

[2] P.L.史密斯等著,庞维国等译.教学设计(第三版)[M].上海:华东师范大学出版社,2008:4.

[3] 陈伯吹.儿童文学简论[M].武汉:长江文艺出版社,1982.

[4] 洪汛涛.童话学(讲稿)[M].合肥:安徽少儿出版社,1986.

[5] 黄甫全,王本陆.现代教学论学程[M].北京:教育科学出版社,2003:255.

[6] 黄亢美著.汉字学基础与字理教学法[M].南宁:广西教育出版社,2014.

[7] 蒋风.新编儿童文学教程[M].杭州:浙江大学出版社,2013.

[8] 蒋蓉.小学语文教学设计[M].北京:高等教育出版社.2016.

[9] 蒋军晶.让学生学会阅读——群文阅读这样教[M].北京:中国人民大学出版社,2016.

[10] 李秉德.教学论[M].北京:人民教育出版社,1991:24.

[11] 李吉林.小学语文情境教学:李吉林与青年教师的谈话[M].北京:人民教育出版社,2003.

[12] 李吉林等.李吉林"情境教学——情境教育"[M].济南:山东教育出版社,2000.

[13] 李敏,王树华.教师教学基本功(下册)[M].北京:中国人事出版社,1998:142.

[14] 李学勤.十三经注疏·毛诗正义[M].北京:北京大学出版社,1999:6.

[15] 盛群力.教学设计[M].北京:高等教育出版社,2005:4.

[16] 施良方,崔允漷.教学理论:课堂教学的原理、策略与研究[M].上海:华东师范大学出版社,2003.

[17] 童庆炳.文学理论教程(第四版)[M].北京：高等教育出版社,1992：246.

[18] 王力.古代汉语[M].武汉：崇文书局,2010.

[19] 王宛磬主编.语文教学通论[M].开封：河南大学出版社,2003：330.

[20] 王增永.神话学概论[M].北京：中国社会科学出版社,2007：3.

[21] 韦苇.外国童话史[M].南京,江苏少年儿童出版社,1991：3.

[22] 邬美娜.教学设计[M].北京：高等教育出版社,1994：11.

[23] 吴欣歆.培养真正的阅读者：整本书阅读之理论基础[M].上海：上海教育出版社,2019.

[24] 叶苍岑.说明文教学通论[M].北京：北京师范大学出版社,1982：1-9.

[25] 叶嘉莹.叶嘉莹说诗讲稿[M].北京：中华书局,2018：149.

[26] 叶圣陶著.语文教育论集[M].中央教育科学研究所编.北京：教育科学出版社,1980.

[27] 周小蓬.语文课堂教学技能训练教程[M] 北京：北京大学出版社 2010：96.

[28] 周作人.儿童文学小论[M].北京：商务印书馆,2018.

[29] 朱自强.小学语文儿童文学教学法[M].南昌：二十一世纪出版社集团,2015：133.

[30] 陈剑峰.问题群导学设计理路管窥——以教学《松鼠》为例谈说明文教学内容的确定[J].语文教学通讯,2018(05)：54-55.

[31] 戴晓娥.聚焦学科育人,提升语文核心素养——义务教育统编语文教材大单元教学设计策略[J].语文建设,2020(12)：29-32.

[32] 单玉娇.小学语文寓言教学反思与建议[J].语文建设,2019(04)：4-9.

[33] 郭青松.立足文体构建神话整合教学——以统编教材四年级上册第四单元为例[J].语文建设,2019(22)：39-41.

[34] 黄更祥.主题比较阅读,打开寓言"故事+"的魔袋——统编本小学三年级下册第二单元整合教学策略[J].语文建设,2019(06)：43-45.

[35] 李怀源.小学"读整本书"教学的方向、方式与方法[J].语文建设,2020(12).

[36] 李荣芬.小学语文综合性学习教学探索[J].语文建设,2019(04)：39-42.

[37] 李荣芬.综合性学习"难忘小学生活"课程化实施教学构想[J].语文建设,2020(08)：65-68.

[38] 凌虹.统编本教材综合性学习关键能力衔接思考与建议[J].语文建设,2019(10)：19-24.

[39] 吕凤仙.小说教学中人物形象阅读分析策略[J].语文建设,2018(11)：21-22+44.

[40] 吕红.统编教材二年级识字课教学纵览与理解[J].小学教学,2018(10)上：15-17.

[41] 吕俐敏.立足文本"自足性"的小学诗歌学习活动设计[J].语文建设,2019(18)：4-9.

[42] 潘丽云.谈语文综合性学习的活动设计——以"垃圾分类"的教学为例[J].教学月刊·中学版(语文教学),2019(11)：18-23.

[43] 钱娟.小学文言文学习活动设计举隅[J].语文建设,2020(04)：28-31.

[44] 芮良敏.寓言类文本教学误区探析[J].语文建设,2019(04)：14-16.

[45] 帅泽兵.小学语文教学设计的四个维度[J].语文建设,2020(04)：43-45.

[46] 孙绍振.整本书阅读方法：带着问题进行具体分析(上)——以《三国演义》为例[J].语文建设,2020(7).

[47] 滕春友.统编小学语文教科书阅读策略单元的教学策略研究[J]课程·教材·教法,2020(07).

[48] 王荣生.阅读策略与阅读方法[J].中国教育学刊,2020(07)：72-77.

[49] 王玥.让随文识字之花在言语情境中绽放——以统编版语文教材低年段课文为例[J].小学教学研究,2020(09)：58-60.

[50] 魏本亚.说明文教学现状及相关思考[J].语文建设,2017,(1)：4-7.

[51] 温儒敏.小学语文中的"诗教"[J].课程.教材.教法,2019(6)：4-10.

[52] 吴忠豪.单元整体教学：改变语文课程的教学形态[J].小学语文教学,2020(07).

[53] 夏江萍.项目化学习任务：开启综合性学习的新方式——以"难忘的小学生活"为例[J].语文建设,2020(06)：56-59.

[54] 薛法根,梁昌辉.整本书的导读要义与教学策略[J].语文建设,2020(12).

[55] 颜华旋.浅析写景状物类文章批注式阅读的指导[J].小学教学参考,2017(28)：49.

[56] 余琴.统编小学语文教材口语交际编排特点与教学建议[J].语文建设,2019(16)：59-63.

[57] 张琼.聚焦作者：写景状物类文本多层对话的核心[J].小学教学参考,2018(22)：46.

[58] 章师亚.基于核心素养的古诗教学六大策略[J].小学教学参考,2019,000(001)：

16-18.

[59] 周晓霞.例谈小学文言寓言教学[J].语文建设,2019(04):16-20.

[60] 周新霞,陈红.基于单元要素和学情差异开展文言文教学[J].语文建设,2019(24):4-7.

后 记

近十几年来,我一直从事语文学科教学论工作,担任宁波大学小学教育本科生课程"小学语文教学设计""小学语文课例研究""小学语文说课与评课"讲师,学生学评教连续几年 A,名列同类教师前 10%。同时担任宁波大学研究生课程"语文教学设计与实施""语文教育名师研究"讲师,指导本科生参加浙江省师范生技能比赛获一等奖,指导研究生参加全国研究生教学技能赛获优胜奖,指导学生参加语文教师事业编制考试,成绩名列前茅。同时积极参与教学研究,主持了多项教育部、省、市、校教改课题和课程建设。基于小学语文教材新变化,广大教师和师范生急需基于统编教材的设计理论和实践指导。我 2019 年受宁波大学教师教育学院小学教育学科经费资助,结合这几年上课讲义、培训讲座及宁波部分优秀教师、宁大研究生、本科生部分教学案例,主编出版这本统编版小学语文教学设计。本书也是 2019 年浙江省高等教育"十三五"第二批教学改革项目"宁波大学小学语文教法类层级制课程群设置与实施研究"(编号 jg20190124)研究成果之一。

这里我要特别感谢宁波大学教师教育学院小学教育专业及宁大教务处的支持,也要感谢这本书中选用的案例作者,书中案例大多从知网期刊、专著教材、教研活动和学生作业中挑选,感谢你们给我们提供了或优秀、或有争议的课例,让我由此生发问题,带领学生基于问题,研习理论,最终指向实践,设计教学。我也要感谢我的研究生团队,宁波大学学科语文研究生毛琳银、陈景蔚,小学教育研究生朱莲莲、俞薇、胡古云参与教材案例挑选、资料核对等工作,态度认真、工作细致!

我更要感谢华东师范大学出版社编辑们的辛勤付出!

鉴于时间和水平有限,同时统编教材全面使用不到两年,书中难免有疏漏不当之处,请广大读者批评指正!